Irina Pendorf

Einladung zum Dialog

Über eine Pädagogik des Vertrauens

Für meinen Lebensmenschen

Irina Pendorf

Einladung zum Dialog

Über eine Pädagogik des Vertrauens

vml Perspektiven

verlag modernes lernen

Unser Buchprogramm im Internet
www.verlag-modernes-lernen.de

Externe Links
Der Verlag weist ausdrücklich darauf hin, dass eventuell im Text enthaltene externe Links vom Verlag nur bis zum Zeitpunkt der Buchveröffentlichung eingesehen werden konnten. Auf spätere Veränderungen hat der Verlag keinerlei Einfluss. Eine Haftung des Verlages ist daher ausgeschlossen.

Veröffentlicht in der Edition:
verlag modernes lernen Borgmann GmbH & Co. KG
Schleefstraße 14 · D-44287 Dortmund

Gesamtherstellung in Deutschland: Löer Druck GmbH, Dortmund

Coverfoto: Norbert Goldhammer WERKSBILD GmbH

Bestell-Nr. 1329 ISBN 978-3-8080-0900-0

Inhalt

Liebe Lesende,

mit dieser Einladung zum Dialog möchte ich Ihnen von Mensch zu Mensch begegnen. Das steht im Vordergrund. Alle sind gesehen. Sprachlich lässt sich das nicht immer gut ausdrücken. So gendere ich die Sprache, solange der Lesefluss dabei gut erhalten bleibt. Sobald das jedoch nicht mehr der Fall ist, werde ich nach dem Zufallsprinzip zwischen den Formen wechseln.

Vorwort von Mariele Diekhof – Ein Brief

Liebe Irina!

Nun sitze ich mit dem zweiten Kaffee in unserem Ferienhaus am Computer, die Sonne scheint – links von mir sehe ich den schneebedeckten Teide und vor mir schimmert in der Ferne das blaue Meer.
Gestern am späten Nachmittag wollte ich nur mal kurz in Dein Manuskript reinschauen, mir ein erstes Bild von Deinen Gedanken, Thesen und Aussagen machen. Ja, und dann war ich auch schon reingerutscht und fand nicht mehr heraus. Der Dialog begann praktisch sofort und ließ mich nicht mehr los.
Sich darauf einzulassen erfordert Zeit, Muße, Neugier und Begeisterung. Denn es geht dabei nicht um das Inhalieren und Konsumieren von Wissen, sondern vielmehr darum, die Gedanken der Leser*innen in Schwingung zu bringen und damit einen inneren Dialog in Gang zu setzen.
Für mich ist Dein Buch aber auch wie eine Schatztruhe, in der ich beim Kramen und Stöbern immer wieder neue Glanzlichter entdecke. Da finde ich z. B. ganz konkrete Übungen, die ich sofort in meiner Arbeit umsetzen kann, genauso wie Wissen und Fakten, die mir als Pädagog*in das Leben leichter machen, weil sie mich dabei unterstützen, auf der Höhe der Zeit zu sein. Darum geht es auch in all meinen Seminaren in der Kitopia.
Nur wenn wir uns mit neuen Erkenntnissen und Studienergebnissen auseinandersetzen, ist unsere berufliche und sicher auch persönliche Weiterentwicklung gesichert.
Ein fundiertes Wissen und die Freude an kontinuierlicher Weiterentwicklung, ist die Voraussetzung, um den pädagogischen Auftrag auf allen Ebenen erfüllen zu können. Auf diese Weise wird nicht nur eine gelingende Begleitung der Kinder, sondern auch eine fachliche Kommunikation im Team und mit den Eltern der Kinder wahrscheinlicher.
Dein Buch, liebe Irina bietet nicht nur die Basis dafür, sondern viel mehr. Es schenkt uns Leser*innen nicht nur eine Art Wissensgrundlage, sondern Denk- und Philosophieanstöße. Das macht das Werk für mich zu etwas ganz Besonderem. Ich kann es wirklich allen Pädagog*innen empfehlen, denn das Buch lädt ein zum:

- Denken, Abtauchen, Philosophieren, Wundern, Lernen, Studieren, Auseinandersetzen, Grübeln, Ausprobieren, Kommunizieren, zum Freuen und Staunen.

In diesem Sinn schicke ich Dir ganz liebe Grüße von der Insel, und tauche wieder ein, in den Vertrauens-Dialog.

Deine Mariele

Mariele Diekhof hat in Berlin die Bildungsstätte *Kitopia* gegründet und ihre Vision einer gelingenden institutionellen Erziehung für Kinder im Vorschulalter in ihrem gleichnamigen Abenteuerfachroman für ein breites Publikum zugänglich gemacht.

Vorwort von Prof. Dr. Jörg Zirfas

Das Buch von Irina Pendorf bietet etwas deutlich Anderes als das, was derzeit in der Pädagogik intensiv diskutiert wird. Es geht in ihm nicht um Steuerungsstrategien, die das Bildungssystem an marktförmigen Effekten und Effizienzen ausrichten; nicht um eine evidenzbasierte Pädagogik, die sich vor Fehlentwicklungen im Bildungssystem immunisieren will; nicht um Leistungs- und Qualitätskontrollen, die Kompetitivität und Konkurrenz abfordern; nicht um Optimierungsbemühungen, die darauf abzielen, das Lernen immer umfassender und intensiver zu gestalten sowie schließlich nicht um Schlüsselkompetenzen, die uns vor Überraschungen in der Zukunft bewahren sollen. Kurz, es geht hier nicht um die Beseitigung von Unsicherheit, sondern dezidiert um das Pädagogische.

Irina Pendorf spricht mit ihrem Buch dagegen eine Einladung zum Dialog aus und verspricht eine Pädagogik des Vertrauens. Das klingt zunächst harmlos, sogar sehr freundlich, zuvorkommend und humanistisch, ist aber praktisch durchaus ein Wagnis. Denn wer zum Dialog einlädt und das ernstmeint, geht auf den Anderen zu, setzt sich ihm aus und versucht in einen Verstehensprozess einzutreten, der nicht nur den Anderen und den in Frage stehenden Gegenstand, sondern auch ihn selbst umfasst: Pädagogik erscheint als Feld der Offenheit, der Unsicherheit und Kontingenz, in dem es mehr Fragen als Antworten zu geben scheint.

Und die Fragen, um die es hier geht, sind die großen Fragen der abendländischen Geschichte: Um das Menschsein, die Werte und das Leben, die Erziehung, die Bildung und die Haltung und nicht zuletzt: um die Welt. Dabei werden eine Reihe bekannter Autor*innen mit ihren pädagogischen und anthropologischen Fragen und auch mit ihren Antworten vorgestellt und diskutiert: Martin Buber und Viktor Frankl vor allem, aber auch philosophische Autor*innen wie Hannah Arendt, Peter Bieri, Byung-Chul Han und Markus Gabriel, genauso pädagogische und psychologische Autor*innen wie Eva Maria Waibel, Wolfgang Krone, Harald Welzer, Alfried Längle und Uwe Böschemeyer.

Was wird in den Dialog eingebracht? Traditionelle und aktuelle Theorien und Modelle, Begriffe und Konzeptionen und einiges an Biographischem, an pädagogischen Erfahrungen der Autorin in unterschiedlichen pädagogischen Feldern, an ihren eigenen Vorlieben und Bewertungen. Implizit zielt das Buch daher auch auf die didaktische Möglichkeit, das Fragen zu lernen, indem es selbst Fragen formuliert, und zwar nicht nur solche an Theorien und Modelle, sondern

ganz konkret an die Leser*innen. Das Thema des Dialogs wird in der Performanz des Textes deutlich. Irina Pendorf bezieht dabei Position, sie setzt sich ihren eigenen Fragen aus, indem sie diese nicht nur mit bekannten und weniger bekannten Argumenten aus der pädagogischen Tradition und Gegenwart, sondern auch mit ihren eigenen Erfahrungen beantwortet.
Es gibt eine Fülle von Gegenständen, die in diesen dialogischen Fragen zur Sprache kommen, wie die Begegnung und das Verstehen, die Beziehung und die Liebe, die Krise und der Tod, der Sinn und der Wert und immer wieder pädagogische Unsicherheiten und Ungewissheiten. Wir sind in diesem Buch im Raum des Pädagogischen: den Gegenstand befragen, sich befragen, aber auch den Anderen befragen – und zwar gemeinsam. Pädagogik als Einladung zum Dialog beginnt zunächst mit der Selbstbefragung und damit, dass man die andere, die entgegengesetzte Position der eigenen Meinung einzunehmen hat. Und in diesem Einnehmen sollte man die Position des Anderen so stark als möglich machen; man sollte nichts vom Anderen verschenken. Es geht darum, die Frage nach dem Anderen und die Frage nach den Gegenständen offen zu halten – um gemeinsam nach Antworten zu suchen und um gemeinsam eine Sprache zu finden, die für alle plausibel ist. Erst das ergibt Vertrauen.

Insofern ist eine Pädagogik des Vertrauens der Versuch, sich auf Fragen einzulassen und sie auszuhalten, um gemeinsam mit Anderen – mit den abstrakten wissenschaftlichen Anderen und mit den konkreten Anderen im pädagogischen Setting – (vorläufige) Antworten zu finden.
Das ist die entscheidende pädagogische Perspektive: Es geht um den Anderen und dessen Bildsamkeit und Selbstbestimmungsfähigkeit, die nicht einfach da sind, sondern in einem gemeinsamen Dialog entwickelt werden müssen. Dazu brauchen wir als Pädagog*innen ein Ethos, das sich zusammensetzt aus Offenheit und Neugier, Sensibilität und Achtsamkeit, Praktiken und Didaktiken sowie normativen, wertbezogenen Orientierungen und Standpunkten. In Irina Pendorfs Ausführungen wird eine paradoxe Figur deutlich:
Vertrauen trotz oder wegen der Unsicherheit des pädagogischen Handelns,
Vertrauen trotz oder wegen der Intransparenz des pädagogischen Gegenübers,
Vertrauen trotz oder wegen der Fraglichkeit der zu vermittelnden Lerninhalte,
Vertrauen trotz oder wegen der Pluralität an diversen und ggf. auch widersprüchlichen Sinnangeboten.
Das pädagogische Vertrauen ist Vertrauen in das Unverfügbare. Erziehung und Bildung gehen nur so.

Jörg Zirfas

Jörg Zirfas ist Professor für Allgemeine Erziehungswissenschaft an der Universität Köln. Seine Arbeits- und Forschungsschwerpunkte sind: Pädagogische und Historische Anthropologie, Bildungs- und Erziehungsphilosophie, Pädagogische Ethnographie (Japanforschung) und Psychoanalyse, Kulturpädagogik und Ästhetische Bildung.

Die Einladung

Dieses Buch ist eine Einladung an Sie. Eine Einladung zum Dialog. Es stellt Fragen und (ver)sucht Antworten. Und dies auf ganz unterschiedlichen Ebenen. So wie aus den Vorworten von Mariele Diekhof und Prof. Dr. Jörg Zirfas eine Art dialogisches Wechselspiel zwischen praktischer und wissenschaftlicher Perspektive entstanden ist, werde ich auch innerhalb des Buches unterschiedliche Zugänge schaffen, die sich deutlich voneinander unterscheiden. Auf diese Weise möchte ich so viele Facetten wie möglich in Ihnen ansprechen und Ihnen gleichzeitig in all meinen Ausdrucksmöglichkeiten begegnen. Dabei reicht das Spektrum von biographischer Anekdote bis hin zur wissenschaftlichen „Vorlesung". Aber egal von welcher Seite aus ich mich möglichen Antworten annähere, es geht dabei (fast) immer um alles. Um die Welt, um das Menschsein an sich, um den Weg des Menschen und dessen Ausgang.

Existenzielle Fragen stellen sich angesichts der weltweiten Krise, die durch das Coronavirus ausgelöst wurde, schärfer denn je. Nie habe ich in meiner Lebenszeit erlebt, wie gesellschaftlich so stark um existenzielle Werte gerungen wurde und wie uns jeder Tag neu dazu auffordert, den Sinn des Augenblicks zu erkennen und zu verwirklichen. Die Fragen nach dem Umgang mit Menschen, mit Grenzen, mit Leben, mit Welt sind nicht mehr verdrängbar. Wir sehen wie durch ein Vergrößerungsglas, welche Antworten wir zu finden aufgerufen sind, was wir zu verantworten haben in allen Bereichen unseres Lebens. Und darin liegt auch die Chance, lange schon notwendige Veränderungen endlich einzuleiten, unter anderem in Bezug auf Erziehung und Bildung. Es gilt zu reflektieren wo wir in diesem Kontext stehen und wo wir hinwollen. Von welchem Menschenbild gehen wir aus, zu welchen Werten erziehen wir hin und was ist unsere Vision einer Welt von morgen?

In der Rolle der Dozentin und als Beraterin bin ich es gewohnt, Fragen zu stellen und gemeinsam auf die Suche nach hilfreichen Antworten zu gehen. Der beste Unterricht, die beste Beratung, geschieht, wenn ein Dialog entsteht, aus dem alle Beteiligten mit neuer Erkenntnis, mit neuen Fragen, mit einem Gefühl des Berührtwordenseins hervorgehen. Wenn etwas Neues, Lebendiges, nicht Planbares passiert ist, kurzum: wenn Begegnung geschehen konnte.

Deshalb werde ich im ersten, dritten und vierten Teil des Buches eine Form des „Dialogs" wählen, um damit einen Raum zu eröffnen, der zu weiteren Fragen einlädt. Dabei gehen den einzelnen Kapiteln Fragen voraus, die sich im pädagogischen Kontext grundsätzlich stellen, aber auch für andere Bereiche des

Lebens interessant sein können. Um ehrlich zu sein, ist das für mich bis heute das Spannendste an der Pädagogik. Hier werden Fragen gestellt, die uns alle angehen. Fragen, die mit uns ganz unmittelbar etwas zu tun haben. Denn wir sind alle Erzogene, wir alle haben eine Bildungsbiographie, die entscheidenden Einfluss auf unser ganz persönliches Menschsein hat, die uns in unserem Gewordensein geprägt hat.

Das birgt natürlich auch die „Gefahr", dass einerseits fast jede*r glaubt, zu wissen, was Erziehung ist und wie sie geht. Andererseits gab es nie so viel pädagogische Ratgeberliteratur, die auf das Nicht-Wissen bzw. vor allem auf das Nicht-Können (trotz Wissen) setzt.

Als lösungsorientierte systemische Familientherapeutin, die ich auch bin, hoffe ich auf Ihr neugieriges Interesse, auf Ihre Lust, sich mit spannenden Fragen des Lebens auseinanderzusetzen und so den persönlichen und pädagogischen Möglichkeitsraum ein wenig zu erweitern.

Dieses Buch richtet sich also an all jene, die Menschen pädagogisch begleiten und bietet die Möglichkeit, den eigenen (beruflichen) Weg zu reflektieren. Im besten Fall schafft die Lektüre einen Raum, der Begegnung und Dialog ermöglicht. Mit sich, mit anderen Menschen, mit neuen Ideen und Perspektiven, die das Leben, die Erziehung und Bildung bereichern. In diesem Raum werden Sie keine pädagogischen Programme, Rezepte oder gute Ratschläge vorfinden, sondern die Option, sich mit den eigenen Werten und Normen, dem Bild vom Kind, vom Menschen, der Welt, den eigenen Erfahrungen und (Lebens-)Zielen auseinanderzusetzen. Ein Buch, das dazu einlädt, sich immer wieder, dialogisch und mit viel Zeit, mit sich selbst und den Fragen, die das Leben uns stellt, zusammenzusetzen.

Teil 1
Grundfragen und erste Antworten – ein Überblick

1. Erziehung

Was ist das? Wohin wollen wir erziehen? Wie wollen wir erziehen? Wie hängt das eine mit dem anderen zusammen?

Um uns den Antworten auf diese Fragen gemeinsam anzunähern, lade ich Sie gleich zu Beginn ein, die folgenden Thesen rund um das Thema Erziehung zu durchdenken[1] und jeweils dahinter ein Ja oder Nein anzukreuzen, oder ggf. Worte zu ergänzen, die Ihnen fehlen, um eine Entscheidung darüber treffen zu können, ob Sie der These zustimmen können oder nicht.

1)	Erziehung findet meist zwischen Kindern/Jugendlichen und Erwachsenen statt.	J	N
2)	Erziehung ist auf das Sein des Menschen ausgerichtet.	J	N
3)	Erziehung ist notwendig.	J	N
4)	Erziehung bezieht sich auch auf Tiere.	J	N
5)	Erziehung ist Begleitung zu einem sinnerfüllten Leben.	J	N
6)	Erziehung dauert ein Leben lang.	J	N
7)	Erziehung bedeutet Macht auszuüben.	J	N
8)	Erziehung geschieht bewusst und unbewusst.	J	N
9)	Erziehung bedeutet die Lenkung des Kindes in eine bestimmte Richtung.	J	N
10)	Erziehung hat die Dialogfähigkeit des zu Erziehenden zum Ziel.	J	N
11)	Erziehung bedeutet, Kinder zu selbständigen, kritischen Menschen zu machen.	J	N
12)	Erziehung ist Hilfestellung zur moralischen Entwicklung.	J	N

13) Erziehung ist Beeinflussung. J N

14) Erziehung ist Hilfe zur Persönlichkeitsentfaltung. J N

15) Erziehung heißt auch, dass Kinder Erwachsene erziehen. J N

16) Erziehung bedeutet die Weitergabe von Kultur. J N

17) Erziehung hilft, die Fähigkeit zur Selbstreflexion zu entwickeln. J N

18) Erziehung befähigt das Kind zu einem achtsamen Umgang mit der Natur. J N

19) Erziehung heißt, das Kind nach dem Willen des Erziehenden zu formen. J N

20) Erziehung verhilft Kindern/Jugendlichen dazu, sich ihrer Vernunft zu bedienen. J N

21) Erziehung hat die Übernahme gesellschaftlicher Normen zum Ziel. J N

22) Erziehung bedeutet, das Kind leistungs- und konkurrenzfähig zu machen. J N

23) Erziehung bedeutet, Heranwachsende für die Möglichkeit des moralischen Ungehorsams zu sensibilisieren. J N

24) Erziehung eröffnet dem Kind/Jugendlichen einen Weg, sich zu sich selbst und der Welt ins Verhältnis zu setzen. J N

25) Erziehung verhilft Menschen dazu, ein Leben in Einverständnis, Zustimmung und Achtung vor sich selbst zu führen. J N

Haben Sie Lust bekommen, sich damit auseinanderzusetzen, was Erziehung ist? Das hoffe ich!

Vielleicht ist es schon deutlich geworden: Eine eindeutige, zu allen Zeiten und Orten gültige Antwort kann es hier nicht geben. Dennoch sind die möglichen Antworten darauf auch nicht beliebig. Sicher ist, einige der obenstehenden Aussagen sind aus erziehungs*wissenschaftlicher* Perspektive schlicht falsch, manche widersprechen sich gegenseitig, einige stehen in direkter Abhängigkeit zu Zeit und Kultur. Probieren Sie es aus. Stellen Sie sich vor, ich hätte Ihnen diese Thesen 1990 in Erfurt präsentiert oder 1969 in Berlin oder 1935 in Nürnberg und beantworten Sie sie vor dem jeweiligen Hintergrund. Ganz schnell wird Ihnen dabei sicherlich klar, welch starkem Wandel der Erziehungsbegriff ausgesetzt ist und wie wenig Eindeutigkeit er für uns bereithält.

Und hier nun meine Antworten auf die Thesen aus heutiger Perspektive in Deutschland. Wenn Sie mögen, widmen Sie sich den Aussagen am Ende des Buches noch einmal und schauen, ob sich etwas an Ihren Antworten verändert.

1) **Erziehung findet meist zwischen Kindern/Jugendlichen und Erwachsenen statt.**
   Ja. Im heilpädagogischen Kontext gibt es Ausnahmen, wenn Menschen aufgrund ihrer Behinderung die Mündigkeit nicht erreichen können und deshalb auch im erwachsenen Alter auf erzieherische Hilfe angewiesen sind.

2) **Erziehung ist auf das Sein des Menschen ausgerichtet.**
   Ja, wenn man ein dialogisches Menschenbild vertritt.[A]

3) **Erziehung ist notwendig.**
   Ja, da der Mensch als „unfertiges Wesen“ auf die Welt kommt. Nach Arnold Gehlen als „Mängelwesen“, Adolf Portmann spricht von „physiologischer Frühgeburt“. So sind wir angewiesen auf Erziehung. Der Mensch ist also ein erziehungsbedürftiges Wesen.

4) **Erziehung bezieht sich auch auf Tiere.**
   Nein. Tiere werden konditioniert, nicht erzogen. Sie lernen ggf. zu gehorchen und zu machen, worauf sie konditioniert werden. Zentrale Erzie-

A Vgl.: 2. Teil

hungsziele für den Menschen, wie z. B. die Entwicklung von Selbständigkeit, Kreativität, Selbstbewusstsein, Solidarität, Reflexionsfähigkeit oder Ähnliches lassen sich nicht auf Tiere übertragen.

5) **Erziehung ist Begleitung zu einem sinnerfüllten Leben.**
Aus dialogisch-existenzieller Perspektive auf jeden Fall.[B]

6) **Erziehung dauert ein Leben lang.**
Nein. Erziehung endet mit der Mündigkeit eines Menschen. Im Gegensatz zur Bildung. Menschen lernen bis zu ihrem Tod, aber das Erziehungsverhältnis endet mit Erreichen der Mündigkeit. Also dann, wenn der Mensch einen Grad an Selbst-, Sozial- und Sachkompetenz erworben hat, der ihm ein eigenverantwortliches Leben in einer Gesellschaft ermöglicht. So wird auch von Erwachsenen*bildung* gesprochen, nicht von Erwachsenen*erziehung*. Achtung: dies bezieht sich auch auf Beziehungspartner*innen. In einer Partnerschaft lernt und entwickelt man sich im günstigsten Fall aneinander und miteinander, aber wo einer den anderen erziehen will, wird's ungemütlich. Als Paartherapeutin kann ich nur dringend von dem Versuch abraten.

7) **Erziehung bedeutet Macht auszuüben.**
Ja. Und alle Erziehenden sind dazu aufgerufen, die ethische Verantwortung, die mit dieser Macht einhergeht, zu übernehmen. Stellen Sie sich eine *ohn*mächtige Erzieherin vor oder einen hilflosen Lehrer ...
Erziehung hat diesen Machtaspekt und es ist wichtig, diesen nicht zu negieren, sondern sich damit so auseinanderzusetzen, dass die Gefahr eines Machtmissbrauchs sinkt.[C]

8) **Erziehung geschieht bewusst und unbewusst.**
Ja, man spricht in diesem Zusammenhang von intentionaler Erziehung, also planmäßiger, auf ein Ziel ausgerichtete Erziehung, und funktionaler Erziehung. Diese ist nicht absichtsvoll, sondern geschieht nebenbei.

B Vgl.: 2. Teil
C Vgl.: 1. Teil/Kapitel 3: Mensch sein/Psychoanalytisches Menschenbild

9) **Erziehung bedeutet die Lenkung des Kindes in eine bestimmte Richtung.**
Ja. Sobald Ziele in der Erziehung gesetzt werden, wird das Kind in die entsprechende Richtung gelenkt, was jedoch nichts über den Grad und die Art und Weise der Lenkung aussagt.[D]

10) **Erziehung hat die Dialogfähigkeit des zu Erziehenden zum Ziel.**
Ja, denn der Mensch wird erst durch die Begegnung mit dem Anderen zu dem, der er ist, bzw. sein könnte.[E]

11) **Erziehung bedeutet, Kinder zu selbständigen, kritischen Menschen zu machen.**
Das Wort „machen" führt hier zu einem Paradox. Wenn Erziehende Menschen zu etwas machen wollen, dann hat das stark formenden Charakter. Das Ziel der Selbständigkeit und das der Kritikfähigkeit entzieht sich jedoch der Machbarkeit.

12) **Erziehung ist Hilfestellung zur moralischen Entwicklung.**
Ja. Durch Erziehung lernen Kinder zwischen „Gut und Böse" zu unterscheiden und ihre moralische Urteilsfähigkeit immer weiter auszudifferenzieren.[F]

13) **Erziehung ist Beeinflussung.**
Ja. Natürlich versuchen Erwachsene durch Erziehung, Einfluss auf die Kinder zu nehmen. Umgekehrt stimmt der Satz jedoch nicht. Nicht jede Beeinflussung ist Erziehung.

14) **Erziehung ist Hilfe zur Persönlichkeitsentfaltung.**
Ja. Wenn das Kind als Person wahr- und ernstgenommen wird. Dies setzt ein personales Erziehungsverständnis voraus.[G]

D Vgl.: 1. Teil/Kapitel 3: Mensch sein/Humanistisches Menschenbild
E Vgl.: 2. Teil/Kapitel 1: Dialogische Erziehung und Bildung
F Vgl.: 1. Teil/Kapitel 5: Werte, Normen, Moral/Moralische Entwicklung
G Vgl.: 1. Teil/Kapitel 3: Mensch sein/Humanistisches Menschenbild und gesamter 2. Teil

15) Erziehung heißt auch, dass Kinder Erwachsene erziehen.
Nein. Kinder haben kein Erziehungsziel für Erwachsene im Blick. Sie wollen den Eltern nicht zur Mündigkeit verhelfen. Wenn Eltern beispielsweise sagen, mein Kind hat mich zur Geduld erzogen, dann stimmt das so nicht. In der Begegnung mit dem Kind ist Geduld vielleicht erforderlich geworden, aber das Kind hat das nicht zum Ziel erklärt und sein Verhalten auf dieses Ziel abgestimmt. Was nicht bedeutet, dass sich das pädagogische Verhältnis in manchen Situationen nicht umdrehen kann. Der 15-jährige Enkel, der dem Opa den Umgang mit dem Smartphone zeigt, ist ein Beispiel dafür. Für einen kurzen Moment dreht sich hier das Verhältnis um, der Enkel bringt dem Opa eine Technik bei, die dem Opa den Umgang mit der Welt möglicherweise ein wenig erleichtert. Trotzdem ist der Opa der Mündige und der Enkel hat noch ein paar Jährchen und Entwicklungsschritte bis zum Erreichen der Mündigkeit vor sich. Deshalb kann man hier nicht von Erziehung sprechen.

16) Erziehung bedeutet die Weitergabe von Kultur.
Ja. Das kulturelle Erbe einer Gesellschaft wird über den Prozess der Erziehung an die nächste Generation weitergegeben.

17) Erziehung hilft die Fähigkeit zur Selbstreflexion zu entwickeln.
Ja, denn ohne die Fähigkeit zur Selbstreflexion kann der Mensch nicht mündig werden.

18) Erziehung befähigt das Kind zu einem achtsamen Umgang mit der Natur.
Ja, wenn die Bewahrung der Schöpfung ein Wert ist, den Erziehende für wichtig halten.

19) Erziehung heißt, das Kind nach dem Willen des Erziehenden zu formen.
Aus meinem Erziehungsverständnis heraus nicht. Aus einem mechanischen Erziehungsverständnis heraus schon. In einem Bild gesprochen: Die Erziehende sieht sich selbst als Töpfer*in, und das Kind ist der Ton, den es zu formen gilt. Das ist die Grundidee von konditionierender Erziehung.[H]

H Vgl.: 1. Teil/Kapitel 3: Mensch sein/Behavioristisches Menschenbild

20) **Erziehung verhilft den Kindern/Jugendlichen dazu, sich ihrer Vernunft zu bedienen.**
Ja natürlich, wenn wir den kategorischen Imperativ von Kant ernstnehmen.[I]

21) **Erziehung hat die Übernahme gesellschaftlicher Normen zum Ziel.**
Ich würde hier von *reflektierter* Übernahme *bestimmter* Normen sprechen. Diese orientieren sich am Grundgesetz.

22) **Erziehung bedeutet, das Kind leistungs- und konkurrenzfähig zu machen.**
Wenn ein mechanisches Erziehungsverständnis vertreten und darüber hinaus eine Art „kapitalistisches Weltverständnis" auf den Prozess der Erziehung übertragen wird, dann ja.[J]

23) **Erziehung bedeutet, Heranwachsende für die Möglichkeit des moralischen Ungehorsams zu sensibilisieren.**
Ja, aus moralphilosophischer Perspektive unbedingt.[K]

24) **Erziehung eröffnet dem Kind/Jugendlichen einen Weg, sich zu sich selbst und der Welt ins Verhältnis zu setzen.**
Ja, aus existenzphilosophischer Perspektive auf jeden Fall.[L]

25) **Erziehung verhilft Menschen dazu, ein Leben in Einverständnis, Zustimmung und Achtung vor sich selbst zu führen.**
Ja, wenn man ein existenzielles Menschenbild in sich trägt.[M]

Es wird offensichtlich – wenn wir die Frage danach, was Erziehung ist, beantworten wollen, dann sind wir aufgefordert, uns den ganz großen Fragen zu

I Vgl.: 1. Teil/Kapitel 5: Werte, Normen, Moral
J Vgl.: 1. Teil/Kapitel 3: Mensch sein/Kapitel 6: Welt/Kapitel 7: Haltung, Stil, Autorität
K Vgl.: 1. Teil/Kapitel 5: Werte, Normen, Moral
L Vgl.: 1. Teil/Kapitel 5: Werte, Normen, Moral/Kapitel 6: Welt/2. Teil/Kapitel 2: Existenzielle Erziehung und Bildung
M Vgl.: 2. Teil/Kapitel 2: Existenzielle Erziehung und Bildung

stellen. Wir müssen uns fragen, was es bedeutet Mensch zu sein, weil wir nur so eine Ahnung davon bekommen können, zu welcher Form des Menschseins wir erziehen wollen. Und wenn wir das wissen, dann ist die Frage nach dem WIE schon halb beantwortet. Wenn wir die richtungsgebenden Ziele von Erziehung bestimmt haben, dann schließen sich zumindest bestimmte Erziehungsmaßnahmen und Methoden ganz von alleine aus. Dieser Zusammenhang allerdings scheint mir in unserem Erziehungs- und Bildungssystem nicht überall eindeutig genug, weshalb es notwendig sein wird, darauf intensiver einzugehen.[N]

Zum Abschluss dieses Kapitels stelle ich Ihnen nun einen wissenschaftlich fundierten Vorschlag zum Erziehungsbegriff der Pädagogikprofessorin Eva Maria Waibel aus dem Jahr 2017 zur Verfügung.

> „Wesentliche Charakteristika von Erziehung:
>
> In der Erziehung sind immer mindestens zwei Personen beteiligt.
> Darin gestalten und entwickeln sich die beteiligten Personen.
> Von der Qualität der Beziehung hängt Erziehung wesentlich ab (...)
> Mach-, Plan- und Voraussagbarkeit von Erziehung sind beschränkt.
> Erziehung widersetzt sich Wissens- und Rezeptanwendung."[2]
>
> „Im heutigen Sinne verstanden sprechen wir dann von Erziehung, wenn Erziehende im Umgang mit Kindern und Jugendlichen aus deren Verstehen heraus handeln. Dabei setzen sie bewusste und unbewusste Handlungen, mit dem Ziel, dem Kind zu seinem vollen Menschsein und zu einem erfüllten Leben zu verhelfen. Eine so verstandene Erziehung ist ein feinfühliges Ausbalancieren von Begleiten und Führen auf der Basis einer Beziehung und führt dazu, dass der Mensch sich immer mehr selbst in die Hand nimmt."[3]

Dies ist eine mögliche Definition von Erziehung. Naturgemäß eine, die ich aus vollem Herzen bejahen kann, da sie aus dem Kontext personaler, existenzieller

---

N Vgl.: 1. Teil/Kapitel 3: Mensch sein/Kapitel 7: Haltung, Stil, Autorität

Pädagogik entnommen ist.[0] Und es ist eine, die meiner Erfahrung nach selten an werdende Kinderpfleger*innen oder Erzieher*innen weitergegeben wird. Hier greift man nach wie vor eher (bzw. wieder) auf lerntheoretische Definitionen von Erziehung zurück, wie z. B. folgende:

> „Erziehung ist das beabsichtigte und zielgerichtete Einwirken des Erziehenden auf das Kind, um das Verhalten oder Erleben des Kindes zu stärken oder zu ändern. Hat das Kind das Verhalten oder Erleben verändert oder eine neue Verhaltens- oder Erlebensweise erworben, so hat das Kind gelernt."[4]

Spüren Sie den Unterschied?

In der Gegenüberstellung dieser beiden Definitionen wird deutlich, dass das Menschen- und Weltbild, von dem wir ausgehen, entscheidend dafür ist, wie wir Erziehung definieren, welche Ziele uns in der Erziehung wichtig sind, und welche erzieherische Grundhaltung wir einnehmen bzw. entwickeln.
Doch bevor wir uns mit all dem näher befassen, gilt es sich zunächst mit einem weiteren pädagogischen Grundbegriff auseinanderzusetzen, nämlich dem der Bildung.

---

0 Vgl.: 2.Teil/Kapitel 2: Existenzielle Erziehung und Bildung

2. Bildung

Was ist das? Wie wäre es gebildet zu sein? Worin unterscheiden sich Erziehung und Bildung? Bildung im Kontext der Digitalisierung – Gefahr oder Chance oder beides? Wie hängen Bildung und Bindung zusammen?

Den Bildungsbegriff klar vom Erziehungsbegriff abzugrenzen ist nicht leicht.

Bevor ich damit beginne wieder ein paar Fragen an Sie:

1) Was bedeutet Bildung für Sie?
2) In welcher Relation steht Bildung zu Wissen?
3) Was unterscheidet einen gebildeten Menschen von einem Spezialisten?
4) Ist ein Bildungsbürger zwangsläufig auch ein gebildeter Mensch?
5) Worauf bezieht sich Bildung?
6) Was hat Bildung mit dem Menschsein zu tun?
7) Was bedeutet Herzensbildung?
8) Wie könnte wertvolle Bildung aussehen?
9) Was ist der Unterschied zwischen Bildung und Schul-/Ausbildung?
10) Oder, mit dem Schweizer Philosophen Peter Bieri gefragt, wie wäre es gebildet zu sein?[5]
11) Bildung im Kontext der Digitalisierung – ist das für Sie eher eine Gefahr oder Chance oder beides?
12) In welchem Verhältnis stehen Bildung und Bindung zueinander?
13) Menschenbilder – Menschenbildung, worin besteht der Zusammenhang?

Vielleicht versuchen Sie, bevor Sie weiterlesen, zunächst Ihre ganz eigenen Antworten zu finden. Möglichweise tauschen Sie sich auch mit anderen darüber aus und sehen danach, was ich Ihnen dazu anbiete.

Meine Antworten können – um es mit dem Religionsphilosophen Martin Buber zu sagen – nicht mehr als eine „Auslese der Welt"[6] sein. In diesem Fall bin ich als Autorin das Medium, durch das diese Auslese geht (bei Buber ist es der Lehrer). So versuche ich einerseits, wie im ersten Kapitel, eine Vielseitigkeit abzubilden, andererseits mit einer etwas ausführlicheren Vorstellung der Beiträge der Philosophen Peter Bieri und Byung-Chul Han in die Tiefe zu gehen.

Beginnen wir bei der letzten Frage: Menschenbilder – Menschenbildung, worin besteht der Zusammenhang?
Der Philosoph Konrad Paul Liesmann liefert in seinem gleichnamigen Vortrag hilfreiche Antworten. So zeigt er auf, dass der Ursprung des Begriffes Bildung aus dem theologischen Kontext stammt, „wir sind geschaffen worden zum Bilde eines Gottes".[7] Wir sind schon vom Schöpfer Gebildete, die gleichzeitig aufgefordert sind, uns mit unserem Leben diesem göttlichen Entwurf anzunähern.[8] Martin Buber drückt es so aus: „Er (der Mensch) kann dem Göttlichen nicht nahekommen, indem er über das Menschliche hinauslangt. Er kann ihm nur nahe kommen, indem er der Mensch wird, der zu werden er erschaffen ist."[9]
Bei der österreichischen Mittelschulprofessorin und Dozentin Angela Steiger-Ronner klingt es so:

> „Vom Urbild gewollt, geschaffen und daher geliebt, bin ich schöpfend aus dieser Liebe selbst schöpferisch. Denn ich trage des Schöpfers Liebe in mir, und aus der Kraft dieser Liebe und der Gewissheit des Gewolltseins, erwächst mein eigenes Lieben und Wollen und die Hoffnung, in der Würde des unvollkommenen Ebenbildes mich vom göttlichen Gewolltsein anrufen und durchtönen zu lassen. So wird es auch gelingen, mein eigenes Wollen und meine eigene Liebe immer wieder an diesem meinem Gewolltsein schöpferisch zu entzünden."[10]

Die Idee der Bildung setzt ein Menschenbild voraus, das den Menschen als einen begreift, der unfertig, oder, wie bei Steiger-Ronner, unvollkommen ist. Dadurch wird Bildung genauso notwendig wie Erziehung. Das kann defizitär ver-

standen werden, wie bei Arnold Gehlen[A], es kann aber auch positiv gedeutet werden. Unfertig im Sinne von offen, entwicklungsfähig, in der Lage an sich selbst zu arbeiten, schöpferisch tätig zu werden.
Humboldt folgend, ist der Mensch in jedem Fall ein bildsames Wesen und deshalb prinzipiell in der Lage, sich zu einer selbstbestimmten Persönlichkeit zu entwickeln. Bildung gestaltet das Sein des Menschen und bezieht sich dadurch auf den ganzen Menschen. Ein gebildeter Mensch ist also einer, der sich auf allen Ebenen gebildet hat. Körper, Geist und Seele stehen sozusagen in einer gebildeten Balance. Wer vor allem seinen Körper trainiert, ist möglicherweise Leistungssportler, aber deshalb nicht gebildet, auch ein Gedächtnisakrobat ist nicht gebildet, sein Fokus lag auf dem Training der kognitiven Ebene[11], und auch der größte Gelehrte auf seinem Fachgebiet ist nicht unbedingt ein gebildeter Mensch, sondern möglicherweise ein Fachidiot. Training ist keine Bildung, Ausbildung von Kompetenzen ist auch keine ganzheitlich, auf das Sein des Menschen bezogene Bildung, genauso wenig wie Spezialisierung. „Bildung würde bedeuten, unterschiedlichste Fähigkeiten zu einem Gesamtbild zu integrieren."[12]
Bildung ist demnach wesentlich mehr als Wissen. Bildung bedeutet zu verstehen, wie Wissen zustande kommt. Es geht darum, eine Sache wirklich zu durchdringen, ein tiefes Verständnis davon zu entwickeln und so ein reflexives, kritisierbares, argumentierbares Bild von der Welt in sich entstehen lassen zu können.[13]
Oder, um es mit dem Theologen und Logotherapeuten Günter Funke zu sagen: „Bildung ist das Erarbeiten einer Haltung, die darüber Auskunft gibt, wofür ich alles Gelernte einsetzten will".[14] Es ist nach dieser Lesart nicht das Wissen, das den gebildeten Menschen vom nicht Gebildeten unterscheidet, sondern es kommt entscheidend darauf an, *wofür* das Wissen eingesetzt wird. Und das wiederum bedeutet, dass Werten eine entscheidende Rolle zukommt. Für die Verwirklichung welcher Werte setze ich mein Wissen ein? Und von der anderen Richtung gefragt: „Welche Werte helfen mir, dass ich mich an ihnen bilde?"[15] Fragen, die sich daraus direkt für den pädagogischen Kontext ableiten, sind nach Funke folgende: „Mit welchen Werten kommen meine Schüler*innen in Berührung, wenn sie mit mir in Berührung kommen? Kommen sie überhaupt

A Vgl.: 1. Teil/Kapitel: 1/Erziehung/Thesenkatalog Nummer 3: Erziehung ist notwendig.

mit Werten in Berührung, oder nur mit auswendig gelerntem Wissen, also ‚dummen Wissen'?"[16]

„Gebildet ist", sagt der Philosoph Richard David Precht, „wer reich an innerer Welt ist."[17] Dummes Wissen, könnte man daraus ableiten, ist auch armes Wissen, ein Wissen, dass nicht zu einer reichen inneren Welt führt. Einer Welt, in der z. B. Zusammenhänge hergestellt und Relationen gebildet werden können, in der Visionen entstehen und in der die Neugier sich frei entfalten kann. Dummes Wissen, könnte man sagen, ist Festplattenwissen, obwohl vieles davon relativ schnell vergessen wird und nicht so leicht wieder abrufbar ist wie von einer Festplatte. Gerade wenn es sich nach dem bulimischen Prinzip angeeignet wurde – vor der Prüfung „reinfressen" und unverdaut zur Prüfung wieder „auskotzen".

Wir sehen aus verschiedenen Perspektiven – Bildung ist niemals nur die Aneignung von Wissen. Wissen hat übrigens auch nicht zwingend ein ethisches Verhalten zur Folge. Leider – es wäre schön, es verhielte sich anders. Um es mit Günter Funke ganz drastisch zu sagen, auch die Errichtung eines KZ erforderte Fachwissen, ebenso die Planung des Völkermordes an den Juden, beides jedoch ist niemals das Ergebnis von Bildung, kann es nicht sein.[18] Oder mit Alfred Andersch formuliert, welcher mit Blick auf Heinrich Himmler, der aus einer Familie des gebildeten Bürgertums stammte, folgende Frage stellte: „Schützt Humanismus denn vor gar nichts?"[19]

Was fehlt? „Bildung ist per se immer Herzensbildung"[20] sagt Dietrich Bonhoeffer. Es gibt demnach keine Bildung ohne Beteiligung des Herzens. Inhalte, die das Herz nicht berühren, sind herzlos. Dummes Wissen ist herzloses Wissen. Dummes Wissen kann das Feuer der Begeisterung nicht entfachen, erweckt keine Neugier, ist nichts, woran sich die Persönlichkeit des Menschen entwickeln kann, weil es am Personsein des Menschen vorbeigeht. Im Gegensatz dazu schlägt sich „jede Verwirklichung von Werten (...) in der Bildung der Persönlichkeit nieder".[21] Und so ist Bildung so viel mehr als Ausbildung, sie „erweitert die Ausbildung um das Entscheidende, nämlich um den Menschen".[22] Ausbildungen jedoch, deren Ziel es ist, für die Arbeit mit Menschen zu qualifizieren, dürfen diese Reduktion nicht zulassen, denn dann gehen sie mit Sicherheit am *Wesen*tlichen vorbei. Aber genau dies passiert meiner Erkenntnis nach in weiten Teilen und wird systemisch nicht nur in Kauf genommen, sondern geradezu evoziert.

Im Unterschied zur Erziehung kann sich der Mensch nur selbst bilden. Kein anderer kann das für ihn tun. Es ist jedoch Aufgabe von Erziehung, Optionen bereitzustellen, die es dem Kind ermöglichen, sich zu bilden. Nicht umsonst wird immer wieder auf die Bedeutung der frühkindlichen Bildung hingewiesen, die Erziehende aufgerufen sind, in Kindertagestätten möglich zu machen. Bildung wohlgemerkt und kein frühkindliches Kompetenztraining. Das wird leider oft verwechselt und führt zu einem Rückfall in zum Teil konditionierende Vorschulerziehung, mit Ordnern, Arbeitsblättern, Hausaufgaben und Fleißbienchen.

Der Schweizer Philosoph und Autor Peter Bieri (manche kennen ihn sicher besser unter seinem Künstlernamen Pascal Mercier und haben z. B. den *Nachtzug nach Lissabon* gelesen) fragt, wie es denn wäre, gebildet zu sein, und macht in seiner Antwort darauf folgende Indikatoren für Bildung fest, die gleichzeitig auch als deren Ergebnis verstanden werden können: Bildung als Weltorientierung, als Aufklärung, als historisches Bewusstsein, als Artikuliertheit, als Selbsterkenntnis, als Selbstbestimmung, als moralische Sensibilität, als poetische Erfahrung, als Leidenschaft. Es geht also um alles.[23]
Das macht Sie neugierig? Perfekt, denn das steht am Anfang eines jeden Bildungsprozesses. Die Neugier. Und genau damit beginnt Peter Bieri. Ich empfehle Ihnen auf jeden Fall, den ganzen Artikel zu lesen oder anzuhören. Ich beschränke mich hier darauf, ein paar zentrale Ideen herauszufiltern, die mir für diesen Kontext sinnvoll erscheinen und versuche diese mit Hilfe von persönlichen Geschichten, Fragen und einer Übung noch fassbarer für Sie zu machen.
Wir bilden uns laut Bieri, um uns in der Welt orientieren zu können. Um zu ihr Stellung zu beziehen. Um sie zu erfassen. Um ihre Komplexität zu begreifen. Und auch um unsere eigene Begrenztheit in Relation zu ihr zu setzen. Wir müssen nicht alles wissen, das ist schlicht nicht möglich, aber wir sollten als gebildete Menschen Zusammenhänge verstehen und Proportionen abschätzen können. „Die Lösung ist, sich eine grobe Landkarte des Wissbaren und Verstehbaren zurechtzulegen und zu lernen, wie man über die einzelnen Provinzen mehr lernen könnte. Bildung ist also ein doppeltes Lernen: man lernt die Welt kennen, und man lernt das Lernen kennen."[24]
„Wissen ist Macht" ist ein gängiges Sprichwort. „Wir wissen nichts, macht nichts", wird nicht selten hinterher geschoben. Nichts zu wissen macht aber einen gewaltigen Unterschied. So liegt die Macht des Wissens Bieri folgend z. B. darin, nicht so leicht zum Opfer werden zu können.

Diesen Aspekt betone ich im Fach Psychologie immer wieder, beispielsweise wenn es um Wahrnehmung geht und darum, wie leicht diese manipulierbar ist. Außerdem bedeutet Bildung, zu wissen was man weiß und was man nicht weiß. Dazu mache ich im Unterricht als Einstieg in das Thema Lernen oft folgende Übung, zu der ich Sie an dieser Stelle auch einlade. Es sind mehrere Schritte, den ersten davon hat Vera Birkenbihl entwickelt, die sogenannte ABC-Liste, die das assoziative Denken anregt.

Nehmen Sie sich ein Blatt Papier, schreiben Sie alle Buchstaben von A–Z darauf, lassen Sie dahinter Platz für 1–3 Begriffe. Denken Sie jetzt an das Wort „Schule" und schreiben Sie ca. drei Minuten lang alle Begriffe zu den jeweiligen Buchstaben auf, die Ihnen dazu einfallen. Nehmen Sie nun diese Begriffe und bilden Sie mit deren Hilfe Fragen zum Thema Erziehung, Lernen, oder Bildung, ganz wie Sie möchten.
Nehmen wir an, Sie hätten das Wort „Angst" bei A geschrieben, dann könnte eine Frage lauten: Kann man mit Angst lernen? Oder: Welche Auswirkungen hat Angst auf das Lernen? Wenn Sie mit der Liste fertig sind, versuchen Sie Antworten zu finden. Und wenn Sie damit fertig sind, kategorisieren Sie Ihre Antworten folgendermaßen:

1) Weiß ich sicher und genau, hält einer an wissenschaftlichen Fakten orientierten Überprüfung stand.

2) Ich glaube, es zu wissen, aber es ist eher ein Bauchgefühl. Seriöse Quellenangaben könnte ich nicht dazu machen (subjektives Erfahrungswissen).

3) Ich weiß es nicht.

Diese Übung mache ich gerne, um den Unterschied zwischen wissenschaftlichen Theorien und Alltagstheorien erlebbar zu machen. Um einen Reflexionsraum zu schaffen, in dem es auch möglich wird, eigenen Stereotypen und Vorurteilen auf den Grund zu gehen. Und auch, um etwas Demut zu erzeugen vor dem, was es alles zu wissen gibt und was es bedeutet, die Dinge genau zu wissen.

Dann passiert im günstigsten Fall, was Bieri meint, wenn er sagt, dass es von zentraler Bedeutung ist, Dinge einschätzen zu lernen, eine skeptische Distanz zu wahren, „rhetorische Fassaden“ von „echten Gedanken“ zu unterscheiden. Zwei Fragen gibt er uns als Hilfswerkzeug mit auf dem Weg, um gedankliche Unbestechlichkeit zu erlangen: „Was genau heißt das? Und: Woher wissen wir, dass es so ist?“[25]

Bildung heißt nach Bieri auch, die historische Zufälligkeit des eigenen Lebens mit seiner zeitlichen und kulturellen Prägung als solche wahr- und anzunehmen und sich von der Hybris zu verabschieden, die eigene Lebensform sei im Vergleich zu anderen überlegener, angemessener. „Solche Anmaßung, die zur Essenz jedes Imperialismus und jeder Missionierung gehört, ist ein untrügliches Zeichen von Unbildung.“[26]

Diese Form der Unbildung greift jeden Tag weltweit um sich. Hass, Hetze, und politischer Populismus werden wieder salonfähig. Unbildung bringt eine stabile Demokratie wie die USA möglicherweise in Gefahr, jüdische Menschen können in Deutschland nicht mehr angstfrei leben, wie der versuchte Massenmord an Juden in Halle im Oktober 2019 brutal vor Augen geführt hat, Gewalt gegen BIPoC (Black, Indigenous and People/Person of Color) nimmt in den USA wieder zu, die deutsche Reichsflagge wird vor dem Bundestag innerhalb einer „Anti-Corona-Demonstration“ in Stellung gebracht. Ich habe nur sehr wenige Punkte genannt, ergänzen Sie selbst. Es wird eine erschreckend lange Liste werden.

Rassismus, Diskriminierung, Sexismus, Antisemitismus sind Themen, mit denen sich auch Erziehende intensiv auseinanderzusetzen haben und es sind Haltungen, die – bewusst oder unbewusst – natürlich auch unter Pädagog*innen zu finden sind.

Beispiel: Im Jahr 2015 kamen sehr viele Kinder mit Fluchterfahrungen in die Kindertagesstätten und so waren die Studierenden während ihrer Praktikumszeit mit einer Situation konfrontiert, die Viele, verständlicherweise, völlig überforderte.
Wie geht das – traumatisierte Kinder und deren Familien hilfreich zu begleiten? Mit der Sprachbarriere und den unterschiedlichen Normen und Werten sinnvoll umzugehen? Die eigene Ohnmacht auszuhalten im Angesicht von so viel Leid und Ausweglosigkeit?

Ich fragte im Unterricht nach den Erfahrungen, welche mit der neuen Situation einhergingen und wurde dabei auch mit Antworten dieser Art konfrontiert: „Jetzt sind *diese Flüchtlinge* auch auf dem Land angekommen. Die sollen doch einfach bei sich zuhause bleiben. So schlimm ist das in Syrien ja auch wieder nicht. Aber wehe das sagt man offen! Das muss man sich mal vorstellen, so weit ist es jetzt in Deutschland schon gekommen."
Das sind Aussagen, die mich – egal wo und von wem sie getroffen werden – sprachlos werden lassen. Wenn es im Unterricht geschieht, versuche ich zunächst meine persönliche Erschütterung transparent zu machen und dann in einen Dialog zu gehen, der Aufschluss darüber gibt, wie es zu einer solchen Einstellung gekommen ist. Ich möchte verstehen, was möglicherweise an Erfahrungen und Glaubenssätzen dahintersteht. Das ist natürlich nicht innerhalb einer 45- oder 90-minütigen Unterrichtseinheit lösbar, sondern erfordert in der Regel weitere Gespräche.

Bildung in Bieris Sinne ist also „subversiv und gefährlich, was Weltanschauung und Ideologie angeht, denn sie bringt das Bewusstsein der Kontingenz und also Relativität jeder Lebensform ins Bewusstsein".[27] Der auf diese Weise Gebildete entwickelt andere Bedürfnisse als der Ungebildete. Er will reisend die Welt erforschen, andere Kulturen kennen lernen, andere Zeiten verstehen lernen, will innere Grenzen erweitern, Einstellungen in Frage stellen, neue Erkenntnisse gewinnen. „Der Gebildete ist einer, der ein möglichst breites und tiefes Verständnis der vielen Möglichkeiten hat, ein menschliches Leben zu leben."[28]
Auch an der Art, wie Menschen lesen, lässt sich nach Bieri erkennen, ob sie sich im Lesen auf den Prozess der Bildung einlassen. Nur wer bereit ist, sich durch die Lektüre verändern zu lassen, liest in einer solchen Weise. Wer Bücher konsumiert, bildet sich nicht. Es geht darum sich einzulassen, mit seinem ganzen Wesen auf die Lektüre zu reagieren, so dass eine Veränderung, eine Erweiterung des eigenen Horizontes möglich wird. Das wäre dann Bildung, die durch das Herz geht, Bildung, die auch ethisch handlungswirkam wird, wie wir bei Funke und Bonhoeffer schon gesehen haben. Wer auf diese Weise Literatur begegnet, hat auch die Möglichkeit, die Sprache der Seele zu erlernen. „Der Gebildete ist einer, der besser und interessanter über die Welt und sich selbst zu reden versteht, als diejenigen, die immer nur die Wortfetzen und Gedankensplitter wiederholen, die ihnen vor langer Zeit einmal zugestoßen sind."[29]

Kurzes Innehalten: Wann haben Sie zuletzt auf diese Art und Weise gelesen?
Welches Buch hat Ihr Leben verändert, Ihr Handeln, Ihre Einstellung zur Welt, Ihre Sprache, Ihre Erinnerung, Ihr Hoffen, Ihren Glauben?
Wenn ich zurückdenke, fallen mir viele Bücher ein. Drei davon greife ich exemplarisch heraus.

***Sansibar oder der letzte Grund* von Alfred Andersch**
Wir lasen das Buch im Deutschunterricht der 10. Klasse, und es zog mich schnell in seinen Bann. Es spielt in der Zeit des zweiten Weltkrieges. Ein Tag und eine Nacht, in der es für die Protagonist*innen um alles geht. Sie müssen aus verschiedenen Gründen vor den Nazis fliehen, um ihr Leben zu retten. Aber nicht nur sie sind bedroht, sondern auch die Skulptur des *Lesenden Klosterschülers* von Ernst Barlach. Kunst, die als entartet galt und gefährlich. Und es geht um Menschen, die ihr Leben aufs Spiel setzen, um diese Kunst zu retten. Vielleicht auch weil sie spüren, dass es ein Versuch ist, die Menschlichkeit an sich zu retten.
Das war in dieser Dimension neu für mich. Auf diese Weise kam ich mit der Kunst Barlachs in Berührung. Die Bilder, aber viel mehr noch die Skulpturen Barlachs betreffen mich bis heute, sie gehen mich an. Da ist ganz tief im Inneren eine Resonanz, ohne dass ich etwas über diese Kunst wissen müsste. Sie bringt in mir etwas zum klingen, das im Sein an sich seinen Widerhall findet. Nicht alle seine Skulpturen lösen das gleichermaßen in mir aus, der *Lesende Klosterschüler* beispielsweise nicht so sehr. Aber er hat eine Ahnung in mir auftauchen lassen, die mich hat suchen lassen. Und so bin ich auf *den Sinnenden* gestoßen. Lange habe ich mit mir gerungen, ob ich mir eine Reduktion in Bronze dieser Skulptur kaufen soll. Ich besuchte ihn immer wieder im Netz, stellte mir eine Postkarte auf und wartete ab, ob der Wunsch weiter Bestand haben würde. Und das hatte er. Irgendwann kam mir die passende Idee. Ich beschloss für ihn zu sammeln und ihn mir von allen Menschen, die mir nahestehen, zum Geburtstag zu wünschen. Das fühlte sich stimmig an. Und so wurde es gemacht. Wie aber sollte er zu mir kommen? Einfach bestellen und per Post bringen lassen? Das erschien mir zu profan. Außerdem wollte ich ihn wirklich sehen und in den Händen halten. So rief ich im Barlachmuseum in Wedel bei Hamburg an und fragte, ob sie ihn für mich bestellen würden und ich ihn dort ansehen, anfühlen könne und dann entschei-

den, ob er mit in mein Leben kommt. Das gefiel dem Museumsleiter und so wurde es vereinbart. Auf unserer Reise nach Dänemark kurz darauf, machten wir also einen kurzen Stopp in Wedel. Das Museum hatte wegen Umbau geschlossen, aber sie machten für uns auf und es entstand ein wunderbares Gespräch mit der Kuratorin. Sie erzählte, wie die Kunst Barlachs über alle Grenzen hinaus auf der ganzen Welt intuitiv verstanden wird und wie existenziell sie auch auf Jugendliche wirkt. „BARLACH GOYOUNG"[30] heißt ein Projekt, das Jugendliche über die Begegnung mit Barlachs Kunst mit existenziellen Fragen konfrontiert, wie z.B.:
„Wo kommen wir her? Wo gehen wir hin? Was erwarten wir? Was erwartet uns? Kunst ist Erkennen! Kunst kann gestalten!"[31]
Ich konnte diese Fragen, die sich mir stellen, solange ich fühlen und denken kann, kaum fassen. Das war unglaublich. Plötzlich verstand ich, warum ich Barlach so großartig finde.
Und wie der *Lesende Klosterschüler* durfte nun auch *der Sinnende* über die Grenze nach Skandinavien. Aber er musste nicht über das Wasser gerettet werden, sondern kam als Begleiter mit uns ans Meer. Und wenn ich jetzt vom Laptop aufsehe, dann steht er da, ganz bescheiden und erinnert mich an den Sinn, an das Leben, an das Netz von Liebe und Freundschaft, in dem ich mich geborgen fühle, an Widerstand und Mut und an Demut und Dankbarkeit.

***Die ganze Welt ist eine große Geschichte und wir spielen darin mit. Michael Ende – Roman eines Lebens* von Charlotte Roth**

Beim Lesen dieses wunderbaren Romans bekam ich schnell den Eindruck, dass hier unsichtbare Fäden aus verschiedenen Richtungen zusammenlaufen, die tief in mir ein lebendiges Muster kreieren. Eine erste Ahnung von diesen Fäden tauchte bereits bei der Lektüre eines anderen Buches auf: *Erziehung zum Sinn – Sinn der Erziehung. Grundlagen einer existenziellen Pädagogik* von Eva Maria Waibel. Ein ganz zentrales pädagogisches Werk für mich, wie Sie im Laufe dieses Buches noch feststellen werden.[B] Darin

[B] Vgl.: 2. Teil/Kapitel 2.8: Existenzielle Pädagogik

dankt sie in ihrem Vorwort Michael Ende. Für Jim Knopf. Für die Art seines Schreibens. Und für die liebevollen Antworten auf zwei Briefe, die sie ihm als Achtjährige geschrieben hat.[32] Leider bin ich als Kind nicht auf die Idee gekommen Michael Ende Briefe zu schreiben, aber auch ich habe seine Bücher wirklich sehr geliebt. Vor allem *Momo* und *Die unendliche Geschichte.* Ich habe mich durch sie gesehen gefühlt. Sie haben direkt zu mir gesprochen. Die Lektüre hat mir Verbindung zum Sein ermöglicht.[C] Und gerne hätte auch ich Michael Ende vieles gefragt, z.B.: Wie kann ich in *meinem* Leben tun, was ich wirklich will? Und woher soll ich wissen, was das ist? Und wie bringe ich *meine* Stundenblumen dazu aufzutauen und zu blühen? Kannst Du mir vielleicht auch eine Schildkröte, oder einen Glücksdrachen schicken, die mir helfen, das Nichts im Leben aufzuhalten oder wenigstens auszuhalten? Die Fragen blieben offen. Manche davon stellt mir das Leben bis heute.

Charlotte Roth hat mir mit ihrem Roman eine ganz neue Begegnung mit Michael Ende geschenkt. Dafür bin ich ihr sehr dankbar. Die Hingabe, mit der er gelebt, geliebt und geschrieben zu haben scheint, berührt mich sehr. Damit seine Figuren entstehen konnten, musste er sich selbst vergessen. Er hat sich ihnen als Mittler zur Verfügung gestellt, hat schreibend dialogischen Kontakt zu ihnen aufgenommen, so dass sie durch ihn in die Welt kamen. Michael Ende hat mit seiner Literatur und seinem Leben offenbar viel von dem verwirklicht, was ich mit diesem Buch für pädagogische Zusammenhänge beschreiben und erfahrbar machen will. Und so ist es vielleicht gar kein so großer Zufall, dass seine Spuren im Kontext existenzieller Pädagogik öfter auftauchen. Und ähnlich wie im Barlachmuseum, habe ich während der Lektüre immer besser verstanden, was genau meine Seele bis heute so bewegt, wenn ich an Momo, Meister Hora, Atréju oder Bastian Balthasar Bux denke.

Die *Kita KITOPIA* von Mariele Diekhof

Dieses Buch hat mich quasi gefunden. Auf der Suche nach guten Büchern für die Bibliothek der Fachakademie stöberte ich vor einigen Jahren ein bisschen im Netz und stieß auf dieses Werk. Sofort war erkennbar, dass

---

C Vgl.: 4. Teil/Das Ende

es sich hier in jedem Fall um ein wunderschönes Buch handelt und der Untertitel *Eine Reise ins Land der spannenden Pädagogik für PädagogInnen und Eltern. Ein Abenteuer-Fachroman der ganz besonderen Art* machte mich sehr neugierig.
Und was soll ich sagen – es ist wirklich ein großartiges Buch. Es spielt in einer virtuellen Kita und zeigt an ganz vielen lebendigen Beispielen praktisch auf, wie sich eine Pädagogik des Vertrauens konkret in der vorschulischen Erziehung umsetzen lässt. Ein wirklich ungewöhnliches Fachbuch, welches das Herz zu öffnen versteht. Dieser Art begeistert empfahl ich es allen Kolleg*innen, denn es ist auch ein fächerübergreifender Traum. Der Funke sprang über und so wurde das Buch für alle unsere Studierenden bestellt. Es kam der Tag der Lieferung, ein Wagen mit über hundert Exemplaren stand im Lehrer*innenzimmer und ich dachte sofort – das muss ich die Autorin wissen lassen. Sie würde sich sicher sehr freuen. Und so nahm ich Kontakt zu Mariele Diekhof auf, erzählte von diesem beglückenden Anblick und fragte, ob sie vielleicht einmal ein Seminar bei uns an der Fachakademie anbieten würde. Die Freude ließ sich über Mail transportieren, der enge Zeitplan der Autorin machte ein Seminar bei uns allerdings nicht möglich. Stattdessen lud sie eine Kollegin und mich spontan ein, bei ihr in Berlin ein Seminar zu besuchen. Und so landeten zwei bayerische Dozentinnen in der Hauptstadt und ließen sich weiter inspirieren. Mariele zu begegnen war, wie eine lang vertraute Freundin wieder zu sehen und groß ist meine Freude natürlich, dass sie für mich eines der beiden Vorworte zu diesem Buch geschrieben hat. Die Kitopialektüre und deren Umsetzung ist seither fester Bestandteil meines Unterrichtes. Es ist sehr beglückend das zu erleben.

Zurück zu Bieri. Gebildet ist, wer sich auf den Weg der Selbsterkenntnis macht und sich der Komplexität dieses Weges bewusst ist. Jemand, der sich und seine Motive wirklich erfassen will, der verstanden hat, dass es die eine eindeutige Identität nicht gibt, „einer, der ein spielerisches Verhältnis zu der Unabgeschlossenheit und Flüchtigkeit von Selbstbildern hat, und sie als Form der Freiheit sehen kann."[33]
Genau darum sollte es in jeder pädagogischen Ausbildung auch gehen. Selbsterkenntnis ist geradezu eine notwendige Voraussetzung und ein immerwährender Auftrag, um pädagogisch verantwortlich handeln zu können, denn jede

Pädagog*in wird zum Medium ihres Handelns. Wir müssen uns so gut erfassen, wie der Musiker sein Instrument oder die Handwerkerin ihr Werkzeug. Wobei wir uns als lebendiges Medium naturgemäß ständig verändern, was das Instrument oder Werkzeug in diesem Sinne nicht tut. Das macht es noch herausfordernder und gleichermaßen spannend.[D]
Bildung ist auch eine Form der Selbstbestimmung. Es geht darum, das eigene Denken, Fühlen und Wollen bewerten zu können. Wir können zu uns selbst Stellung beziehen. Darüber ein Bewusstsein zu entwickeln ist auch ein Zeichen von Bildung. Und so wird nach Bieri Beratung und Therapie, die nicht auf reine Verhaltensformung durch konditionierenden Maßnahmen ausgerichtet ist, zu einer Bildungsmöglichkeit. Darauf werde ich im dritten Teil des Buches noch näher eingehen.

Auch die schon benannte Herzensbildung spielt bei Bieri eine zentrale Rolle. Gebildet zu sein bedeutet, die Fähigkeit zur Empathie entwickelt zu haben, sich also in die Lage anderer versetzen zu können. „Bildung ist die schwer zu erlernende Kunst, die Balance zu halten zwischen dem Anerkennen des Fremden und dem Bestehen auf der eigenen moralischen Vision. Es gilt diese Spannung auszuhalten, und Bildung verlangt hier Furchtlosigkeit."[34]
Wo Herzensbildung ist, kann keine Grausamkeit sein, weil wahre Einfühlung Grausamkeit unmöglich macht. Auch hier ließe sich wieder die Brücke zur zuvor thematisierten Fremdenfeindlichkeit schlagen. Herzensbildung und diskriminierendes Verhalten passen nicht zusammen. Noch einmal greife ich hier Funke auf: „Bildung ist das Erarbeiten einer Haltung, die darüber Auskunft gibt, wofür ich alles Gelernte einsetzten will."[35] Und eine solche Haltung ist ohne Herzensbildung nicht zu entwickeln.
Bildung ist, so Bieri weiter, ein Wert an sich und nicht bloßes Mittel, um Menschen „fit für die Zukunft" zu machen. Und das Empfinden von Glück kann Folge von Bildung sein.

> „Das Glück beim Lesen eines Buches, das einen historischen Korridor öffnet; die Faszination durch einen Film, der zeigt wie ganz anders es anderswo ist, ein menschliches Leben zu führen (...) die freudige Überraschung,

D Vgl.: 3. Teil/Persönlichkeitsbildung

wenn man sich mit einem mal in einem wichtigen Aspekt des Lebens besser versteht (...)".[36]

Genau eine solche freudige Überraschung, ein solches Glück wurde mir im Barlachmuseum zuteil. Ich verstand, wie lange mich die Fragen, die ich bis heute stelle, schon begleiten und welche Wege sie finden, um mich zu erreichen.

In der Bildung geht es um alles. Wo der Gebildete auf Dummheit trifft, und zwar Dummheit auf allen Ebenen, entsteht Ekel in ihm. Ekel z. B. „vor der Verlogenheit von Werbung und Wahlkampf; vor Phrasen, Klischees und allen Formen der Unaufrichtigkeit (...) vor allen Formen der Wichtigtuerei und des Mitläufertums, wie man sie auch in den Zeitungen des Bürgertums findet, die sich für einen Ort der Bildung halten".[37]

Bieri folgend hielte ich es für angezeigt, dass pädagogisch tätige Menschen so etwas wie einen „pädagogischen Ekel" entwickeln. Wer heute noch einen „pädagogischen Eros"[E] hat, kommt um den „pädagogischen Ekel" nicht herum. Aber in welchem Ausbildungskontext ist die Entwicklung eines „pädagogischen Eros", der Ausdruck einer leidenschaftlichen pädagogischen Haltung wäre, denn noch gewollt? (Ich spreche von Tendenzen, Ausnahmen gibt es natürlich immer.)

Wenn ich daran denke, wie frei meine Ausbildung zur Erzieherin in den 90er Jahren des letzten Jahrhunderts war – damals war es noch ein zentrales Ziel, eine solche Haltung zu entwickeln. Hier habe ich erstmals erfahren, wie es sein kann, ohne Angst zu lernen, wie es sich anfühlt, wenn Mitdenken und Mitfühlen gewollt sind, wenn Widerspruch willkommen

E Dieser von Herman Nohl geprägte Begriff, meint einen respektvollen, liebenden Blick auf das Kind, der dieses sowohl in seiner Lebensrealität als auch in seiner Potenzialität wahrnimmt. Der Begriff hat somit keinerlei erotische oder sexuelle Konnotation, sondern ist mit der Liebe vergleichbar, wie sie auch Martin Buber für pädagogische Zusammenhänge beschreibt. Vgl.: 2. Teil/Kapitel 1.9 Liebende Erziehung und Viktor Frankl im Kontext der Logotherapie, vgl.: 2. Teil/Kapitel 2.4.1 Die Geistigkeit des Menschen/Eros

ist, wenn Dialog ermöglicht wird. Und ich hatte das große Glück, dass sich das in meinem Magisterstudium genauso fortgesetzt hat.

Seit dem Bologna Prozess hat sich allerdings viel verändert. Der Weg der Unbildung, den die Schule 9–13 Jahre (je nach Schulform) oft bahnt, wird inzwischen auf unheilvolle Weise in weiterführenden Bildungsinstitutionen fortgesetzt, anstatt eine Alternative zu bieten. Es geht um Credit Points, Effizienz und Leistung in sehr engem Sinn und kaum darum, kreativ denken zu lernen, Interessen zu entwickeln, auf wissenschaftlicher Ebene dialog- und diskursfähig zu werden. Warum tun wir uns und unseren Kindern das an?

Bildung im Kontext der Digitalisierung – Gefahr oder Chance, oder beides?

Halten wir eines in diesem Zusammenhang von Anfang an fest: Digitale Endgeräte an sich bilden nicht. Auch Bücher an sich bilden nicht, auch Dozent*innen an sich bilden nicht. Der Einzige der sich bildet ist der Mensch selbst, und das tut er mit Hilfe von Medien, seien sie nun analog, digital oder menschlich. Die Idee, dass da, wo die digitale Ausstattung voll umfänglich vorhanden ist, die Bildung nicht mehr weit sein kann, ist deshalb völlig unsinnig. Zu früh und/oder zu viel damit konfrontiert, kann der Umgang mit ihr möglicherweise sogar zu „digitaler Demenz"[38] führen. Natürlich ist eine funktionierende digitale Ausstattung gerade in Zeiten von Corona in Bildungseinrichtungen aller Art sehr hilfreich. Dennoch ist die Gefahr groß, dass hier das Medium mit dem Inhalt verwechselt wird. Was nützt der permanente Zugang zu allen nur denkbaren Informationen, wenn nicht gelernt wurde, wie und wonach sinnvoll gesucht wird, welche Quellen seriös sind und welche unbrauchbar. Und wenn die gefundenen Informationen nicht kontextualisiert werden können, dann nützen sie auch nichts. Sie werden zu keiner Art von Erkenntnis führen. Dazu braucht es ein Bildungs-Fundament. Erst dann kann mit den Informationen sinnvoll umgegangen werden. Es stimmt, das Netz ist voll von ganz wunderbar aufbereiteten Bildungsinhalten und es stimmt auch, dass dies eine großartige Chance ist, die andere Generationen nicht hatten. Dennoch muss eine Bildungsbasis vorhanden sein, die es ermöglicht, diese Inhalte zu verstehen und einzuordnen. Dafür braucht es Erzieher*innen, Lehrer*innen und Dozent*innen aus Fleisch und Blut, die es geschafft haben, eine tragfähige Beziehung zu den Lernenden aufzubauen. Auf diese Weise entsteht hoffentlich ein Vertrauen, auf dessen Basis die Wahl der Quellen und Inhalte von den Schüler*innen oder Studierenden anerkannt wird. Und nicht nur das, im besten Fall haben sie so viel Vertrauen, dass sie wissen und spüren: auch wenn mich dieser Inhalt gerade nicht interessiert oder überfordert oder langweilt, bleibe ich dran, weil ich sicher sein kann, dass ein Sinn dahinterstecken muss, sonst würde er mir von dieser Lehrperson nicht „zugemutet".

In der Zeit des Onlineunterrichtes sah ich die Notwendigkeit meiner Filterfunktion noch stärker als sonst. Es galt, viele Inhalte im Netz zu sichten, zu bewerten, Sinnvolles weiterzugeben und im Anschluss daran mit den Studierenden online in den lebendigen Austausch darüber zu gehen und das Gehörte/Gesehene zu reflektieren und zu kontextualisieren. Das hat ausgezeichnet funktioniert. Besser, als ich es je für möglich gehalten hätte. Und es sind dabei ganz nahe Momente entstanden. Ich kenne jetzt einige Haustiere der Studierenden, ihre Zimmer, manchmal sind auch Eltern durch das Bild gelaufen und haben freundlich gegrüßt – es hatte etwas ganz Persönliches, trotz der räumlichen Distanz.

Ich bin also weit davon entfernt, nur die Nachteile der Digitalisierung für die Bildung zu sehen. Aber was mir fehlt, ist das wertebasierte Ringen darum, was für den Lernprozess wirklich hilfreich ist und was nicht! Und wann es hilfreich ist und wann nicht. Wo bleibt das Abschätzen der möglichen Gefahren, die mit dieser digitalen Revolution einhergehen? Wo bleibt der Blick auf das große Ganze einerseits und den Sinn der Situation andererseits? Welchen Preis hat die weithin um sich greifende Verherrlichung des Digitalen möglicherweise? Auf welchen Ebenen ist dieser Preis zu zahlen?

Eine mögliche Antwort darauf gibt der Philosoph Byung-Chul Han in *Im Schwarm. Ansichten des Digitalen.* Er beschreibt unsere digitale Gesellschaft als „Skandal- und Empörungsgesellschaft"[39], der es an Respekt fehlt. Es ist eine Gesellschaft „ohne Contenance, ohne Haltung"[40], in der aufgrund dieser fehlenden Haltung weder Formen des Dialogs noch des Diskurses möglich sind.
Die Empörungswellen, die über das Netz hervorgebracht werden, begreift Han als Folge individueller Affekte. Ganz im Gegensatz zum Zorn, der Ausdruck einer Haltung ist. Mit dieser Haltung des Zorns ist der Mensch in der Lage, „einen

bestehenden Zustand zu unterbrechen und einen neuen Zustand beginnen zu lassen"[41]. Dies ist da möglich, wo Menschen sich begegnen, als eine „Masse" mit Geist und Seele zusammenkommen, die getragen ist von einer gemeinsamen Idee.[42]

> „Die neue Menge heißt der *digitale Schwarm*. Sie weist Eigenschaften auf, die sie von den klassischen Formationen der Vielen, nämlich von der *Masse*, radikal unterscheidet. Der digitale Schwarm ist schon deshalb keine Masse, weil ihm keine *Seele*, kein *Geist* innewohnt. Die Seele ist versammelnd und vereinigend. Der digitale Schwarm besteht aus einzelnen Individuen."[43]

Und diese Individuen sind nicht in der Lage, ein *Wir* hervorzubringen, weil es ihnen an der dazu notwendigen *Innerlichkeit* fehlt. So werden Ansammlungen gebildet, aber keine Versammlungen, wie sie beispielsweise durch elektronische Medien zustande kommen. Vor Radio oder Fernsehen versammeln sich Menschen, während digitale Medien die Menschen vereinzeln.[44] „Wegen der Effizienz und der Bequemlichkeit der digitalen Kommunikation meiden wir zunehmend den direkten Kontakt zu realen Personen, ja den Kontakt mit dem Realen überhaupt."[45]
Die Gedanken Byung-Chul Hans in den Kontext dieses Buches gebracht könnte man sagen, dass digitale Medien zwar viele neue Wege der Kommunikation schaffen, aber die Entwicklung der zur Menschwerdung notwendigen Dialogfähigkeit extrem erschweren. Denn sie fördern das krankmachende ewige Kreisen um sich selbst, welches eine tatsächliche Begegnung mit dem anderen, mit dem DU unwahrscheinlich macht.

Das Reale wird in der digitalen Welt als eine Art unwillkommener Widerstand wahrgenommen und bringt es zum Verschwinden, wodurch

> „die digitale Kommunikation immer körper- und antlitzloser wird (...) Es baut das Reale ab und *totalisiert* das *Imaginäre*. Das Smartphone fungiert als ein digitaler Spiegel der postinfantilen Neuauflage des Spiegelstadiums. (...) Durch das Smartphone spricht nicht der *Andere*".[46]

Schauen wir da einmal kurz genauer hin. Das Smartphone lädt also zu einer permanenten, regressiven Spiegelung des eigenen Ichs ein. Dies hat jedoch nicht die beglückende Empfindung von sich als Ganzheit zur Folge, wie das beim Baby der Fall ist, wenn es sich das erste Mal im Spiegel als autonomes Lebewesen wahrnimmt, als Ich erkennt und damit auch erfährt, dass es eine Trennung zwischen Ich und Nicht-Ich gibt. Es bekommt eine leise Ahnung von Distanz und Nähe, von Ich und Du, und es ist emotional von Anfang an in der Lage, dem anderen solidarisch und empathisch zu begegnen. Das belegt die Babyforschung sehr eindrücklich.[47] Genau das passiert aber in der digitalen, regressiven Ichschau des Erwachsenen nicht. Während das Baby im Spiegelstadium einen großen Entwicklungsschritt nach vorne macht, könnte man vermuten, dass die permanente Smartphone-Spiegelung des Erwachsenen eher zu Schritten in die andere Richtung führt. Das hat nicht nur ungünstige Folgen für den erwachsenen Menschen, sondern ggf. auch für sein Kind. Liegt oder sitzt dieses beispielsweise im Kinderwagen und sucht aktiv den Blick des Vaters oder der Mutter, hoffend auf Geborgenheit und Dialog, welcher über diesen Blickkontakt stattfinden könnte, macht es gegenwärtig immer häufiger die Erfahrung, an den auf das Smartphone gerichteten Augen seiner Bezugspersonen abzuprallen.[F]

Zurück zu Han. Wir haben ihm zufolge nicht nur keine Haltung mehr, wir sind auch im Begriff, unsere Handlungsfähigkeit zu verlieren. Stattdessen wird „(ge) fingert“[48]. Er verweist darauf, dass das Wort „digital“ bereits auf den zählenden Finger (digitus) hindeutet.

> „Die digitale Kultur beruht auf dem zählenden Finger. Geschichte aber ist *Erzählung*. Sie *zählt* nicht. *Zählen* ist eine posthistorische Kategorie. Weder Tweets noch Information fügen sich zu einer Erzählung zusammen. Auch die *Timeline* erzählt keine Lebensgeschichte, keine Biographie. Sie ist additiv und nicht narrativ. Der digitale Mensch *fingert* in dem Sinne, dass er ständig zählt und rechnet. Er verabsolutiert die Zahl und das Zählen. Auch Facebook-Freunde werden vor allem *gezählt*. Die Freundschaft aber ist Erzählung. (...) Heute wird alles zählbar gemacht, um es in eine Sprache der Leistung und Effizienz umwandeln zu können. So hört heute alles, was nicht zählbar ist, auf zu sein.“[49]

F So ist der BRT Buggy und Kinderwagenorganizer – eine wasserfeste Smartphone- und Handyhalterung für 12,99 Euro – ein Produkt, das solche Situationen forciert.

Alles, was nicht zählbar ist, hört auf zu sein. Was für eine Wirklichkeit konstruieren wir uns da? Und was für eine Lebensverneinung geht damit einher?
Machen wir uns einmal mehr bewusst, was alles nicht zählbar ist. Ich beginne mit der lichten Seite und Sie ergänzen, was Ihnen fehlt. Ich denke an Freundschaft, Liebe, Freiheit, Glaube, Vertrauen, Verantwortung, Schönheit, Freude, Ästhetik, Diversität, Heimat, Talent, Begeisterung, Verstehen, Sinn, Begegnung, Autonomie, Bindung, Sicherheit, Berührung, Kontakt, Wertschätzung, Empathie, Authentizität, Toleranz, Akzeptanz, Genuss, Glück, Mut, Identität, Leidenschaft, Erotik, Musik, Hoffnung, Unendlichkeit, Weite, Bewusstsein, Sehnsucht, Neugier, Erkenntnis, Abenteuer, Transzendenz, Leben, Sein. Alles nicht zählbar.
Wir sind im Begriff, uns das „Wozu" zum Leben zu nehmen und dabei gleichzeitig die Lebensgrundlage, die uns wesenhaft entsprechen würde, zu entziehen. Warum? Um der Schattenseite des Unzählbaren zu entgehen?
Auch Schmerz ist unzählbar und Angst und Verzweiflung und Unsicherheit und Wagnis und Fremdheit und Verletzlichkeit und Scham und Endlichkeit und Ohnmacht und Hilflosigkeit und Unbewusstes und Verlorenheit und Trauer und Hunger und Lieblosigkeit und Entsetzen und Sterben. Auch alles nicht zählbar. Also zählen wir lieber. Sammeln wir lieber. Speichern wir lieber. Han spricht von der „Totalprotokollierung des Lebens"[50] und macht deutlich, wie die Reduzierung des Glaubens und des Vertrauens mit der Digitalisierung einherzugehen droht.

> „Die Informationsgesellschaft diskreditiert jeden Glauben. Das Vertrauen macht Beziehungen zu anderen auch ohne genauere Kenntnisse über diese möglich. Die Möglichkeit einer leichten Informationsbeschaffung ist dem Vertrauen abträglich. Die heutige Krise des Vertrauens ist, so gesehen, auch medial bedingt. Die digitale Vernetzung erleichtert die Informationsbeschaffung dermaßen, dass das Vertrauen als soziale Praxis immer mehr an Bedeutung verliert. Es weicht der Kontrolle."[51]

Schaue ich in meine pädagogische Praxis, dann begegne ich diesem Vertrauensverlust auf unterschiedlichen Ebenen.
Da ist zum Beispiel oft wenig Vertrauen, dass das, was wir Dozent*innen im Unterricht anbieten, wichtiger, interessanter sein könnte, als die Nachrichten, die auf dem Smartphone eintreffen. Ich möchte allerdings nicht ausschließen, dass manchmal auch die mangelnde Unterrichts-

qualität ein Faktor ist, der dazu beiträgt. Zumal wir gerade im Regelunterricht dem Phänomen des Zählbarmachens massiv begegnen. Denn ein Unterricht, der tatsächlich ergebnisoffen gestaltet wird, ist vom System her eher nicht gewollt. Das spiegelt sich meiner Erfahrung nach in der Lehrer*innenausbildung besonders deutlich wider. Für Lehrproben werden „Drehpläne" geschrieben, jeder Satz ist geplant, jede mögliche Schüler*innenantwort antizipiert. Wird das Zeitlimit von 45 oder 90 Minuten um ein paar Minuten unter- oder überschritten, hat das meist böse Folgen für die Bewertung der Referendar*in. Egal, wie gut der Unterricht inhaltlich gelungen ist. Gleichgültig wie vertrauensvoll die pädagogische Atmosphäre war. Geht der Plan nicht auf, wird die Note für den Unterrichtsbesuch schlechter. Die traurige Folge: Alles Spontane, Lebendige wird ausgeklammert, alles Unvorhersehbare gemieden. Das ist keiner Lehramtsstudent*in anzulasten, es ist ein Systemfehler, den ich beklage. Wie soll unter diesen Umständen im Unterricht Raum für Neugier, für Begegnung, für Erkenntnis, für Kontakt entstehen?

So wird dieser in sozialen Netzwerken gesucht. Die Angst, hier den Anschluss zu verpassen ist bei vielen größer, als ihn im realen Unterrichtsgeschehen zu verlieren. Der Wunsch nach Vernetzung ist fast maßlos zu nennen und so werden die medialen Kontakte (zählbar), der realen Begegnung vorgezogen. Sogar das echte Telefonat stellt nicht wenige vor eine Herausforderung, der sie lieber über Messenger Dienste ausweichen. Und ich rede von jungen Menschen, deren Ziel es ist, einen sozialen Beruf zu erlernen, in dem Kommunikation und Beziehungsgestaltung die Grundsäulen ihrer Arbeit darstellen werden. Gleichzeitig ist die Sehnsucht nach wirklicher Begegnung spürbar, als Resterinnerung erahnbar. Vor allem dann, wenn die Strukturen des Regelunterrichts aufgehoben werden und die Teilnehmer*innen merken, jetzt geht es wirklich um etwas, das sie angeht. Aber mit jedem Jahrgang scheint diese Sehnsucht weniger greifbar, wirken die Schutzmauern dichter. Im World Wide Web – diesem unbegrenzten Hier – ist die Bereitschaft sich anzuvertrauen groß, die Angst sich verwundbar zu machen kaum vorhanden, eine Sorge vor Überwachung und Kontrolle selten erkennbar, die fast absolute Transparenz unhinterfragt. Es wird sich sorglos fallen gelassen ins digitale Netz. Frage ich jedoch, was wirklich tragend ist in ihrem Leben, dann zittern die Lippen, flattern die Herzen und manchmal öffnen sie sich auch. Oder machen sich noch dichter.

„Digitalisierung first, Bedenken second" forderte die FDP in ihrem Wahlkampf 2017. Nahezu alle Parteien scheinen sich inzwischen darüber einig, dass die Schulen digitalisiert werden müssen, um die nächste Generation adäquat auf die Zukunft vorzubereiten. Die Etablierung einer *soliden* und *verbindlichen* medienpädagogischen (Aus-/Fort-)Bildung für *alle* Lehrenden und die Realisierung einer pädagogisch durchdachten digitalen Infrastruktur an *allen* Schulen, geht damit (trotz bzw. wegen pandemiebedingter Beschleunigung der Prozesse) nicht einher. Darüber hinaus bleiben die Parteien die noch wesentlich wichtigere Antwort schuldig, für *welche* Zukunft sie die Kinder eigentlich fit machen wollen, *welche Vision* sie von ihr haben. Mir ist kein Entwurf und kein Konzept bekannt, das aufzeigt, *wie* genau wir die Digitalisierung so in unser Leben und die Bildung integrieren, dass die Folgen, die Han beschreibt, nicht weiter fortschreiten.

All das heißt nicht, dass ich nicht daran glauben und darauf hoffen würde, dass es sinnvolle Wege geben könnte, die Vorteile der Digitalisierung so zu nutzen, dass sie uns tatsächlich eine neue Freiheit ermöglichen. Eine Freiheit, die nicht zu einem Zwang pervertiert, sondern stattdessen mit der dafür nötigen Verantwortung einhergeht. Aber dazu müsste man als Gesellschaft, genauso wie als Individuum, eben doch *erst* nachdenken, entsprechende Konzepte entwerfen und dann in die Umsetzung gehen. Nach dem Motto: „Think first, Digitalisierung second."
Wenn das Denken erst nach der Digitalisierung einsetzt, dann könnte es zu spät sein. Und in manchen Bereichen ist es das unter Umständen schon.

Ein Beispiel aus meinem beruflichen Alltag: Mit jedem Jahrgang wächst die sprachliche Inkompetenz der Studierenden. Wenn ich das anspreche, wird es oft bestätigt, manchmal sogar bedauernd. Manche der Studierenden können an sich selbst beobachten, wie ihre sprachlichen Fähigkeiten schwinden. So wissen einige, dass sie früher besser in Rechtschreibung waren und führen diesen Rückschritt auf ihre verkürzte Smartphonekommunikation zurück, welche zu ihrer Hauptkommunikationsform avanciert ist. Sie fühlen sich dieser Entwicklung aber eher ausgeliefert, als dass sie den Eindruck hätten, selbst darüber entscheiden zu können. Viele sprechen ganz offen von Sucht im Umgang mit ihrem Smartphone.

Trotz dem Mehr an Kommunikation, verkümmert offenbar die Kompetenz, sich auszudrücken, der Wortschatz wird kleiner, undifferenzierter und damit, so fürchte ich, auch die Wahrnehmung von Welt. Ich denke an Aussagen, wie: „Frau Pendorf, sie benutzen manchmal so schöne Wörter, Wörter die ich noch nie gehört habe." Das schmeichelt mir natürlich erst einmal, aber eigentlich ist es erschreckend, denn es geht hier nicht um Fremdwörter, sondern um ganz einfache Worte. Worte, die Tiefe besitzen, z. B. Buber-Worte[G]. Worte, die an Existenzielles rühren, deren Schönheit intuitiv von mancher*m erkannt wird. Eine solche Sprache existiert im digitalen Raum nicht.

Ich schreibe kein Buch über die Digitalisierung und ihre Folgen, doch kaum etwas wird unser Leben, unser Menschsein und unsere Menschwerdung, unser Sterben, unseren Umgang mit Welt, mit Grenzen und Entgrenzung so maßgeblich beeinflussen wie diese digitale Revolution. Darum erschien es mir wichtig, diesen Punkt zu vertiefen.

Wie hängen nun Bindung und Bildung zusammen?

Wir können die Frage der Bildung nicht abschließen, ohne auf den Zusammenhang zwischen Bindung und Bildung kurz einzugehen.
„Keine Bildung ohne Bindung" lautet ein bindungstheoretischer Hauptsatz und macht damit auf eine zentrale Relation aufmerksam[52]. Ohne das Gefühl von Geborgenheit und Sicherheit wird es schwer, die Welt zu erkunden, sie kennenzulernen, sich in sie hinein zu entfalten, sie mitzugestalten. Eine sichere Bindung wird so zur Voraussetzung von explorativem Verhalten. Wo das eine nicht entstanden ist, kann das andere schwer werden. Und die Entstehung dieser sicheren Bindung erfordert neben der notwendigen Feinfühligkeit der Hauptbezugspersonen auch Zeit. Mindestens zwölf Monate aus entwicklungspsychologischer Sicht. Nur leider wird weder den Kindern, noch den Eltern dieser Zeitraum sicher zugestanden, und entsprechend nehmen viele Krippen in-

G Vgl.: 2. Teil/Dialogische Erziehung und Bildung

zwischen die Kinder früher auf. Und weil das Angebot da ist, wird der Druck auf die Familien von Seiten der Arbeitgeber größer und größer. Würde man sich gesellschaftlich darauf einigen, dass dieses erste Lebensjahr unantastbar ist, kämen viele Familien nicht in ein solches Dilemma und die Wahrscheinlichkeit von sicher gebundenen Kindern würde steigen. Und damit auch ihre Bildungschancen.

3. Mensch sein

Was bedeutet es Mensch zu sein? Menschenbilder und ihre Bedeutung für Erziehung und Bildung.

Zunächst wieder ein paar Fragen an Sie:

1) Was bedeutet es für Sie, ein Mensch zu sein?
2) Was macht den Menschen zum Menschen?
3) Welches Menschenbild, welches Bild vom Kind, tragen Sie in sich?
4) Welche Auswirkungen hat dieses Bild auf Ihre Arbeit, Ihr Leben?
5) Welches Menschenbild, welches Bild vom Kind, haben/hatten Ihre Eltern?
6) Welche Auswirkungen hat(te) das auf Ihre Erziehung, Ihr Leben?
7) Welches Menschenbild, welches Bild vom Kind haben/hatten vermutlich Ihre Erzieher*innen? Ihre Lehrer*innen? Ihre Dozent*innen?
8) Welche Auswirkungen hat(te) das auf Ihre Bildung/Ihr Leben?
9) Welches Menschenbild, welches Bild vom Kind haben/hatten Ihre Kolleg*innen?
10) Sind Sie im Austausch darüber?
11) Was unterscheidet den Menschen von anderen Säugetieren?
12) Und was von künstlicher Intelligenz?
13) Was können Sie, was Ihr Smartphone, Ihr Navi, Ihr Macbook nicht kann?

Hier Begriffe, die mir spontan auf die letzte Frage einfallen:
Kreativ sein, Sinn finden, Werte verwirklichen, Freiheit leben, Würde ausstrahlen, Verantwortung annehmen, Kontakt aufnehmen, Persönlichkeit entfalten, einander begegnen, sich und anderen vertrauen, träumen, tanzen, singen, berühren, sich berühren lassen, kämpfen *für* etwas, lachen, sich freuen, lieben, stolz sein, gelassen sein, zugewandt sein, sich ausrichten können auf etwas das nicht ich bin, glauben, geboren werden, sterben.

„Menschsein", sagt der Logotherapeut Alfried Längle, „heißt gefragt sein. Leben ist Antwort geben, antworten auf die Fragen der jeweiligen Stunde."[53] Und Viktor E. Frankl, der Begründer der Logotherapie und Existenzanalyse stellt fest, dass Menschsein Herausforderung zur Menschwerdung ist.[54] So betrachtet, werden wir als Menschen ins Menschsein hineingeboren und sind gleichzeitig Zeit unseres Lebens herausgefordert, Menschen zu werden. Man könnte vielleicht auch sagen, uns unseres Menschseins würdig zu erweisen.[A]

Zum Teil ist bei den vorangegangenen Überlegungen schon angeklungen, wie groß der Einfluss des Menschenbildes auf Erziehungs- und Bildungsprozesse ist. Letztlich wird es, neben unserem Weltbild, zum Dreh- und Angelpunkt dessen, wofür Pädagog*innen stehen und wonach sie ihr pädagogisches Handeln ausrichten. Deshalb halte ich es für sinnvoll verschiedene, Ihnen sicher zum Teil bereits vertraute, Menschenbilder nebeneinander zu stellen, so dass der Unterschied, den es im ganz konkreten, tagtäglichen pädagogischen Umgang miteinander macht, wirklich spürbar wird. Dabei werde ich die theoretischen Grundzüge, die im jeweiligen Menschenbild ihren Ausdruck finden, aufzeigen und mit persönlichen Beispielen aus meinem (Berufs-)leben untermalen.

A Damit locke ich Sie hoffentlich schon ein wenig in Richtung existenzielle Pädagogik, in die wir im zweiten Teil des Buches tiefer einsteigen werden.

Das behavioristische Menschenbild – was beinhaltet es und was folgt daraus für die Erziehung und Bildung?

Bedeutende Vertreter:

- Iwan P. Pawlow, 1849–1936 (Das klassisches Konditionieren): Pawlowscher Hund (Signallernen)
- John B. Watson, 1878–1958 (Das klassische Konditionieren): Experiment Albert und die weiße Ratte
- Edward L. Thorndike, 1874–1949 (Das operante Konditionieren): Lernen durch Versuch und Irrtum
- Burrhus F. Skinner, 1904–1990 (Das operante Konditionieren): Lernen durch Belohnung und Bestrafung

Der Mensch ist, im strengen behavioristischen Sinne, formbar, kalkulierbar, manipulierbar, kontrollierbar. (Menschliches[B]) Verhalten ist ausschließlich das Ergebnis von Umwelteinflüssen. Der Mensch wird hier also zum Objekt, aus dem das gemacht werden kann, was Erziehende aus ihm machen wollen. Weder die Anlage noch die Selbststeuerung als weitere zentrale Entwicklungsfaktoren finden in dieser Annahme Platz. Genauso wenig wie Geist oder Seele. Menschliches Verhalten ist das Ergebnis von Konditionierungsprozessen, es kommt einzig und allein auf die Reize an, die entweder aneinandergekoppelt (klassische Konditionierung) oder als Verhaltenskonsequenz gesetzt (operante Konditionierung) werden. So wird der Mensch von Watson „als eine organisch verbundene gebrauchsfertige Maschine“[55] verstanden und im Sinne Skinners bedeutet Erziehung „die Einrichtung von Verhalten, das für Einzelpersonen und für andere irgendwann in der Zukunft von Vorteil sein wird“.[56] Dieser behavioristische Blick auf Erziehung wird zum Teil wieder (oder immer noch) gelehrt[C], obwohl er an allem vorbeigeht, was das Menschsein ausmacht. Vorbei an Bewusstsein, Erkenntnis, Erwartungen, Erfahrung, Geist, Sinn, lebendigem Leben. Eine so ver-

---

B Ich setze hier „menschlich“ in Klammern, weil der Behaviorist „(...) bei seinem Bemühen, ein einheitliches Schema von Reaktionen von Lebewesen zu gewinnen (...) keine Trennlinie zwischen Mensch und Tier erkennt.“ (Watson, J. B., zitiert nach: Krone Wolfgang: Die Erziehung des Erziehers. Behaviorismus-Psychoanalyse-Humanistische Psychologie, Frankfurt 1992, S. 25)

C Vgl.: 1. Teil/Kapitel 1: Erziehung/Definitionen von Erziehung/Kapitel 7: Haltung, Stil, Autorität

standene Erziehung macht ganzheitliche Bildung unmöglich. Es geht vielmehr um Verhaltenstraining, wie in der Hundeschule. Ein solches Menschenbild hat eine reduzierte, eindimensionale, objektivierende Art der Erziehung zur Folge. Über Belohnung und Bestrafung lernt das Kind zu gehorchen, sich an geltende Normen anzupassen, Regeln unhinterfragt zu akzeptieren, Leistung zu zeigen, Gefühle zu unterdrücken, Angst zu haben. Es verliert die Verbindung zum Leben. Sehr eindrücklich wird das in dem Dokumentarfilm *alphabeth – Angst oder Liebe* vor Augen geführt, den ich an dieser Stelle nur empfehlen kann.

Was lernt das Kind innerhalb einer behavioristisch orientierten Erziehung wahrscheinlich eher nicht? Seinen Gefühlen zu trauen, sich seiner selbst bewusst zu werden, sich zu bilden, Welt in sich aufzunehmen, sich auszurichten auf Werte, auf Sinn, auf ein Du, auf die eigene Potenzialität. Behavioristische Erziehung geht am Wesen des Menschen völlig vorbei. Neurobiologisch könnte man sagen sie zielt auf die Stamm- und Mittelhirnebene im Menschen ab, weshalb sie auch auf diesen Ebenen funktioniert. Aber sie verfehlt den Menschen in seiner Ganzheit, seiner individuellen Einzigartigkeit, seiner geistigen Dimension. Der Mensch wird nicht als Person wahrgenommen. Was kann das in ganz konkreten Erziehungssituationen bedeuten?

Ich antworte zunächst mit der Beschreibung einer pädagogischen Alltagssituation, die ich in einem Urlaub miterleben durfte:
Irland, am Meer. Die Sonne scheint, der Horizont ist weit, das Blau des Meeres erstreckt sich so endlos, wie das Grün der Wiesen, auf dem nur ein paar Schafe zu sehen sind. Kein Mensch weit und breit. Ich sitze mit meiner Partnerin auf einer Anhöhe, wir atmen diesen Augenblick ein, in dem es nichts zu tun gibt, außer zu sein. Nur die Geräusche des Windes und des Meeres sind zu hören, das Blöken der Schafe, sonst nichts. Unter uns erstreckt sich ein Weg. Wer dort unten läuft und nicht hochsieht, wähnt sich allein. Eine italienische Kleinfamilie betritt die Szenerie mit einem pädagogischen Klassiker. Ein ca. 2-jähriges Kind weigert sich weiter zu Fuß dem Spaziergang seiner Eltern zu folgen und lässt sich schreiend auf seinen Windelpopo fallen. Die Mutter redet gut zu, das Kind will nicht mehr, kann nicht mehr. Die Mutter ist bereit das Kind aufzuheben, zu tragen, da schreitet der genervte Vater ein. Er möchte, dass das Kind weiterläuft und überredet die Frau mit ihm weiterzugehen und das Kind sitzen zu lassen. Man sieht das Dilemma der Mutter, sie will das nicht,

macht es aber, folgt dem Ehemann. Wie erlebt das Kind die Situation? Es sitzt auf einem Weg in schier endloser Weite, in fremder Umgebung. Die Eltern sind uneinig, lassen es sitzen. Es schreit noch mehr. Die Ignoranz, welche Behavioristen an dieser Stelle gerne empfehlen, sie wirkt hier nicht. Das Motto „Das Kind muss lernen, dass es nicht immer seinen Willen durchsetzen kann", ist fehl am Platz. Die Mutter spürt das, der Vater zieht den eingeschlagenen Weg weiter durch. Beide Eltern verschwinden um die nächste Kurve, das Kind ist nun für Momente ganz allein auf dieser Welt. Immer lauter weint das Kind, die Mutter ist jetzt wieder da und nimmt es auf den Arm, versucht es zu beruhigen. Der Vater ist ärgerlich, will immer noch unbedingt, dass es selbst läuft. Lockt nun, indem er viele Baci, Küsse, verspricht, bleibt auf der konditionierenden Ebene, nur jetzt von der Belohnungsseite her. Die Mutter setzt es kurz ab, es läuft zwei Schritte und bevor sich das Ganze wiederholt, werden die versprochenen Baci gegeben.

Warum erzähle ich diese Geschichte? Sicher nicht um den Unterschied zwischen väterlicher und mütterlicher Erziehung deutlich zu machen, es hätte natürlich auch umgekehrt laufen können. Ich gehe an dieser Stelle auch nicht auf die systemische Dynamik innerhalb des Familiensystems ein, das wäre eine andere Perspektive. Ich möchte hier erst mal deutlich machen, welch entscheidenden Einfluss unser (bewusstes oder unbewusstes Menschenbild/Bild vom Kind) auf unser ganz konkretes erzieherisches Handeln hat.

Wenn Erziehende davon ausgehen, dass Menschen (wie Hunde und Ratten) rein über Reize und Verhaltenskonsequenzen lenkbar sind, dann geht das in die Richtung, die der Vater in dieser Situation eingeschlagen hat. Statt die Signale seines Kindes einfühlsam zu deuten, reagierte er mit harten Konsequenzen, als das Kind nicht tat, was er von ihm verlangte. Es funktionierte jedoch nicht. Hätten die Eltern allerdings lang genug gewartet, hätte das Kind wahrscheinlich irgendwann, schon allein aus Erschöpfung, das Schreien eingestellt und wäre weitergelaufen. Na also, könnte man sagen, dann muss man halt die nötige Geduld und Härte aufbringen und es schreien lassen, bis sich dieser Effekt einstellt und es macht, was es machen soll.

Aber was, frage ich Sie, lernt das Kind über das Leben aus einer solchen Erfahrung? Wenn ich meine Bedürfnisse signalisiere, werde ich nicht gehört. Ich werde allein gelassen in einer fremden Welt. Schätzungsweise ist für ein paar Mo-

mente ein schreckliches Gefühl von Ohnmacht damit einhergegangen. Hätten die Eltern beide den lerntheoretischen Weg konsequent weiter durchgezogen, wäre das Erleben von absoluter Hilflosigkeit für das Kind wohl noch wesentlich intensiver gewesen und sein Urvertrauen hätte möglicherweise erste Risse bekommen.
Wenn Erziehende hingegen eher davon ausgehen, dass selbst die kleinsten Menschen kompetent sind und in der Lage ihre Bedürfnisse gut auszudrücken, dann wird die Reaktion der Mutter wahrscheinlicher. Sie ist, nach einigem Hin und Her mit ihrem Mann, intuitiv und feinfühlig auf das Kind eingegangen und hat sich als „sicheren Hafen" zur Verfügung gestellt. Sie war zur Empathie fähig. Was lernt das Kind daraus? Wenn ich meine Bedürfnisse äußere, kommt jemand. Das bedeutet Selbstwirksamkeit. Vertrauen kann entwickelt werden. Das wäre der bindungstheoretische Hintergrund. Der direkte Zusammenhang zwischen Theorie und Praxis ist hier unübersehbar.

Noch ein Beispiel: Eine Bekannte von Freunden zeigte sich entsetzt, als sie erfuhr, dass das Kinderzimmer direkt neben dem Elternschlafzimmer liegen sollte. Da höre man ja jedes Schreien und Wimmern des Babys. Sie habe das bei ihren Kindern (in den 70er Jahren des letzten Jahrhunderts) viel schlauer gemacht. Das Elternschlafzimmer wurde so weit weg vom Kinderzimmer wie nur irgend möglich geplant, um eben dieser kindlichen Lärmbelästigung zu entgehen. Auf diese Weise hätten ihre Söhne schnell gelernt, sich angemessen in der Schlafenssituation zu verhalten.

Eine solche Einstellung wirkt heute auf den ersten Blick fremd, das Babyfon macht jedes Geräusch zugänglich, auch wenn die Bezugsperson relativ weit entfernt ist. Dennoch erfreuen sich Erziehungsratgeber mit Titeln wie *Jedes Kind kann schlafen lernen* großer Beliebtheit, und die Erfolgsrezepte, die hier angepriesen werden, sind durchaus stark behavioristischer Natur.

Es wird deutlich, ich stehe einer Erziehung, die sich aus diesen Verhaltenstheorien ableitet, äußerst skeptisch gegenüber. Das heißt nicht, dass es überhaupt keine Situationen gibt, in denen konditionierende Maßnahmen angezeigt sind. Natürlich macht es beispielsweise Sinn, Kinder experimentieren zu lassen (Lernen durch Versuch und Irrtum). Genauso wie eine extrinsische Motivation in Form von Lob oder Belohnung hilfreich sein kann, wenn Lernprozesse angeregt werden sollen. Vor allem dann, wenn naturgemäß eine gewisse „Durststrecke“ zu erwarten ist, wie z. B. beim Erlernen eines Instrumentes, was in der Regel Durchhaltevermögen erfordert, bis es von allein Spaß macht. Und selbstverständlich kommt Erziehung auch nicht völlig ohne das Setzen von Grenzen aus, beispielsweise in Form von natürlichen oder logischen Konsequenzen, oder Wiedergutmachung[D]. Sinnvoll eingesetzt, können bestimmte konditionierende Maßnahmen also angezeigt sein, dann allerdings sind sie nicht Ausdruck eines behavioristischen Menschenbildes.

Besonders deutlich wurde mir das bei einer Fortbildung zum Thema Autismus. Mit zwei wichtigen Erkenntnissen ging ich damals aus dem Tag. Erstens: Wer mit Menschen arbeitet, die von Autismus betroffen sind, muss ein außergewöhnlich hohes Maß an Empathiefähigkeit mitbringen. Die Erzieher*innen müssen sich tief einfühlen können in die zum Teil fremd anmutende Welt des Menschen mit Autismus, um so z. B. bestimmte Situationen zu antizipieren, die für das Kind oder den Jugendlichen bedrohlichen Charakter haben könnten. Zweitens: Es kann hier gerade Ausdruck von Wertschätzung sein, stark lenkend und konditionierend zu erziehen, um die rituelle Sicherheit zu geben, die für den Menschen mit Autismus notwendig ist, um handlungsfähig zu werden.

In Erziehung und Bildung spielt die Frage nach dem Menschenbild theoretisch wie praktisch also eine entscheidende Rolle. Im Pädagogikunterricht ist das selten ein beliebtes Thema. Nicht aus mangelndem Interesse, sondern weil dem etwas irgendwie „Großes“, schwer Fassbares und damit auch schwer Prüf- und Abfragbares, anhaftet. (Eine Frage, die sehr oft im Vordergrund steht: Müssen wir das wissen, wie fragen Sie das ab?) Das ist absurd und gleichermaßen nachvollziehbar. Es ist logische Folge eines „Bildungs“systems, welches eine jahrelange Eichung auf Noten als hilfreich und notwendig erachtet. Diese Annahme ist so einzementiert in die Köpfe der Lehrenden und Lernenden, dass manche, so scheint es, dies als naturgegeben hinnehmen. Alternativlos, unhinterfrag-

---

D Vgl.: 1. Teil/Kapitel 7: Haltung, Stil, Autorität

bar. Gelehrt wird, was abfragbar ist. Und die Entwicklung einer pädagogischen Haltung ist schlicht nicht abfragbar.

Allerdings ändert sich in Zeiten von Corona einiges. Auf einmal scheint sich die Welt auch ohne Noten weiterzudrehen. Vom bayerischen Kultusministerium kam in der ersten Welle folgender Beschluss: Im zweiten Halbjahr des Schuljahres 2019/2020 wird nicht mehr benotet, es sei denn, es wird ein freiwilliger Antrag gestellt und selbst dann ist eine Verschlechterung nicht möglich. Und was passierte? Die Studierenden machten die gestellten Aufgaben in den meisten Fällen mit hohem Engagement weiter, wollten aber oftmals keine Note darauf haben. Sie arbeiteten inhaltlich, sie entwickelten Interesse auch an komplexen Fragestellungen, sie ließen sich auf Texte ein, die ich vormals nicht gewagt hätte, ins Spiel zu bringen[E], sie gestanden sich ein Scheitern zu und ließen sich locken, wieder aufzustehen. Es passierte Begegnung, inhaltlich, zwischenmenschlich.

Und da müssen wir uns doch fragen, was für ein Bild vom Menschen, vom Kind, vom Schüler, der Studierenden, steckt hinter der Annahme, dass mit Noten besser gelernt wird? Ist das nicht immer noch ein stark behavioristisches Menschenbild? Die Note als notwendige Konsequenz, die dazu führt, dass gelernt wird. Wie oft höre ich den Satz: „Na wenn es keine Noten gibt, dann lernen die (Schüler*innen, Studierenden) doch nicht." Ich kann das nicht bestätigen. Meine Erfahrungen sind anders. Ich habe die interessantesten Referate und Präsentationen erlebt, wenn sie unbenotet blieben. Umso lauter stellt sich mir die Frage, wie es dazu kommt, dass wir wieder zurückfallen in behavioristische Zeiten, von der Grundschule bis hin zur Universitätsbildung?

Aus einer Grundschule erfuhr ich unlängst folgende Situation: Auf einem Elternabend für Eltern von Kindern aus der ersten Klasse, wurde den Müttern und Vätern über PowerPoint vermittelt, welcher Stempel im Heft ihrer Kinder für welche Note steht. Bär bedeutete Note 1, Giraffe Note 2, Biene Note 3. (Sie stand hier also nicht mehr für Fleiß, sondern für Mittelmäßigkeit.)

E Vgl.: 2. Teil/Einführung

Was für eine Atmosphäre wird hier generiert? Und für wie blöd verkauft man die Kinder? Sie sollen offensichtlich nicht merken, dass ihre Leistungen bewertet werden. So wird ein heimlicher Deal zwischen den Eltern und der Lehrkraft in der Annahme geschlossen, die Kinder seien nicht in der Lage wahrzunehmen, dass mit den Stempeln eine Form der Bewertung einhergeht. Eine behavioristische Doppelbotschaft (und systemischer Alptraum), die den Eltern vermittelt, intransparent zu sein. Wie soll hier Vertrauen entstehen? Vertrauen zur Lehrkraft, Vertrauen zu den Eltern, Vertrauen in die eigene Wahrnehmung?

Auch in Krippen und Kindergärten wird zum Teil in bedenklicher Weise behavioristisch gearbeitet. Einmal gut aufs Klo gegangen, ein Stempel auf die frisch gewaschene Hand. Oder mit Bestrafungssystemen, in Form von Ausgrenzung, welche nachweislich zerstörerischen Charakter hat.

Lassen Sie uns an dieser Stelle versuchen, einmal wirklich zu verstehen, was passiert, wenn Menschen ausgegrenzt werden: Neurowissenschaftlich scheint es eine ziemlich klare Angelegenheit. Das Erleben von Ausgrenzung ist mit ähnlichen neuronalen Aktivierungsmustern verbunden, wie körperlich zugefügter Schmerz.

Wenn ich das meinen Studierenden im Pädagogikunterricht erzähle, dann ist großes Erstaunen die Folge und manch eine*r fragt sich, wie es denn dann sein kann, dass er/sie täglich das Ausgrenzen von Kindern im pädagogischen Alltag erlebt? Denn das würde doch, zu Ende gedacht, heißen, dass die „Verbannung" aus der Gruppe ähnlich schlimme Folgen haben kann, wie das Schlagen des Kindes. „Ja", frage ich zurück, „wie kann das sein?"

Wie kann es sein, dass nicht mal dieser naturwissenschaftliche „Beweis" ausreicht, um eine flächendeckende pädagogische Verhaltensänderung einzuleiten? Und das in einer Gesellschaft, die empirischen Daten wesentlich mehr traut, als all den Erkenntnissen, die humanistische Schulen diesbezüglich seit dem letzten Jahrhundert wie Spatzen von den Dächern pfeifen? Wie kann es sein, dass nicht mal diese farbgebende neurobiologische „Bestätigung" des längst Bekannten ausreicht, um derart kontraproduktives erzieherisches Verhalten einzustellen?[F]

> An dieser Stelle des Unterrichtes freue ich mich einerseits, dass mitgedacht wurde, dass eine Transferleistung erkennbar ist, aber es entsetzt mich andererseits, dass diese Frage überhaupt noch nötig ist. Dass nicht ein Studienjahr vergeht, in dem ich keine dieser ungeheuerlichen Geschichten höre, von Kindern, die alleine auf Fluren ausharren, bis sie wieder ins Gruppengeschehen integriert werden, die vor Essen sitzen, das sie aufessen müssen, bevor sie mit den anderen spielen dürfen, die mit den Lätzchen an ihre Stühlchen fixiert werden, weil sie nicht tun, wie ihnen geheißen wurde – wie kann all das sein?

Wahrscheinlich nicht, weil irgendjemand böse Absichten hat und den Kindern willentlich schaden möchte. Oft, so scheint es mir, ist es eher ein Ausdruck von Ohnmacht: Den Struktur- und Rahmenbedingungen gegenüber, die es manchmal schwer machen, sinnvoll zu handeln. Ohnmacht den vielen Ansprüchen gegenüber, die von Seiten der Gesellschaft, des Trägers, der Eltern, der Jugendlichen und Kindern an eine*n gestellt werden. Ohnmacht der eigenen (möglicherweise noch nicht eingestandenen) pädagogischen Ideenlosigkeit gegenüber. Ohnmacht dem persönlichen Umgang mit Stress gegenüber. Denn wenn wir einmal in die Stressspirale geraten, dann wird es tatsächlich schwer, den Zugang zu einer empathischen, wertschätzenden und authentischen Fachlichkeit sicher zu bewahren. Meist rauschen wir in solchen Situationen in vom Mittel- und Stammhirn gesteuerte Verhaltensmuster hinein, die dann nicht selten in binären Reaktionsmöglichkeiten, wie Belohnen oder Bestrafen münden. Mit Pädagogik hat dies allerdings nicht mehr viel zu tun. Insofern müssen wir da-

---

F Beweis und Bestätigung setze ich hier deshalb in Anführungszeichen, um deutlich zu machen, dass ich nicht von empirischen Gewissheiten ausgehe, die es nun endlich möglich machen, die Komplexität des Zusammenspiels von Geist und Körper zweifelsfrei zu entschlüsseln, was nicht wenige Naturwissenschaftler*innen für sich durchaus in Anspruch zu nehmen scheinen. Schön nachzulesen bei Siri Hustvedt: *Die Illusion der Gewissheit*. Hamburg 2017.

für sorgen, dass Spiralen dieser Art so wenig wie möglich passieren, denn der Preis dafür ist zu hoch.

Nähern wir uns nun – jenseits der neurobiologischen Perspektive – dem an, was passiert, wenn physische und psychische Grenzen verletzt werden.

Wer körperlich verletzt, überschreitet eine natürliche Grenze, tritt in den intimsten Raum, der auf der Formebene für einen Menschen denkbar ist. Maßt sich an, die Grenze des Anderen zwischen Innen und Außen durchlässig zu machen oder ihn ggf. sogar zu verformen und so sein Erscheinungsbild in der Welt zu verändern. Schutzkleidung muss möglicherweise getragen werden, um zu verheimlichen, Schutzgeschichten müssen erfunden werden, um ein Schein-Bild aufrechtzuerhalten. Nach innen geht diese Verletzung auch. Tief, vielleicht noch tiefer als der äußere Schlag. Das Bild von sich selbst verändert sich, weil Gewalt Menschen zu Objekten macht und so droht das intuitive Wissen um die individuelle Einzigartigkeit verlorenzugehen.
Und der Mensch, der Gewalt antut? Auch er verändert sich, indem er tut, was er tut. Er verliert an Würde, an Menschlichkeit und bleibt hinter seinen anthropologischen Möglichkeiten zurück.[G]
Diese Art des körperlich gewaltvollen Umgangs miteinander ist aus der öffentlichen Erziehung inzwischen in weiten Teilen Gott sei Dank verbannt. Im privaten Raum kann davon leider keine Rede sein. Es ist ein gesellschaftliches Tabuthema. Niemand will über die Grausamkeit, die Gewalt, den Missbrauch, der sich täglich in Familien abspielt, reden. Und je besser wir alle wegsehen, desto weniger gesellschaftlicher Schutz wird für die Kinder etabliert. Eine unhaltbare Situation, welche jetzt durch die Folgen der Pandemie an Schärfe gewinnt, aber natürlich auch schon vorher bestand.

Was passiert nun, wenn es um psychische Ausgrenzung geht? Da wird in der Regel keine materielle Grenze verletzt, es wird eine immaterielle gesetzt. Wieder gibt es ein Außen und ein Innen. Und der Schmerz, der zugefügt wird, besteht aus der Vertreibung aus dem Innenraum. Wird bei körperlich zugefügten Schmerzen der Innenraum gewaltsam ins Außen hinein durchbrochen, haben wir es bei der psychischen Ausgrenzung mit der Gegenbewegung zu tun – der

G Vgl.: 1. Teil/Kapitel 5: Werte, Normen, Moral

zu Vertreibende wird isoliert, sein Zugang wird gekappt. Und diese Ausgrenzung wirkt bis in den Körper hinein.

Diese Form „pädagogischen" Umgangs können wir noch täglich in Regeleinrichtungen erleben. Wie ist das zu erklären?
Es kann die Folge der schon beschriebenen Ohnmachtsgefühle der Erziehenden sein. Es kann aber natürlich auch Ausdruck eines (bewusst oder unbewusst verankerten) behavioristischen Menschenbildes sein. Oft habe ich jedoch den Eindruck, dass viele, die auf diese Weise erziehen, sich eher auf der Seite der Humanisten verorten würden. In diesem Fall lautet die Frage: Wie kommt es zu dieser Diskrepanz?
Liegt es daran, dass der Zusammenhang nicht oft und nicht ganzheitlich genug hergestellt wurde? Dass also Theorie und Praxis sich an dieser Stelle nicht hilfreich ergänzen? Dass nicht realisiert wurde, dass die Formulierung und der Inhalt von Erziehungszielen in direkter Abhängigkeit zum Menschenbild stehen, genauso wie die Maßnahmen, die dem Kind zur Verfügung gestellt werden, damit es diese Ziele erreichen kann?
Liegt es daran, dass Menschenbilder in der Ausbildung zwar angesprochen aber nicht intensiv genug behandelt werden, so dass sich aus genannten Gründen daraus keine tief empfundene Haltung entwickeln konnte, die Gefühlen von möglicher Ohnmacht oder Stress standhält?
Oder liegt es daran, dass auch Erziehende oft spüren, dass sich aufgrund der Rahmenbedingungen ihr eigener Handlungsspielraum derart verkleinert und sie dadurch selbst keine Erfahrung von Selbstwirksamkeit oder Selbstexploration in ihrem (beruflichen) Leben mehr machen können? In diesem Fall hätten wir es mit einem strukturellen Behaviorismus zu tun. Wobei die Frage offen bleibt, in welcher Wechselwirkung die genannten Aspekte zueinanderstehen.

Das kognitivistische Menschenbild – was beinhaltet es und was folgt daraus für die Erziehung und Bildung?

Bedeutende Vertreter:

- Edward Tolmann, 1886–1959 (Wegbereiter des Kognitivismus)
- Martin Seligmann, *1942 (Theorie der „Erlernten Hilflosigkeit")
- Albert Bandura,*1925 (Sozial-kognitiven Lerntheorie, das „Lernen am Modell")

Das kognitivistische Menschenbild ist wesentlich umfassender, als das des Behaviorismus. Es bleibt aber einseitig, was durch die Bezeichnung deutlich wird. Die kognitive Ebene wird hervorgehoben, Körper und Seele bleiben im Hintergrund. Obwohl der Kognitivismus keine einheitliche Schule ist, da die verschiedenen Ansätze unabhängig voneinander entstanden sind, gibt es doch eine verbindende Grundidee, wie menschliches Verhalten zu erklären ist. So gehen die Kognitivisten nicht mehr davon aus, dass von außen kommende Reize menschliches Verhalten steuern, sondern dass die individuelle gedankliche Verarbeitung der Reize ausschlaggebend dafür ist, wie Menschen sich verhalten. Der Mensch ist also nicht fremdgesteuert, sondern in der Lage dazu, sich gedanklich zu positionieren. Alles, was die Behavioristen bewusst außer Acht ließen, bekommt hier zentrale Bedeutung. Gedanken, Erwartungen, Überzeugungen, Interessen, Einstellungen. Auf diese Weise unterscheidet sich der Mensch eindeutig vom Tier. Dennoch haben auch Kognitivisten mit Tierversuchen gearbeitet, um Erkenntnisse über das menschliche Verhalten zu gewinnen. So entdeckte beispielsweise Martin Seligmann mit Hilfe seines sogenannten Schäferhundversuches das Prinzip der „Erlernten Hilflosigkeit“. Und weil diese Theorie eher selten in pädagogischen Ausbildungskontexten gelehrt wird, aber – trotz Einseitigkeit – wertvolle Perspektiven für die Pädagogik bietet, hier ein kurzer Abriss:

Erlernte Hilflosigkeit[57] ist das Gegenteil von Selbstwirksamkeit, auf die auch Albert Bandura aufmerksam machte. Es ist entscheidend für eine positive Persönlichkeitsentwicklung, dass Menschen die Erfahrung machen, dass ihr Verhalten Auswirkungen auf die Situation hat, in der sie sich befinden. Dass sie merken, ich kann mein Leben (mit-)gestalten, es ist von Bedeutung, ob ich etwas tue oder lasse. Erfährt ein Mensch das Gegenteil davon, weil er in eine Umgebung oder Situation gerät, die ihm dazu keine Gelegenheit gibt, wird er mit hoher Wahrscheinlichkeit eine sehr niedrige Erwartungshaltung in Bezug auf die eigenen Gestaltungsmöglichkeiten entwickeln. Dies führt dazu, dass selbst in Situationen, in denen das eigene Handeln wirksam wäre, diese Option nicht mehr in Erwägung gezogen wird. Genau das meint „erlernte Hilflosigkeit“. Die Folge davon sind negative Erklärungsmuster und Glaubenssätze, wie „Ich schaffe das nie“, „Dazu bin ich eh zu blöd“, „Aus mir kann ja gar nichts werden“, „Egal was ich mache, es bringt ja doch nichts“. Dies wiederum erhöht die Wahrscheinlichkeit, Erfahrungen dieser Art weiterhin zu machen (Self-fulfilling-Prophecy). Wenn wir es jedoch schaffen, negative Erklärungsmuster durch positive zu ersetzen, werden sich in gleichem Maße die Erfahrungen verändern. D. h.

nicht, dass wir durch positive Erklärungsmuster Krisen verhindern können, entscheidend ist jedoch, dass wir anders mit ihnen umzugehen wissen, so dass sie uns nicht lähmen, sondern eher zur Herausforderung werden. Wichtigstes Ziel in diesem Lernprozess ist es, die Kontrolle über die eigenen Gedanken zu gewinnen. Dazu muss zunächst die grundsätzliche Entscheidungsfreiheit, die wir in der Wahl unserer Gedanken haben, realisiert und anerkannt werden.
Hier kommt der Wert der Freiheit ins Spiel, der in einem behavioristischen Konzept niemals auftauchen würde. Es wird klar, dass zwischen Reiz und Reaktion offenbar ein Raum liegt, nämlich der der Freiheit (Frankl). Was bedeutet das für Erziehung und Bildung? Zum einen ergibt sich das pädagogische Ziel der Selbstwirksamkeit direkt aus dieser Theorie und alle Erziehenden und Lehrenden sind aufgerufen, die Erfahrung von Selbstwirksamkeit im pädagogischen Kontext zu ermöglichen. Die Erfahrung wohlgemerkt. Selbstwirksamkeit ist nicht lehrbar, ist kein Wissen, das man auswendig lernen kann, es reicht nicht, sich nur theoretisch damit auseinanderzusetzen. Nein, sie muss erlebbar gemacht werden! Und es dürfen keine Situationen mehr toleriert werden, in denen Pädagog*innen genau das Gegenteil tun!

Ich erinnere mich an meinen Mathematikunterricht in der achten Klasse: Ich war wirklich schlecht in Mathe und hatte dementsprechend sehr viel Angst, vor allem davor, an der Tafel abgefragt zu werden. Der Stresslevel war also zu Beginn jeder Mathestunde schon relativ hoch. Wurde man zur Abfrage aufgerufen, musste man aufstehen und ggf. an die Tafel vorkommen, je nach Aufgabenstellung. Eine der Einstiegsfragen dieser Lehrerin für Schüler*innen, die in Mathe schlecht waren, war: „Soll ich dir gleich einen Sechser eintragen?“ Dem ist nichts hinzuzufügen, oder? Diese junge Frau hatte gerade das Referendariat hinter sich gebracht.

Gegenbeispiel: Mathe, 10. Klasse. Ich hoffte, dass der für mich neue Mathelehrer mir ein besseres Überleben im seinem Unterricht ermöglichen würde und hatte Glück. Er spürte meine Angst, als es ans erste Abfragen ging. Er fragte mich, was mein Problem sei und was ich bräuchte. Als ich sagte, ich könne an der Tafel nichts vorrechnen, weil ich da „den Wald vor Zahlen“ gar nicht mehr erkennen könne, durfte ich ihm die Gleichung an meinem Platz in meinem Heft vorrechnen. Ob das vom Ergebnis her besser war, weiß ich nicht mehr, aber die Situation war erträglich, ich hatte einen Handlungsspielraum bekommen. Derselbe Lehrer fragte auch immer, wer den Inhalt der Stunde denn jetzt verstanden hätte. Er fragte nicht, wer es noch nicht verstanden hat. Das macht einen gewaltigen Unterschied. Es wird das Gefühl der Scham vermieden und stattdessen dem Gefühl der Freude Raum gegeben, die es bedeuten kann, zu zeigen, dass man etwas verstanden hat.

Manchmal erzähle ich Geschichten wie diese in meinem Unterricht (es gibt etliche Varianten davon aus anderen Fächern) und bitte dann die Studierenden, sich zunächst gegenseitig, dann im Plenum, ihr schönstes und ihr schrecklichstes pädagogisches Erlebnis zu erzählen. Auf der Seite der positiven Erlebnisse landen meist Klassenfahrten, erfolgreiche Abschlüsse, und auch die Erinnerungen an Lehrkräfte, die sich wirklich für die Schüler*innen interessiert haben, die begeistern konnten, die gerecht waren, denen man vertrauen konnte. Auf der negativen Seite reicht das Spektrum von Ausgrenzung, Gleichgültigkeit, Ignoranz bis hin zur Beschämung, welche besonders demütigend ist und oft Gefühle von Ohnmacht und Hilflosigkeit zur Folge hat. In jedem neuen Studienjahr höre ich solche authentischen Erfahrungsberichte. Und sie sind nicht über dreißig Jahre alt. Sie sind brandaktuell und es hört einfach nicht auf. Das wiederum macht mich hilflos und wütend, aber nicht resignativ, sonst würde ich dieses Buch nicht schreiben. Im Anschluss an diese Übung reflektiere ich mit den Studierenden, was sie gerade erlebt haben. Erinnerungen sind aufgekommen an Ereignisse, die zum Teil lange zurückliegen. Und die Gefühle dazu sind so präsent, als wären die Situationen gestern gewesen. Denn Gefühle, weder positive noch negative, kennen keine Zeit. Und so schlage ich den werdenden Erzieher*innen vor, es sich von diesem Augenblick an zum Ziel ihrer beruflichen Tätigkeit zu machen, Teil einer positiven Erinnerung von Kindern zu werden. Kindern, denen es völlig egal ist, ob sie es mit Praktikant*innen oder fertig ausgebildeten Pädagog*innen zu tun haben. Denn was zählt ist das Gefühl von Sicherheit, das Vertrauen, gesehen zu werden, ernstgenommen zu werden, sich entfalten und explorieren zu dürfen, sein zu dürfen, wer man ist und werden könnte. Darauf kommt es an. Von Anfang an. Und das bedeutet große Verantwortung für jede*n, der Kinder auf ihrem Weg begleitet.[H]

Zurück zum Kognitivismus. Die letztgenannten Komponenten sind keine explizit formulierten Aspekte innerhalb der kognitivistischen Perspektive. Das würde eine Ganzheitlichkeit erfordern, die sich auch hier nicht findet. Ein weiterer Nachteil, der sich aus der Einseitigkeit des Kognitivismus ergibt: Es wird suggeriert, wir hätten die absolute Kontrolle über unsere Gedanken bzw. könnten sie erlernen. Die Rolle der Gefühle, der Empfindungen, der möglicherweise unbewusst verankerten Erfahrungen, die auch traumatisierenden Charakter haben können, wird meiner Erkenntnis nach nicht die angemessene Bedeutung beigemessen.

Apropos unbewusst verankerte Erfahrungen – damit habe ich uns nun den roten Teppich zum nächsten Menschenbild ausgerollt.

Das psychoanalytische Menschenbild – was beinhaltet es und was folgt daraus für Bildung und Erziehung?

Bedeutende Vertreter:

- Sigmund Freud, 1856–1939 (Begründer der Psychoanalyse)
- Carl G. Jung, 1875–1961 (Begründer der analytischen Psychologie)
- Alfred Adler, 1870–1937 (Begründer der Individualpsychologie[58])

Die Lehre Freuds steht bis heute im Lehrplan für werdende Erzieher*innen und erfreut sich meist großer Beliebtheit. Das Unbewusste scheint reizvoll zu sein. Die Idee, dass uns nur die Spitze des inneren Eisberges zugänglich ist und unter der Wasseroberfläche derart viel Unentdecktes und bis jetzt Unkontrollierbares schlummert, fasziniert offensichtlich.

H Vgl.: 2. Teil/Kapitel 2: Existenzielle Erziehung und Bildung

Mir ging das während meiner Erzieher*innenausbildung ähnlich. Seit meiner Zwischenprüfung in Psychologie habe ich Freud allerdings mehr oder weniger verdrängt. Ich bin also kein wirklicher Fan von ihm geblieben. Die Idee des Menschen, der quasi nicht mehr ist als Getriebener seiner Triebe, erscheint mir zu unfrei, zu reaktiv, zu defizitär. Anders ergeht es mir mit C. G. Jung. Ein Kommilitone sagte im Studium einmal zu mir: „Egal auf welcher Hausarbeit Irina Pendorf draufsteht, man kann sicher sein, C. G. Jung ist drin." So wende ich mich in aller Kürze Freud zu (der als sogenannter Vater der Psychoanalyse natürlich nicht völlig außen vorgelassen werden kann) und etwas länger C. G. Jung, dem in der pädagogischen Ausbildung seltener Platz eingeräumt wird.

Es ist ein mechanistisch-deterministisches Menschenbild, das die Basis Freudscher Psychoanalyse bildet und als konsequente Ableitung aus seinen aufgestellten Theorien begriffen werden kann. Es würde zu weit führen, all die von Freud entwickelten Modelle aufzuzeigen, und so soll uns eine schlagwortartige Zusammenfassung seiner Grundannahmen genügen. Prinzipiell kommt der Bedeutung des Unbewussten im Freudschen Theoriegebäude eine ganz elementare Bedeutung zu. Es ist ein Bereich, der dem Bewusstsein nicht direkt zugänglich ist, aber maßgeblichen Einfluss auf unser Verhalten hat. Inhalte des Unbewussten sind z. B. Triebe, die ihrer Natur nach nicht bewusstgemacht werden können. Dazu kommen verdrängte Inhalte, gegen deren Bewusstwerdung ein innerer Widerstand aufgebaut wird. Es geht in der Vorstellung der Freudschen Psychoanalyse im Leben immer um ein Streben nach Reduktion von Bedürfnisspannung (Homöostase-Prinzip), das als treibende Kraft menschlichen Seins überhaupt gilt. Es geht um Spannungsabbau und Bedürfnisbefriedigung. Die Persönlichkeit ist fixiert und mit eindeutiger Struktur versehen. Der Mensch gilt als Energiesystem. Energie, die (durch die direkte Abfuhr) entladen bzw. transformiert oder abgespalten werden muss, z. B. durch Sublimierung oder Verdrängung. Daraus leitet sich eine grundsätzlich defensive Haltung gegenüber der Umwelt ab (Abwehrmechanismen). Es sind also die Triebe, die menschliches Verhalten steuern, was bedeutet, dass das Leben als eine Ausdifferenzierung derselben gesehen werden kann.[59] Salopp formuliert geht es darum, das *Es* (Triebe, Libido) mit Hilfe des *Über-Ich* (durch Erziehung erworbene Gewissensinstanz) in den Griff zu bekommen, während das *Ich* (Realitätsprinzip), in diesem Spiel der Kräfte eine Art Mittlerfunktion übernimmt und damit eine Balance zwischen den Forderungen des *Es* und denen des *Über-Ich* herstellt.

Inwiefern wirkt sich nun ein solches Menschenbild auf die Erziehung und Bildung aus? Der große Verdienst, der sich aus meiner Sicht daraus ableitet, ist die Erkenntnis, dass die unbewussten Aspekte unserer Persönlichkeit maßgeblich am Erziehungsgeschehen beteiligt sind. Das heißt, „daß in einem psychoanalytischen Verständnis intentionale Erziehung immer gebrochen ist durch die unbewussten Komponenten, der am Erziehungsprozess beteiligten Personen".[60] So ist die erziehende Person immer mit zwei Kindern konfrontiert, „dem zu Erziehenden vor ihm und dem verdrängten in ihm".[61] Diese Sicht auf den Menschen lädt dazu sein, sich auf eine Reise ins Unbewusste zu machen und dadurch das eigene Verhalten und möglicherweise auch das der zu begleitenden Menschen besser zu verstehen. Das muss nicht zwangsläufig auf der roten Couch eines Psychoanalytikers geschehen, auch intensiver kollegialer Austausch kann bereits hilfreich sein. Das wiederum setzt Vertrauen voraus. Wer um Mechanismen wie Verdrängung oder Projektion weiß, der stellt sich völlig automatisch immer auch die Frage, was die momentane Situation mit ihm zu tun hat. Ob eigene unbewusste Anteile eine Rolle dabei spielen und wenn ja, welche. Durch einen solchen Zugang, der auch einen Kontakt mit den eigenen Erfahrungen aus der Kindheit ermöglicht, wird das Einfühlen in die Erlebniswelt der Kinder erleichtert.

Die Gefahr dieser psychoanalytischen Perspektive besteht in der Überbetonung unbewusster Anteile, was eine einseitige Psychologisierung von eigenem oder kindlichen Verhalten zur Folge haben kann. Nicht alles, was geschieht, findet im Unbewussten seine Ursache, aber diese Möglichkeit im Blick zu haben, ist notwendiger Bestandteil gelingender Erziehung.

So viel zu Freud. Wir bleiben jedoch noch ein wenig im Raum der Psychoanalyse, wenn wir uns nun C. G. Jung zuwenden.

Denken wir an C. G. Jung, assoziieren wir Begriffe wie *Kollektives Unbewusstes, Archetypen, Schatten, Individuation, das Selbst*. Wieder soll ein kurzer Einblick in ein komplexes Theoriegebäude genügen, an dem ich erneut aufzeigen möchte, wie konkret die Auswirkungen auf das erzieherische Handeln sein können, wenn man diese spezifische Sicht auf den Menschen mit einbezieht. So werde ich den Machtaspekt, den Erziehung mit sich bringt, hier noch einmal explizit aufgreifen.[1]

Beginnen wir mit dem kollektiven Unbewussten:

> „Das kollektive Unbewußte ist ein Teil der Psyche, der von einem persönlich Unbewußten dadurch negativ unterschieden werden kann, dass er seine Existenz nicht persönlicher Erfahrung verdankt und daher keine persönliche Erwerbung ist. Während das persönlich Unbewußte aus Inhalten besteht, die zu einer Zeit bewußt waren, die dem Bewußtsein jedoch entschwunden ist, indem sie entweder vergessen oder verdrängt wurden, waren die Inhalte des kollektiven Unbewußten nie im Bewußtsein und wurden somit nie individuell erworben. Sondern verdanken ihr Dasein ausschließlich der Vererbung."[62]

Jung unterscheidet also zwischen dem kollektiven und dem persönlichen Unbewussten, wobei das kollektive Unbewusste uns mit einer Paradoxie konfrontiert: es existiert nämlich sowohl in uns, als auch außerhalb von uns, dem Bewusstsein zwar zugänglich, jedoch nicht durch Willkür. Es ist nicht planbar, nicht greifbar, nicht fassbar, sondern erahnbar und intuitiv erspürbar. Auf diese Weise kommt bei Jung die Ebene der Religion bzw. Transzendenz mit ins Spiel.

Archetypen

Das kollektive Unbewusste braucht nach Jung eine Ausdrucksform, die sogenannten Archetypen. Die geläufigsten dieser archetypischen Repräsentanten sind auf einer allgemeinen Ebene *Anima/Animus (weibliches/männliches Grundprinzip), der Schatten, das Selbst.* Und spezifischer: *Der Archetyp der Mutter, des Kindes, Gottes.* In Bildern versucht das kollektive Unbewusste sich Zugang zur menschlichen Psyche zu verschaffen, sei es durch Traum, Mythos oder Religion. Und so basiert „Jungs Tiefenpsychologie zwischen endlichem menschlichem Subjekt und dem unbewussten Gott".[63] Während Freud scharfe Kritik an der Religion übt, in ihr eher eine infantile Sehnsucht nach einem schützenden Vater im Himmel sieht, welche der erwachsene und reife Mensch als Illusion er-

---

1 Vgl.: Teil 1/Kapitel 1: Erziehung/Thesenkatalog: Erziehung bedeutet Macht auszuüben.

kennt und in der Folge verabschiedet[64], spielt in Jungs Konzept Gott eine ganz andere Rolle.

> „Denn Gott und das Unbewußte gleichen sich darin, dass sie den Menschen überwältigen. Jung selbst weiß zwar, dass Gott und das Unbewußte nicht identisch sind[65], ist aber gleichwohl der Auffassung, daß empirisch beides im Begriff des Numinosen, in jenem Medium, das religiöse Erfahrung ermöglicht, zusammenfließen."[66]

Archetypen sind also bildhafte Repräsentanten, welche die wesentlichen Lebensthemen und Probleme auf dem Weg der Individuation, „die zugleich in Jungs Entwicklungspsychologie als treibende Kraft angenommen wird"[67], aufgreifen. Diese Jungsche Theorie war und ist immer wieder scharfer Kritik ausgesetzt, da sie schwer empirisch zu beweisen ist. Archetypen haben in einer naturwissenschaftlich gedeuteten Welt keinen Platz. Erweitern wir jedoch unseren Blick, dann ist diese Perspektive sehr hilfreich, auch im Hinblick auf die pädagogische Arbeit. Wenden wir uns deshalb nun der Bedeutung der Archetypen speziell für helfende Berufe zu. Besondere Brisanz weist für diesen Kontext der Archetypus des Schattens auf.

> „Alle so genannten ‚helfenden Berufe' leiden an einer schweren Bedrohung durch den Schatten (...) Studierende dieser Berufe sollten im Detail darüber aufgeklärt werden, wie sich bei ihnen die Schattenseiten des Berufes äußern können. Es sollte nicht mehr vorkommen, dass es gut ausgebildete Sozialarbeiter gibt, die allen Ernstes glauben, sie könnten den Beruf wie Ingenieure ausüben, rein theoretisch und objektiv. Es darf nicht sein, dass es Lehrer gibt, die glauben, nur Kinder seien kindlich, nicht sie selber (...) Hier liegen für die Erzieher dieser Berufe ganz große Aufgaben vor." [68]

Was ist nun mit dem Schatten gemeint? Stark verkürzt werden mit Schatten alle nicht gelebten Anteile in uns bezeichnet. Alles, zu dem wir Nein sagen, gerät in den Schatten. Gleichzeitig, und das macht die Sache anstrengend und kompliziert, ist „(D)er Schatten (...) zugleich jene Hälfte, die den Menschen selbst ganz sein lässt, jener Teil, ohne den die menschliche Existenz gleichsam amputiert wäre".[69] Damit wird die Integration des Schattens zum Grundmotiv des Individuationsprozesses. Gelingt dieser, dann werden wir ganz, wird das Ich zum Selbst.

Schatten, so könnte man annehmen, bezieht sich ausschließlich auf dunkle und destruktive Persönlichkeitsanteile, das ist aber nicht der Fall. Wir bilden ständig Schatten, wir können nicht anders, ob wir wollen oder nicht. Indem wir zu etwas Ja sagen, verneinen wir automatisch den Gegenpol. Damit entsteht Schatten und das völlig wertneutral.

Wenn wir uns nun mit dem Machtschatten des Helfers konfrontieren, bedeutet dies tendenziell eher eine Auseinandersetzung mit negativ besetzten inneren Anteilen. Aspekte des Seins, zu denen der „Prototyp" des Helfers selten gerne „Ja" sagt. Wenn ich die Studierenden mit dem Thesenkatalog aus dem ersten Kapitel konfrontiere, dann wird es in der Diskussion über Erziehung richtig heiß, sobald es um die Frage nach Macht und Ohnmacht geht. Dass mit der Erziehungssituation prinzipiell ein (wertneutrales) Machtverhältnis einhergeht, wird oft vehement bestritten – Macht wird offenbar mit Machtmissbrauch gleichgesetzt.

Immer wieder höre ich in diesem Zusammenhang Aussagen, wie diese: „Macht in der Erziehung – nein, das geht gar nicht. Natürlich muss man Kindern sagen, was sie zu tun bzw. zu lassen haben und wenn sie nicht hören, dann dürfen sie z. B. nicht mit raus in den Garten, oder müssen auf den Flur, bis sie sich wieder ordentlich verhalten. Das ist konsequent, hat aber doch nichts mit Macht zu tun." Interessant ist, dass die in Aussicht gestellten Folgen bei Nichtgehorchen, oft nichts mit der Situation an sich zu tun haben. Keine logischen oder natürlichen Konsequenzen also, sondern eine willkürliche Wenn-Dann-Strafe nach behavioristischer Art. All das hat für manche Studierenden jedoch nichts mit Macht zu tun. Und genau deshalb ist die Thematisierung und Reflexion darüber so wichtig.

Dieses ganz kleine Beispiel zeigt, was passieren kann, wenn Erziehende den Machtaspekt, den ihr Beruf mit sich bringt, verleugnen. Er gerät in den Schatten und wirkt von dort destruktiv in die Situationen hinein. Und gerade in helfenden Berufen kann sich das besonders perfide äußern, denn „ganz allgemein kann sich der Trieb zur Macht ja nie derart ungehemmt austoben, wie wenn er unter dem Mantel des objektiv moralisch Richtigen auftreten darf".[70] Jede Form der Strafe ist auf diese Weise legitimierbar. Gewalt, ob physischer oder psychischer Natur, geschieht dann ausschließlich zum Wohle des Kindes. Und noch eines wird an dieser Stelle deutlich – wer Macht negiert läuft auch Gefahr, die Verantwortung für das eigene Verhalten in nicht ausreichendem Maße zu übernehmen. Beides gehört jedoch zusammen.

Wie Pädagog*innen mit ihrer Macht umgehen, wofür sie sie einsetzen und wie viel sie davon abzugeben bereit sind, ist oft schon in kleinen Details erkennbar. Manchmal reicht ein Gang durch die Räume einer Institution, um zu erkennen, wozu die Macht hier genutzt wird. Wie sind die Räume gestaltet, wie viel Mitbestimmung der Kinder/Jugendlichen oder des Teams ist darin erkennbar? Welche Materialauswahl wurde getroffen? Wie wird mit den Eltern kommuniziert? Wie ist das Mitarbeiter*innenzimmer eingerichtet? Ist eine liebevolle Atmosphäre spürbar? Noch deutlicher drückt sich der Umgang mit Macht natürlich in der Beziehungsgestaltung aus, in der Art der Kommunikation, in der Wahl der Erziehungsmittel und Methoden. All diese Entscheidungen treffen die Erziehenden oder Lehrenden. Das ist ihre Aufgabe und ihre Verantwortung, die mit der Macht einhergeht.

Um den Machtschatten möglichst klein zu halten, können folgende Fragen im pädagogischen Alltag hilfreich sein:

- Zu wessen Wohl agiere ich wirklich?
- Wie steht es um die eigenen Gefühle der Ohn-macht in dieser Situation?
- Welcher Zweck heiligt möglicherweise welche Mittel?
- Was könnte meine unbewusste Motivation für dieses Verhalten sein?

Das sind (unbequeme) Fragen, die helfen können, den Schatten zu erkennen, bevor er sich destruktiv zu manifestieren beginnt. Nun sind wir in Bezug auf unseren Schatten aber oft mit einem erstaunlich hohen Maß an Eigenblindheit, dem sogenannten „blinden Fleck“, behaftet. Hier hilft es, sich die Welt zum Spiegel zu machen. So bekommen wir die Möglichkeit, den blinden Fleck zu verkleinern und Schatten zu integrieren.

Was heißt das konkret? Sich die Welt zum Spiegel machen? Wenn Sie möchten, halten Sie kurz inne und probieren Sie es aus: Denken Sie an ein Kind, oder eine Mutter, oder einen Vater, oder eine Kolleg*in, mit der sie einfach nicht klarkommen. Zu der Sie innerlich ‚Nein' sagen. Fragen Sie sich nun, *was genau* Sie an der Person so problematisch finden. Wenn sie ganz ehrlich zu sich sind, stellen Sie vielleicht dabei fest, dass es Schatten-Anteile von Ihnen selbst sein könnten, deren Spiegelung Sie schwer ertragen. Die andere Person kann vielleicht etwas, das Sie auch gerne können würden, besitzt etwas, das Sie auch gerne hätten, macht etwas, das Sie auch gerne machen würden, das Kind erhält eine Form liebender Aufmerksamkeit, die Sie auch als Kind gerne bekommen hätten, oder nimmt sich Freiheiten heraus, die Ihnen niemals zugestanden wurden ... Das alles muss nicht der Fall sein. Aber die Frage kann helfen und weiterführen. Gerade dann, wenn wir in unserem Leben immer wieder an denselben Typus Mensch geraten. Das wäre es aus Jungscher Perspektive ein klarer Hinweis darauf, dass Schattenintegration ansteht.

> „Die Jungsche Psychologie versteht die Beziehung zweier Menschen nicht als Inkontakttreten zweier Bewusstsein. Treten zwei Menschen einander gegenüber, so tritt die Totalität der beiden Psychen miteinander in Berührung. Bewusstes und Unbewusstes, Gesagtes und Nicht-Gesagtes, alles wirkt auf den Partner ein. Wie dies geschieht wissen wir nicht genau, wir können aber immer wieder feststellen, dass die gesamte Psyche des einzelnen mit allen seinen Wünschen, Phantasien, Gefühlen und Emotionen, mit seinem gesamten Bewusstsein und Unbewusstsein wirkt, auch wenn lange nicht alles, was sich in der Psyche abspielt, ausgesprochen oder irgendwie direkt ausgedrückt wird."[71]

Ich habe nur einen Bruchteil dessen dargestellt, was die Psychologie C. G. Jungs ausmacht, aber vielleicht haben Sie Lust bekommen, sich dieser Perspektive noch vertiefter anzunähern. Sollte das der Fall sein, empfehle ich Ihnen die zitierten Werke als weiterführende Lektüre und darüber hinaus die Bücher von Verena Kast und Peter Schellenbaum.

Kommen wir nun zu dem Menschenbild, das sich als Grundlage z. B. im Bayerischen Erziehungs- und Bildungsplan wiederfindet.[72]

Das humanistische Menschenbild – was beinhaltet es und was folgt daraus für die Erziehung und Bildung?

Bedeutende Vertreter*innen:

- Abraham Maslow,1908–1970 (Positive Psychologie)
- Virginia Satir, 1916–1988 (Pionierin der systemischen Familientherapie)
- Carl Rogers, 1902–1987 (Klientenzentrierte Psychotherapie)[J]

Alle drei (Maslow, Satir, Rogers) gründeten gegen Ende der 1950er Jahre die American association of Humanistic Psychology (AHP). Der Humanistischen Psychologie nicht originär zugehörig, ihr aber in ihren Ansätzen nahestehend: Fritz Perls (Gestalttherapie), Viktor E. Frankl (Logotherapie) u.v.m.

Das humanistische Menschenbild ist ein durch und durch positives. Es geht davon aus, dass „der Mensch von Grund auf gut sei und in der Lage, Schwierigkeiten des Lebens in einer Weise zu bewältigen, die auf Respekt und Liebe basiert, wenn der Betreffende die Möglichkeit hat, sich wirklich frei zu entscheiden".[73] Diese Sicht auf den Menschen geht nicht auf eine einheitliche Schule oder Disziplin zurück, sondern ist Ausdruck „einer Bewegung innerhalb der Grenzen der Psychologie, eine Bewegung, in der unterschiedliche Ansätze, Theorien und Schulen einen Platz haben".[74] Die verbindende Leitidee ist das Interesse am Menschen, d. h.

> „a) Wahrnehmen und Anerkennen der menschlichen Eigenschaften;
> b) Erforschen und Fördern der Möglichkeiten, durch die die dem Menschen eigenen Fähigkeiten voll zur Entfaltung gelangen.
> Dies gilt sowohl für den Menschen als Einzelwesen, als auch als Glied der Gesellschaft".[75]

Innerhalb der humanistischen Psychologie vereinen sich also unterschiedlichste Ansätze, das grundsätzlich positive Menschenbild ist ihnen jedoch gemein.

J In Deutschland machte das Ehepaar Tausch den Ansatz von Rogers bekannt und für die Pädagogik fruchtbar. Deshalb beziehe ich ihre Erkenntnisse hier auch mit ein.

Und es ist nicht nur positiv, sondern auch ganzheitlich (holistisch), das heißt, die

> „(H)umanistische Psychologie versteht den Menschen ‚als körperliche, seelische und geistige Ganzheit'[76], die in einen individuell bedeutsamen sozialen und geschichtlichen Rahmen eingebettet ist (...) Begriffe wie Verstehen, Sinn, Geist werden nicht rationalistisch verkürzt aufgefaßt, sie werden an ihre sinnhafte Grundlage zurück gebunden".[77]

Damit steht das humanistische Menschenbild in deutlichem Gegensatz zur Freudschen Psychoanalyse und den behavioristischen Ideen vom Menschsein. Es wird hier weder von einem Defizitmodell ausgegangen, das menschliches Verhalten einzig und allein auf die Reduktion von Bedürfnisspannung zurückführt, noch wird menschliches Verhalten als Ergebnis von Reiz-Reaktionsmechanismen gedeutet. Stattdessen geht man von einer Tendenz aus, die dazu führt, „sich selbst und seine Umwelt zu erforschen, nach Wissen zu streben und schöpferische Tätigkeiten zu entfalten".[78]

> „Der Mensch strebt also nicht nur nach Selbsterhaltung und Bedürfnisbefriedigung (...), sondern nach einem sinnvollen und erfüllten Dasein. Dies setzt allerdings voraus, dass elementare Bedürfnisse nach Sicherheit und Liebe befriedigt sind."[79]

So verschieden die Ansätze innerhalb der humanistischen Psychologie sind, das ist die Basis, von der ausgegangen wird. Es würde zu weit führen, all diese Theorien vorzustellen und so greife ich in diesem ersten Teil des Buches zunächst Rogers heraus. Seine Erkenntnisse über die Persönlichkeitsentwicklung des Menschen und die sich daraus ergebenden Konsequenzen für gelingende Beziehungsgestaltung, liefert eine Art Grundbaustein menschlichen Miteinanders. Im Anschluss daran skizziere ich die Basisannahmen systemischer Pädagogik, da auch sie sich ganz wunderbar mit den im zweiten Teil des Buches vorgestellten Konzepten existenzieller Pädagogik verbinden lassen.

Das personenzentierte Menschenbild nach Rogers – was beinhaltet es und was folgt daraus für die Erziehung und Bildung?

Nach Rogers ist der Mensch genuin auf Wachstum und persönliche Selbstverwirklichung ausgerichtet. „(D)iese grundlegende, auf Erhaltung und Erhöhung gerichtete Tendenz des Organismus, (…) nennt Rogers ‚Aktualisierungstendenz'."[80] „Die Kraft des Guten"[81], ist somit sui generis und wird zum Ausgangspunkt aller weiteren Handlungskonzepte. Mit der Entstehung des Selbst tritt eine neue Instanz neben die Aktualisierungstendenz, nämlich der Wunsch nach positiver Wertschätzung durch die Umwelt. So kann das Selbst als ein Prozess verstanden werden, dem „eigene organismische Bewertungen einerseits und internalisierte Fremdbewertungen andererseits (…)"[82] seine Richtung geben. Im Idealfall stimmen Aktualisierungstendenz und Fremdbewertung überein und es kommt zur Selbstexploration. Ist dies jedoch nicht der Fall, unterscheidet sich die äußere Bewertung naher Bezugspersonen von der eigenen organismischen Bewertung, wird ersterer Priorität verliehen, was in der Konsequenz zu inkongruentem Verhalten führt. Organismisch als gut bewertete Verhaltensweisen werden zugunsten positiver Wertschätzung aus dem Außen abgespaltet. Die Fremdbewertung wird möglicherweise zur vermeintlichen Eigenbewertung (Fremdintrojekt) und es entsteht das, was Rogers Selbstentfremdung nennt.[83]

Während meines Studiums arbeitete ich als Beraterin am Kinder- und Jugendtelefon. Dort wurde ich immer wieder mit dieser Thematik konfrontiert. Ich greife ein Beispiel mit einem Teenager heraus, um es zu verdeutlichen. Das Gespräch lief in gekürzter Form in etwa wie folgt:

Anrufer: „Ich glaube ich bin schwul – was kann ich dagegen tun?"

Ich: „Wenn du was dagegen unternehmen willst, schließe ich daraus, dass du schwul sein schlimm findest. Stimmt das?"

Anrufer: „Ja natürlich. Das ist doch nicht normal, dass ich mich als Junge in einen Jungen verliebe, oder finden Sie das vielleicht normal?"

Ich: „Puh – da müssten wir uns erst mal drüber einigen, was normal ist. Da versteht ja nun jeder was Anderes drunter. Ich persönlich finde an Homosexualität nichts ungewöhnlich, aber das hilft dir ja nicht weiter, denn du scheinst es ja schlimm zu finden, oder?"

Anrufer: „Hm, ich weiß nicht so recht, meine Eltern sagen halt, dass das krank ist und dass wir mit solchen Schwuchteln nichts zu tun haben."

Ich: „Noch mal kurz einen Schritt zurück, bevor ich darauf eingehen kann. Wenn ich das richtig verstanden habe, hast du dich in einen Jungen verliebt ..."

Anrufer: „Ja genau."

Ich: „So richtig mit Schmetterlingen im Bauch und allem drum und dran ...?"

Anrufer: „Ja ganz genau, so wie andere halt bei Mädels ..."

Ich: „Du klingst ganz aufgeregt und glücklich, wenn du das erzählst, ich höre förmlich dein Lächeln ..."

Anrufer: „Ja schon irgendwie ..."

Ich: „... aber es darf nicht sein, weil es nicht normal ist und die Eltern es nicht verstehen werden?"

Anrufer: „Ja genau."

Ich: „Heijeijei, ganz schöner Zwiespalt in dem du da steckst. Hier das Gefühl, das an sich ja schön ist, aber auch komplett neu und deshalb vielleicht ja auch bissle Angst einflößend und daneben der eigene Zweifel, ob du fühlen darfst, wie du fühlst, wo die Eltern immer das Gegenteil behauptet haben ..."

Anrufer: „Kann sein, ja ..."

Ich: „Ganz schön kompliziert alles, was?“

Anrufer (lachend): „Allerdings“

Ich: „Aber zurück zu deiner Frage, du wolltest ja wissen, was du gegen dein Schwulsein tun kannst. Willst du das immer noch?“

Anrufer: „Hm, eigentlich will ich vielleicht eher wissen, wie ich das meinen Eltern beibringen kann?

Ich: „Das heißt du findest es inzwischen o.k., dich in einen Jungen verliebt zu haben?“

Anrufer (zaghaft): „Sie nicht?“

Ich: „Ich sowieso, aber darum geht es ja nicht. Ich will dir ja nicht meine Meinung aufschwatzen. Warum findest du es denn inzwischen gar nicht mehr so schlimm?“

Anrufer: „Irgendwie hat sich was verändert ...“

Ich: „Kannst du sagen, was sich verändert hat?“

Anrufer: „Das Gefühl irgendwie ...“

Ich: „Welches? Das zu deinem vielleicht zukünftigen Freund, das zu deinen Eltern, das zu deinen Gefühlen?“

Anrufer: „Das letzte glaube ich.“

Ich: „Das heißt du stehst jetzt eher zu deinem Gefühl und nun müssen wir noch gucken, wie du das deinen Eltern am besten verklickerst?“

Anrufer: „Ja genau ...“

Ich: „So wie du sie beschrieben hast, wird's wahrscheinlich nicht leicht."

Anrufer: „Nee, bestimmt nicht ..."

Der Anrufer hatte die Fremdbewertung seiner Eltern fast zu seiner eigenen werden lassen, was seine Einstellung zur Homosexualität betraf. Es war ihm jedoch durch die Form des personenzentrierten Gesprächs gut möglich, in Kontakt mit seiner Aktualisierungstendenz zu kommen.

Selbstentfremdung wirkt auf den Entwicklungsprozess kontraproduktiv, sorgt sie doch für Verstrickungen, die krankmachenden Charakter aufweisen. Gerade am Beispiel der Homosexualität wird dies gut nachvollziehbar. Welche Stigmatisierungen und Vorurteile bis heute noch bestehen, wie viele Menschen deshalb immer noch ein Doppelleben führen, das alle Beteiligten unglücklich macht, braucht kaum erwähnt zu werden. Natürlich, inzwischen gibt es die Ehe für alle, es hat sich viel zum Positiven verändert, dennoch bin ich sicher, dass es immer noch viele Anrufe wie diesen am Kinder- und Jugendtelefon gibt.

Zurück zu Rogers: Wichtigstes Ziel für die Arbeit mit Menschen ist es logischerweise, dem Prozess der Selbstentfremdung entgegenzuwirken bzw. ihn gar nicht erst zustandekommen zu lassen. Rogers spricht hier von Selbstexploration (entspricht somit dem Gegenpol zur Selbstentfremdung), an deren Ende „der reife, voll handlungsfähige Mensch"[84] steht. Darüber hinausgehende Ziele lassen sich schlagwortartig – in Anlehnung an die *Erziehungspsychologie* des Ehepaars Tausch, ohne Anspruch auf Vollständigkeit – wie folgt zusammenfassen:

a) Selbstverwirklichung
b) Übernahme von Eigenverantwortung
c) Selbständigkeit
d) Emanzipation
e) Kreativität
f) Mitbestimmung
g) Hohe seelische Funktionsfähigkeit
h) Selbstakzeptanz/Selbstwertgefühl/Selbstbewusstsein

i) Bewusstseinserweiterung
j) Prosoziale Selbstverwirklichung hin zu einer höheren Qualität menschlicher Existenz[85]

Zur Verwirklichung dieser Ziele hat Rogers vier Grunddimensionen entwickelt, die für jede Art von Beziehungsgestaltung fundamentalen Charakter aufweisen. „Eine Dimension ist eine Zusammenfassung ähnlicher, einander entsprechender Haltungen, Verhaltens- und Handlungsweisen, die mit Hilfe von Skalen gemessen werden können."[86] Beginnen wir mit der Dimension der Wertschätzung vs. Geringschätzung[K]. Tausch/Tausch bezeichnen diese emotionale Dimension auch als „Achtung-Wärme-Rücksichtnahme vs. Missachtung-Kälte-Härte"[87]. Wertschätzung drückt sich darin aus, dass der Mensch, so wie er ist, als grundsätzlich wertvoll wahrgenommen wird, einfach, weil er ist. Diese Anerkennung ist an keinerlei Bedingungen geknüpft. Weder Kind noch Klient*in müssen sich beweisen, um positive Anerkennung zu bekommen. Das ist die Basis. Die bloße Existenz ist Grund genug. Vor diesem Hintergrund kann jedes Verhalten angenommen und akzeptiert werden, ob es nun ins eigene Wertesystem passt oder nicht, weil wir davon ausgehen können, dass das Verhalten des Gegenübers in seiner Welt Sinn macht, sonst täte er/sie es nicht. Auf diese Weise entsteht ein „Seelenklima" zwischen den Interaktionspartner*innen, welches auf einer ermutigenden, vertrauenswürdigen und liebevollen Grundlage beruht. Dies ist jedoch „am ehesten einer Person möglich, die einen grundlegenden Respekt vor ihrer eigenen Bedeutung und ihrem eigenen Wert hat. Allem Anschein nach kann man andere erst akzeptieren, wenn man sich selbst akzeptiert hat".[88] Eng verbunden mit dieser wertschätzenden Dimension ist die der Empathie, also einfühlendes, nicht wertendes Verstehen.[89] Am anderen Ende der Skala steht das nicht einfühlende Verstehen. Sich empathisch zu einem anderen Menschen zu verhalten, heißt, dessen innere Erlebniswelt anzuerkennen, auch dann, wenn sie abweichend von der eigenen Realitätswahrneh-

---

K Ich beschreibe im Folgenden die jeweils positiven Ausprägungen der emotionalen Dimension, weil nur auf dieser Basis die genannten Ziele erreicht werden können. Die negative Ausprägung würde das Gegenteil (also alle Folgen von Selbstentfremdung, wie z. B. verminderter Selbstwert, [Auto-]Aggressionen, Suchtverhalten, Ängste) wahrscheinlich machen.

mung ist. Zentrum jeder dieser Innenwelten ist immer das Individuum selbst. Und dieses einzigartige Wirklichkeitskonstrukt ist seine Realität.

> „Mit einem anderen Menschen in dieser Weise umzugehen heißt, eigene Ansichten und Wertvorstellungen beiseite zu lassen, um die Welt des anderen ohne Vorurteile betreten zu können. In gewisser Weise bedeutet es, das eigene Selbst beiseite zu legen; dies ist jedoch nur einer Person möglich, die in sich selbst sicher genug ist und weiß, daß sie möglicherweise in der seltsamen und bizarren Welt des anderen nicht verloren geht und in ihre eigene Welt zurück kann, wenn sie will."[90]

Empathie in Rogers Sinn bedeutet also ein zeitweises Heraustreten aus der eigenen Realität, um die der anderen Person begehen zu können. Dafür ist es notwendig, die eigene „innere Landkarte"[91] gut zu kennen bzw. sich ihrer zumindest so sicher zu sein, dass sie gefahrlos für einige Zeit verlassen werden kann. Es setzt eine prinzipielle Offenheit dem Fremden gegenüber voraus, es setzt eine Auseinandersetzung mit allem was „Nicht-Ich" ist voraus, die gleichzeitig immer die Möglichkeit beinhaltet, sich genau um diesen Aspekt zu erweitern. Im Sinne Jungs wäre hier von Schattenintegration die Rede.

Die dritte emotionale Dimension ist die der Kongruenz. Oder in der Sprache der Tauschs „Echtheit/Aufrichtigkeit vs. Fassadenhaftigkeit".[92]

> „Echtheit bedeutet in erster Linie: Äußerungen, Verhalten, Maßnahmen, Gestik und Mimik einer Person stimmen in ihrem inneren Erleben, ihrem Fühlen und Denken überein. Auf einer höheren Stufe von Echtheit kommt häufig hinzu: eine Person ist gegenüber ihrem eigenen Fühlen und Erleben offen. Eine Person öffnet sich gegenüber einer anderen, teilt dieser ihr Fühlen und ihre Gedanken mit, zumindest in dem Ausmaß, wie es für ihr gegenwärtiges Erleben bedeutsam ist."[93]

Größere Echtheit, Selbstöffnung und Transparenz der Erzieher*in führen zu größerer Selbstöffnung und Transparenz des Kindes (Spiegelfunktion). Es wird die Offenheit und Auseinandersetzung mit der eigenen Person und ihrer subjektiven Wirklichkeit gefördert. Die Prämisse für solch echtes Verhalten ist naturgemäß ein gut entwickeltes Selbstbewusstsein. Sind bestimmte Gefühle, Haltungen, Meinungen ausgeblendet, so sind wir im Sinne Rogers selbstentfremdet, fassadenhaft und werden zu Maskenträgern. Diese Maske wieder abzulegen (was ein Bewusstsein über deren Existenz impliziert), ist notwendiger Bestandteil für selbstkongruentes Verhalten. Erst wenn dies möglich geworden ist, kann tatsächliche Begegnung, kann Beziehung stattfinden. Eine solche Form der Beziehung ist nach Rogers in die Gruppe der „hilfreichen Beziehungen“[94] einzuordnen, deren Prototyp die therapeutische Beziehung ist. Mit „hilfreicher Beziehung“ ist hierbei „eine Beziehung (gemeint), in der zumindest eine der Parteien die Absicht hat, beim anderen Entfaltung, Entwicklung, Heranreifen, besseres Agieren und ein besseres Fertigwerden mit dem Leben zu fördern“.[95] Die Beziehung ist also nicht der Rahmen, in der erzieherische Praxis stattfindet, sondern das Mittel. „Es ist die hilfreiche Beziehung selbst, die erzieht.“[96] In eine solche hilfreiche und damit in unserem Kontext erzieherische Beziehung kann nach Rogers nur ein Mensch treten, der „ganz er selbst ist“ und allein schon „im Da-sein, im Dabei-sein“[97] wirkt. Und damit ist erneut die ganz eindeutige Forderung an Erziehende verbunden, nämlich die Arbeit an sich selbst.

> „Indem der Erzieher an sich arbeitet, indem er versucht eine reife Person zu werden, wirkt er verändernd auf das Unwillkürliche der erzieherischen Beziehung. Sofern er die Veränderung seiner selbst bewußt in Hinblick auf sein unwillkürliches Wirken versucht, wird das Unwillkürliche eigentümlich intentional durchwirkt.“[98]

Und Rogers selbst sagt, dass „der Grad in dem ich Beziehung eingehen kann, die die Entfaltung anderer als eigenständiger Menschen fördern, (...) dem Maß an Entwicklung (entspricht), die ich an mir selbst erreicht habe“.[99] So wird in logischer Konsequenz, die eigene Entfaltung und Entwicklung zum Gebot der Stunde. Die Erzieher*in, die Lehrer*in, geht mit ihrer ganzen Person in die Beziehung und damit zeitgleich in den Erziehungs- und Bildungsprozess ein und wird auf diese Weise zu ihrem wertvollsten Erziehungsmittel.

Die vierte Dimension ist die der Lenkung-Dirigierung. Hier kommen die Tauschs zu dem Ergebnis, dass starke Lenkung und Dirigierung in ihren Auswirkungen nicht förderlich sind, sondern es vielmehr darum geht, zahlreiche, fördernde, nicht dirigierende Impulse in die Erziehung einzubringen. Das bedeutet jedoch nicht, prinzipiell auf Lenkung zu verzichten, sondern das Ausmaß so gering wie möglich zu halten.[100] Und natürlich kommt es entscheidend darauf an, *wie* gelenkt wird. So kann es durchaus auch Formen empathischer, wertschätzender Lenkung geben. Geht starke Dirigierung jedoch mit hoher Geringschätzung, Fassadenhaftigkeit und nicht einfühlendem Verhalten einher, sind die Auswirkungen für die Entwicklung des Kindes und für die Beziehung zwischen Kind und Erzieher*n nicht förderlich.[L]

Die positiven Ausprägungen der emotionalen Dimensionen (bei gleichzeitig sinnvollem Austarieren des Ausmaßes an Lenkung) kann als ein Fundament pädagogischen Wirkens betrachtet werden. Es ist eine Art Basis, eine Grundhaltung im menschlichen Miteinander, auf der jedes weitere Handeln aufbaut. Und damit sollte es nicht nur Bestandteil in der Erzieher*innenausbildung sein, sondern auch in der Lehrer*innenausbildung erlebbar gemacht werden. Wieder schreibe ich absichtlich erlebbar und nicht „gelehrt werden". Es reicht nicht aus, theoretisch darüber Bescheid zu wissen. Es muss in der Praxis erfahren werden.

Warum ist es nur so schwer, sich auf dieses humanistische Minimum im pädagogischen Miteinander verbindlich zu einigen und entsprechende Erfahrungsmöglichkeiten in allen pädagogischen Ausbildungsgängen sicher zu etablieren? Wenn wir es schaffen, diese Grunderkenntnisse von Rogers in eine pädagogische Haltung[M] und in der Folge in entsprechendes Verhalten zu übersetzen (wie es das Ehepaar Tausch/Tausch mit ihrer Erziehungspsychologie getan haben), wird eine ganzheitliche Entwicklung und Bildung wahrscheinlicher. Ein Faktum, dass inzwischen auch aus neurobiologischer Perspektive eindrücklich bestätigt wird. Erst auf der Basis einer solchen humanistischen Haltung, macht es Sinn die Techniken, die sich für die Gesprächsführung daraus ergeben (das aktive Zuhören/Spiegeln/ Paraphrasieren) zu üben und anzuwenden. Ansonsten besteht die Gefahr, dass sie zu einem papageienhaften Nachplappern verkommen und das Gegenüber sich nicht ernstgenommen fühlt.

Natürlich baut auch die systemische Psychologie und Pädagogik auf diese wertschätzende, empathische und authentische Grundhaltung auf. Gleichzeitig geht sie deutlich darüber hinaus. Als systemische Pädagogin und Familientherapeutin komme ich natürlich nicht umhin, Ihnen auch diese mögliche Tür

---

L Vgl.: 1. Teil/ Kapitel 3: Mensch sein/Behavioristisches Menschenbild/Kapitel 7: Haltung, Stil, Autorität/Autoritärer Erziehungsstil

M Vgl.: 1. Teil/Kapitel 7: Haltung, Stil, Autorität

zu einer Pädagogik des Vertrauens zu öffnen, wobei ich mich erneut nur auf die Grundpfeiler beschränken werde.

Doch bevor ich damit beginne, lade ich Sie wieder zu ein paar Fragen ein. Fragen, die es Ihnen ermöglichen sollen, ohne theoretische Grundkenntnisse ein Gefühl dafür zu entwickeln, wie systemische Arbeit „funktioniert".

Stellen Sie sich dafür zunächst irgendeine Situation vor, die Sie als problematisch empfinden. Zum Beispiel: Sie neigen dazu unpünktlich zu sein und haben dadurch regelmäßig Probleme am Arbeitsplatz. Oder: Sie empfinden sich als zu schüchtern und würden Ihre Meinung gerne besser vertreten können. Oder: Sie wären gerne sportlicher, finden sich aber regelmäßig mit einer Tüte Chips vor einer Netflix-Serie wieder. Wenn Sie eine Situation dieser Art deutlich vor Ihrem inneren geistigen Auge haben, beantworten Sie in Ruhe und mit viel Zeit folgende Fragen:

1) Wann ist das Problem *nicht* aufgetreten?

2) Was hilft bisher im Umgang mit dem Problem?

3) Was mache ich anders, wenn das Problem nicht auftritt?

4) Woran würde z. B. meine Mutter/Vater/Partner*in merken, dass mein Problem verschwunden ist?

5) Wenn über Nacht ein Wunder geschehen würde und das Problem weg wäre, woran würde ich es als Erstes merken?

6) Wer hat die größten Vorteile davon, wenn das Problem nicht gelöst wird?

7) Wer freut sich am meisten, wenn das Problem gelöst ist?

8) Wer glaubt am wenigsten, dass das Problem zu lösen ist?

9) Woran würde ich merken, dass mich das problematische Verhalten weniger stört?

10) Was ist der erste kleine Schritt in Richtung Lösung, den ich gehen kann?

11) Welcher Teil in mir hat am meisten Angst vor Veränderung und welcher würde sich am meisten freuen?

12) Wenn Sie das Problem als Bild schildern sollten, wie sähe dieses Bild aus?

Was ist geschehen? Haben Sie neue Perspektiven in Bezug auf Ihr Problem entwickelt? Sind Sie vielleicht auch ein bisschen verwirrt? Das wäre aus systemischer Perspektive wünschenswert, denn Verwirrung ist ein wirklich guter erster Schritt in Richtung Veränderung.

Sie haben vielleicht auch gemerkt – systemische Fragestellungen gehen weit über die personenzientrierte Kommunikation des Spiegelns und Paraphrasierens hinaus. Es ist eine Form des Fragens, die das Individuum immer in den Kontext des Systems stellt, in dem es lebt.

Welche Idee vom Menschen liegt zugrunde?

Das systemische Menschenbild – was beinhaltet es und was folgt daraus für die Erziehung und Bildung?

Bedeutende Vertreter*innen:

- Virginia Satir, 1916–1988 (Familientherapie)
- Paul Watzlawick, 1921–2007 (Kommunikationstheorie und Konstruktivismus)
- Friedemann Schulz von Thun, *1944 (Kommunikationstheorie)
- Steve de Shazer, 1940–2005 und (Lösungsorientierte Kurzzeittherapie)
- Insoo Kim Berg, 1934–2007 (Lösungsorientierte Kurzzeittherapie)

- Brigitte Lämmle,* 1946 (Systemische Familientherapie)[N]
- Gunther Schmidt, * 1945 (Systemische Familientherapie und Hypnotherapie)

Systemische Theorien und die sich daraus ergebenden Konzepte orientieren sich, in Bezug auf ihr Menschenbild, an der Humanistischen Psychologie. Denn auch hier steht der Mensch in seiner individuellen Einzigartigkeit und Ganzheitlichkeit im Mittelpunkt des Interesses. Der Mensch wird als autonomes, kompetentes, kreatives, sinnorientiertes Wesen gesehen, das sich – innerhalb der Systeme in denen er lebt – auf schöpferische, selbst organisierte Weise entfaltet und entwickelt. Menschliches Verhalten wird aus den Systemen heraus verstanden, in denen es entsteht. Es ist Ergebnis der Interaktion zwischen Menschen[O] und deren individuellen Wirklichkeitskonstruktion. Dieser Idee liegt der Konstruktivismus zugrunde. Hier geht man davon aus, dass es die eine Realität nicht gibt, sondern verschiedene Realitäten, von denen keine wahrer oder wirklicher ist als die andere. Es gibt keine objektive Wahrheit, sondern jedes Phänomen hat die Bedeutung, die wir ihm geben. Dies ist jedoch nicht als Einladung in eine Welt der Fake News misszuverstehen. Natürlich gibt es datenbasierte Fakten. *Wie* wir zu diesen allerdings Stellung beziehen, ist das Resultat subjektiver Wirklichkeitskonstruktion.
Jegliches Erleben ist, vor diesem Hintergrund, das Ergebnis von Aufmerksamkeitsfokussierung. Das bedeutet beispielsweise für Kommunikationsprozesse, dass die Bedeutung einer Nachricht immer vom Empfänger bestimmt wird, niemals vom Sender, auch wenn sie/er es noch so gut gemeint hat.[101] Viele Konflikte würden überflüssig, wenn wir diese These ernstnähmen.
In der systemischen Therapie und Pädagogik wird vor allem mit den individuellen Stärken und den Selbstheilungskräften des Menschen gearbeitet. Das Miteinander ist geprägt von der Annahme, dass im Gegenüber immer schon die

---

N Sie ist einem breiten Publikum bekannt durch die TV Sendung *Lämmle live* im SWR, in der sie über viele Jahre Menschen über den Bildschirm beraten hat und auch durch die Radiosendung *Nachtgespräche* auf Bayern 2. Viele davon sind über YouTube heute noch anzuhören.

O Da der Mensch selbst auch ein System ist, das verschiedene innere Anteile in sich trägt, kann es auch in der Kommunikation zwischen diesen Anteilen zu Problemen kommen. Darauf hat F. Schulz von Thun im dritten Band *Das innere Team* seiner Kommunikationstrilogie *Miteinander reden* aufmerksam gemacht.

Lösung angelegt ist, ja, dass sogar Phänomene, die als Probleme empfunden werden, Teil einer Lösung sein können. Brigitte Lämmle sagt dazu Folgendes:

> „Probleme sind nicht immer das, was sie zu sein scheinen. Es ist vertrackt. Sie haben Aufgaben im System, senden Botschaften aus und haben sogar versteckte Vorteile. Wer sich fragen läßt: was würde sich denn verändern, wenn dein Problem verschwindet – der stellt oft verblüfft fest: Die Lösung liegt ganz woanders."[102]

Wer ein systemisches Menschenbild vertritt, geht (ähnlich wie Rogers) außerdem davon aus, dass jedes Symptom/jedes Verhalten aus der Sicht der Betroffenen Sinn ergibt. Menschen verhalten sich aus guten Gründen so und nicht anders, wobei diese Gründe der Person selbst nicht bewusst sein müssen. Und sie müssen auch nicht in ihr oder allein durch sie entstanden sein. Diese Idee weicht ab von der in anderen psychologischen Schulen oft vertretenen Annahme einer alleinigen Indexpatient*in, die unabhängig von dem System, in dem sie lebt, krank geworden ist und ebenso unabhängig davon wieder geheilt werden könnte. Aus systemischer Sicht ist das ein abwegiger Gedanke.

Beispiel: Kinder können innerhalb ihres Familiensystems zu sogenannten Symptomträgern werden und machen damit auf eine Verstrickung innerhalb des Familiensystems aufmerksam. Eine Jugendliche entwickelt z. B. eine Essstörung, die dafür sorgt, dass die sich ständig streitenden Eltern ihren Blick nun verstärkt auf ihr Kind richten. Auf diese Weise müssen sie einander nicht mehr ansehen und ihre Eheprobleme verlieren scheinbar an Bedeutung. So ist die Entwicklung einer Essstörung möglicherweise die unbewusste Lösung für die Jugendliche, dem Problem einer drohenden Scheidung der Eltern entgegenzuwirken.

Dies ist natürlich ein stark verkürztes Beispiel, welches aber hoffentlich das Prinzip klarmacht. Welche praktischen Folgen hat nun eine solche Hypothese über die Entstehung menschlichen Verhaltens?
Therapien, die ausschließlich am Verhalten ansetzen und das System, in dem es entstanden ist, unbeachtet lassen, sind vor diesem Hintergrund absurd. Solange das Familiensystem nicht in den therapeutischen Veränderungsprozess mit eingebunden wird, ist Heilung unwahrscheinlich. Doch genau das passiert

oft, gerade im Kontext von Essstörungen. Nach wochenlangen Klinikaufenthalten, in denen die Patient*innen, z. B. über verhaltenstherapeutische Maßnahmen, gelernt haben, sich gesund zu ernähren, kommen sie wieder nach Hause und dort geht das Leid von Neuem los, weil sich am Familiensystem nichts verändert hat. Das Gleiche gilt für sogenannte Verhaltensauffälligkeiten von Kindern. Auch diese entstehen im Kontext der Systeme, in denen die Kinder leben. Systemisch wird daher eher von Verhaltensorginalitäten gesprochen. Dadurch ist der Sinnaspekt des Verhaltens angesprochen, der mit Begriffen wie Verhaltensauffälligkeit oder Störung nicht erfasst wird. Es geht dabei nicht darum, das Verhalten zu beschönigen, sondern vielmehr darum, zu verstehen, dass es möglicherweise Teil einer Lösung für das Kind ist. Und zwar innerhalb der Systeme, in denen es lebt. Das ist in erster Linie das Familiensystem, aber natürlich auch die Kinderkrippe, der Kindergarten, die Schule. Es kann also aus systemischer Sicht nicht sein, dass Kinder als „das Problem" bezeichnet werden, wenn sie sich nicht regelkonform verhalten und sie die einzigen sind, die an sich arbeiten müssen. Es gilt vielmehr, das System einzubeziehen und sich zu fragen, für welche Situation dieses Verhalten des Kindes eine Lösung darstellen könnte.

Die Aufgabe für die systemischen Pädagog*in/Berater*in/Therapeut*in besteht also darin, eine kooperative Perspektive einzunehmen. Das bedeutet, das als problematisch wahrgenommene Verhalten aus der Sicht der Betroffenen zu sehen, zu verstehen und zunächst als sinnvolles Verhalten zu akzeptieren, mag es auch noch so destruktiv wirken. Dies setzt eine bedingungslose Wertschätzung und Empathie den Eltern, dem Kind, der Klient*in und auch sich selbst gegenüber voraus. Es setzt voraus, die Perspektive wechseln zu können und Offenheit gegenüber anderen Blickwinkeln zu haben. Es setzt voraus, die eigene Weltsicht als subjektiv zu akzeptieren und offen zu sein für Alternativen. Es setzt die Bereitschaft voraus, sich auf unbekannte, fremde Welten einzulassen, diesen neugierig zu begegnen und nach Möglichkeit nicht abzuwerten. Es setzt voraus, sich mit der eigenen Interpretation der Wirklichkeit ganzheitlich auseinanderzusetzen, und sich selbst dabei in gleichem Maße mit Wertschätzung zu begegnen. Mit einer Haltung der Anerkennung dessen was ist, was war und was sein wird.

Das Konzept der Kooperation zwischen den Kommunikationspartner*innen hilft den Hilfesuchenden ihr Verhalten aus neuen, alternativen Perspektiven zu sehen und verhindert, dass sie in den Widerstand zur Berater*in gehen „müssen". Aus konstruktivistischer Sicht ist das Ziel einer systemischen Erziehung/Beratung/Therapie die Erweiterung des Möglichkeitsraumes. Die Klient*in/die

Eltern/das Kind muss seine Sichtweise nicht aufgeben, sondern wird stattdessen positiv dazu angeregt, neue Erklärungsmodelle für sein Verhalten zu erfahren. Über Kooperation können Lösungen entwickelt werden, bei denen es nur Gewinner*innen gibt.
Methodisch stehen lösungsorientierte Fragen im Mittelpunkt des psychologischen/pädagogischen Handelns. Diese Fragen sind Optionen mit dem anderen, aber natürlich auch mit sich selbst, in eine neue Form des Kontakts zu treten, wie Sie zu Beginn des Kapitels hoffentlich selbst erlebt haben. Diese Art der Fragen hilft, eine alternative Sichtweise auf die subjektive Wirklichkeit zu kreieren und die eigene „innere Landkarte" zu erweitern. Lösungs- und ressourcenorientiertes Arbeiten ist eine Einladung die Ausnahmen von den Problemen zu finden (wann ist das Problem nicht aufgetreten?) und Neu-Konstruktionen von Wirklichkeit zu wagen. Ziel ist dabei das mühsame Suchen nach den Ursachen aufzugeben und stattdessen mehr von dem zu machen, was funktioniert. Hierbei können folgende Techniken hilfreich sind:
Zirkuläres Fragen, Umdeuten problematischer Verhaltensweisen (Reframing), Entwickeln positiver Motive für das Verhalten, Erkennen der positiven Funktionen des Verhaltens, Rückfälle „normalisieren", Arbeit mit dem Seitenmodell, Arbeit mit Symbolen, Imaginationen und Metaphern, Symptomverschreibung, Arbeit mit Skalierungen, Arbeit mit dem Lebensflussmodell.[P]

Zum Abschluss gebe ich Ihnen noch zwei systemische Übungen zur Aufmerksamkeitsfokussierung mit auf den Weg. Die erste kennen Sie möglicherweise schon in gekürzter Form. Ich empfehle Ihnen dringend die Variante mit viel Zeit, dann ist die Wirkung wesentlich intensiver. Diese Übung kenne ich aus dem Curriculum von Gunther Schmidt, er nennt sie *Wertschätzungsdusche*[103]. Sie kann in variierter Form gut ab dem Vorschulalter gemacht werden, nach oben gibt es altersmäßig keine Grenzen.

Gehen Sie zu viert oder fünft in eine Gruppe zusammen. Setzen Sie sich so, dass eine Person in der Mitte sitzt, die anderen um sie herum. Es sollten keine Tische dazwischenstehen, alle Personen sollten auf Augenhö-

P Vgl.: 3. Teil/Kapitel 7: Methodische Wege

he miteinander kommunizieren können. Also entweder alle auf Stühlen oder alle auf dem Boden. Die Person in der Mitte bekommt nun von den anderen eine Wertschätzungsdusche, das heißt, die Personen, die im Kreis sitzen, lassen sich ganz auf die Person in der Mitte ein und melden ihr ausschließlich Positives zurück. Es geht nicht um die Aufzählung von Leistungen, sondern darum, in Resonanz zu der Person und ihrer individuellen Einzigartigkeit zu gehen. Es ist wichtig, dies mit großer Ernsthaftigkeit zu tun, sich Zeit zu lassen, auch Momente der Stille auszuhalten. Jede Person im Außenkreis hat fünf Minuten, es sind also insgesamt zwanzig Minuten, wenn vier Menschen außerhalb sitzen. Das kommt Ihnen jetzt vielleicht viel vor, manche halten das für unmöglich, aber Sie werden sehen, wenn Sie sich erst mal drauf einlassen, dann fließt es wie von selbst. Und die Person in der Mitte hört sich alles an, ohne zu kommentieren, das ist sehr wichtig. Sie kann sich ein Stück weit auch selbst beobachten – wie fühlt es sich an, so ein wertschätzendes Feedback zu bekommen? Tut es gut? Macht es Angst? Kann ich es glauben? Verändern sich die Gefühle im Laufe der Zeit? Ist es in Ordnung, wenn Tränen da sind? Wie groß oder klein fühle ich mich während dieser Erfahrung und danach? Diese Fragen können hinterher im Plenum besprochen werden, nicht während der Gruppenarbeit.

Diese Übung ist sehr intensiv und hat, wenn man sich an die Regeln hält, enorme Wirkung. Sie schafft eine Atmosphäre des Vertrauens und ebnet den Boden für weitere tiefgehende Erfahrungen.

Eine zweite kleine Übung, die ich im Verlauf meiner Ausbildung zur systemischen Pädagogin kennen gelernt habe, ist folgende:

Früher Blick auf Gelungenes

Ziel dieser Übung ist es, den Teilnehmenden einen Raum dafür zu geben, ihre positive Wahrnehmung zu sensibilisieren und den systemischen Grundsatz „Alles Erleben ist das Ergebnis von Aufmerksamkeitsfokussierung“ ganzheitlich zu erfahren. Die Kompetenz des Zuhörens entwickelt sich dadurch weiter, genauso wie das Selbstwertgefühl (im günstigsten Fall). Dies setzt allerdings den wiederholten Einsatz der Methode voraus.

Und so geht es: Drei Personen gehen in eine Kleingruppe zusammen. Person A erzählt Person B und C, was ihr in der letzten Woche/seit dem letzten Treffen gut gelungen ist. Die Personen B und C hören aufmerksam zu und fragen interessiert nach, auch nach Details für das Zustandekommen des Gelingens. Wenn Person A fertig erzählt hat kann sie sich ganz ge- und entspannt zurücklehnen und nun zuhören, wie Person B und C sich noch einmal ressoucenorientiert, emphatisch und wertschätzend darüber austauschen, was sie von Person A gehört haben. Dann wechseln die Rollen. Am Schluss kann ggf. noch auf einer Metaebene darüber reflektiert werden.
Diese Übung mache ich regelmäßig zu Beginn von Seminareinheiten mit Studierenden. Ist es für sie zunächst noch ungewohnt, den Blick ausschließlich auf Gelungenes zu richten, wird es im Laufe der Zeit immer selbstverständlicher. Und die positive Wirkung dieser doch sehr einfachen Übung, sowohl auf die Einzelne als auch auf die Gruppe, ist wirklich erstaunlich und immer wieder wunderbar zu beobachten.

Ich hoffe Sie haben Lust bekommen, tiefer in diese Form der Pädagogik einzusteigen.[Q]

Und nun lassen Sie uns einen nächsten großen Schritt wagen. Von gelungenen Situationen zum gelungenen Leben.

[Q] Falls dem so ist, empfehle ich zum Weiterlesen: *Einfach systemisch! Systemische Grundlagen & Methoden für ihre pädagogische Arbeit* von Christa Renoldner und Eva Scala, Aachen-Richterich, 2007.

4. Leben

Gelingendes Leben – was ist das? Was bedeutet ein „guter Start ins Leben" und was nicht? Was ist eine hilfreiche Wegbegleitung und was nicht? Leben lernen – (wie) geht das?

Diese Frage der Ethik, nach einem guten, gelingenden Leben, drängt sich auch für die Pädagogik sofort auf, weil es ja eigentlich das sein sollte, worauf unser „Geschäft" hinausläuft: Den Kindern und Jugendlichen einen Weg aufzuzeigen, der es ihnen im besten Fall ermöglicht, ihr Leben so zu gestalten, dass sie es als gut und gelungen empfinden (werden).

Erneut zunächst die Einladung an Sie über folgende Fragen in den Dialog mit sich selbst (und anderen) zu treten:

1) Was heißt das für Sie – gelingendes Leben?
2) Was im Leben kann gelingen, was nicht?
3) Wie kann der Anfang des Lebens gelingen?
4) Wann, würden Sie sagen, ist ein ganzer Lebensweg gelungen?
5) Was möchten Sie in der Stunde Ihres Todes über Ihr Leben sagen können?
6) Wann wäre es für Sie ganz persönlich ein gelungenes Leben gewesen?
7) Und welchen Anteil hätten Sie an dem Prozess des Gelingens gehabt?

Geben Sie sich bitte genug Zeit, um Ihre eigenen Antworten auf diese Fragen zu finden, bevor Sie weiterlesen.

Der Neurobiologe Gerald Hüther hebt immer wieder hervor, dass menschliche Entwicklung vor allem eine Entwicklung hin zu einem gelingenden Leben sein sollte.[104] Er legt den Fokus insbesondere auf den Unterschied zwischen Gelingen und Erfolg und betont den Geheimnischarakter dieses deutschen Begriffes zu dem es im englischen Sprachraum interessanterweise kein Pendant gibt. Das Gelingen wird mit vitalen und komplexen Seinszusammenhängen in Verbindung gebracht, so kann beispielsweise eine Beziehung gelingen, Bildung, ein Kunstwerk, ein Gedicht, eine Begegnung oder auch eine Unterrichtsstunde. Dass es den Begriff des Gelingens gibt zeigt, so Hüther, dass wir in unserem Kulturraum noch ein intuitives Wissen darum haben, was dieses Gelingen bedeutet. Wir haben eine Ahnung, dass wir das Gelingen nicht herstellen, nicht produzieren können, sondern „nur dafür sorgen (können), dass es wird".[105] Und wer sich auf den Weg macht, dafür zu sorgen, dass es wird, der muss „in seinem tiefsten Inneren eine Vorstellung davon haben, wie es wäre, wenn es gut geworden wäre".[106] Und das heißt, dass wir auch in Bezug auf Erziehung und Bildung intuitiv wissen, wie es sein sollte „und das einzige Problem ist, dass wir das, was wir wissen, nicht tun".[107]

In meinem ersten Ausbildungsjahr hatte ich das große Glück, miterleben zu dürfen, wie es ist, wenn Erziehende das was sie (intuitiv) wissen auch in der Praxis verwirklichen. Wann immer ich an meine Zeit als Praktikantin im Kindergarten eines kleinen oberbayerischen Dorfes denke, wird es mir ganz warm ums Herz. Ich empfand von der ersten Minute meines Ankommens dort eine Atmosphäre, in der ich – nach vielen Erfahrungen des Scheiterns in der Schule und in einer anschließend abgebrochenen Berufsausbildung – angstfrei atmen konnte. Ich spürte sofort, dass ich auf diesem Weg, an diesem Ort, Kraftquellen in mir entdecken würde, zu denen ich schon lange den Zugang verloren hatte.
Wie gelang es dem Team, eine solch wunderbare pädagogische Atmosphäre nicht nur für die Kinder, sondern auch für sich selbst, zu schaffen? Sie machten nicht keine Fehler. Im Gegenteil, diese waren erlaubt. Die Kolleginnen waren auch nicht immer alle derselben Meinung, sondern sie rangen vielmehr darum, eine gemeinsame Haltung zu finden. Sie scheuten keine Konflikte, sondern setzten sich auseinander. Sie waren bereit, die Kompetenzen der anderen zu sehen und wenn irgend möglich in die Arbeit zu integrieren. Dabei gab es keine Hierarchien. Partizipati-

on war kein leeres Wort, sondern gelebtes Leben. Jeden Tag. Es gab gute Pläne, ohne dass diese zum Diktum wurden. Sie gaben Halt, ohne zu begrenzen. All das geschah auf der Basis von Wertschätzung, Respekt und Vertrauen. Sowohl innerhalb des Teams als auch in der Begegnung mit den Kindern. Für sie wurde ein Raum geschaffen, in dem sie sich geborgen fühlen und in dem sie ihre Persönlichkeit entfalten konnten.
Das alles waren für mich völlig neue Erfahrungen. Ich begegnete Menschen, die an mich glaubten, ich fand einen Boden gegenseitigen Vertrauens, eine Sprache, die Wachstum ermöglichte und ein sofortiges Gefühl der Zugehörigkeit. Dieses Kindergartenteam war damals ein großer Segen für mich. Ich habe ungeheuer viel von den Kolleginnen gelernt, wurde manchmal auch überfordert (was personeller Not geschuldet war), aber nie allein gelassen. Mir wurde die Tür zu einer Pädagogik des Vertrauens geöffnet, durch die ich mit offenen Armen ging und nie mehr umkehrte.

Gelingendes Leben könnte man sagen, stellt den Gegenpol zum *gemachten* Leben dar. Das Gelingen ereignet sich nur da, wo Vertrauen und Liebe ist, wo Offenheit für das Unerwartete ist, wo Unsicherheit sein darf, wo Fehler gemacht werden dürfen, wo Begeisterung sich ausbreiten kann. Wo klar ist, dass das Gelingen etwas ist, das nur *geschehen* kann. Wir können Rahmenbedingungen dafür schaffen, die das Gelingen wahrscheinlich machen. Nicht mehr. Aber bitte auch nicht weniger! Gelingen ist nicht machbar und entzieht sich damit unserer Kontrolle. Gelingen ist nicht intendierbar, aber erfahrbar. Der Philosoph und Pädagoge Otto Friedrich Bollnow drückt es so aus:

> „Zwar spricht man davon, dass eine Erfahrung *gemacht* wird, jedoch ist dieses ‚machen' ein Stück weit irreführend, denn es umschreibt keinen intentionalen Vorgang. Erfahrung läßt sich nicht mechanisch hervorbringen, sondern sie kommt auf den Menschen zu und geschieht. Man ist ihr ausgeliefert und kann sich ihrer nicht entziehen. Man kann auch nicht über die Erfahrungen bestimmen, man muss sie nehmen, wann sie kommen und wie sie kommen. Das einzige, was (man) tun kann (...) ist, sich der Möglichkeit der Erfahrung auszusetzen, d. h. sich in Gefahr bringen."[108]

Und möglicherweise ist es genau diese „Gefahr", die Menschen fürchten und sich deshalb nicht mehr dem Leben „aussetzen" möchten. An die Stelle des Vertrauens tritt die Kontrolle, der Plan, das Kalkül. Noch einmal Bollnow:

> „Erfahrung wächst aus der Auseinandersetzung des in einer verständlichen Welt befindlichen Menschen mit dem hereinbrechenden Zufall. Weil dieser Zufall von außen hereinbricht, unvorhersehbar und unberechenbar, darum kann man die Erfahrung und die auf dieser Erfahrung begründeten Ausweitung des Lebens nicht willkürlich erzwingen. Der Mensch ist in der Erfahrung wesentlich reaktiv und erst in der Reaktion produktiv."[109]

Zu einem gelingenden Leben gehört nach dieser Lesart auch der Mut, sich dem Unplanbaren auszusetzen. Gefahren nicht nur auszuhalten, sondern bewusst einzugehen. Oder anders gewendet: Wer sich für das Gelingen öffnet, der nimmt das Risiko des Misslingens, der Enttäuschung, des Scheiterns in Kauf. Wer das tut, hat sich dafür entschieden, die prinzipielle Kontingenz des Lebens anzunehmen und sich in sie hinein zu entfalten.

Dass dies ein ständiger Balanceakt ist, wird in Zeiten von Covid-19 jeden Tag aufs Neue deutlich. Es gibt keine (vermeintliche) Sicherheit mehr, wir müssen ständig dazulernen und abwägen, welche Gefahren wir für uns und andere eingehen können und welche nicht. Wie lange ist hohe Risikobereitschaft mutig, ab wann wird es sich selbst und anderen gegenüber verantwortungslos? Diese großen Fragen müssen wir uns in pandemischen Zeiten für die kleinsten alltäglichen Handlungen stellen, und wir sind aufgefordert Antworten finden, die dem Sinn des Augenblickes gerecht werden. Noch einmal: „Menschsein heißt Gefragt sein. Leben ist Antwort geben, antworten auf die Fragen der jeweiligen Stunde."[110]

Welche Antworten erfordert nun die Frage nach einem gelungenen Anfang des Lebens und welche geben wir hier und heute darauf?

Wir können uns in der Regel nicht an den Anfang unseres Seins erinnern. Aus Erzählungen wissen wir möglicherweise, wie und wann wir auf biologischer Ebene entstanden sind, kennen vielleicht auch die Geschichte unseres vorgeburtlichen Wachstums und die unserer ersten großen Grenzüberschreitung in die Welt hinein. Wann unsere Seele, wann unser Geist begonnen hat, ob für beides überhaupt die Kategorie von Endlichkeit, von Vergänglichkeit zutrifft, das wissen wir nicht und mit der Ungeheuerlichkeit solch existenziellen Unwissens ist der Mensch von Anbeginn seiner Zeit konfrontiert. Genauso wie mit der schaurigen Gewissheit, dass auf der Ebene des Körpers das Ende garantiert ist. Beides scheint für Teile westlicher Kulturkreise schwer annehmbar.[A] Beides wird versucht auszuklammern, aus dem Innenraum herauszunehmen, um es in die Peripherie des Wahrnehmbaren zu verschieben. Wir spannen ein Koordinatensystem aus Kontrolle und Sicherheit über unser Leben und wollen es damit beherrschen. Von Anfang an. Wir wollen alles richtig machen, damit es gelingt. Aber was würde es bedeuten einen gelingenden Anfang wahrscheinlich zu machen?

Eine entschleunigte Schwangerschaft könnte eine erste Antwort darauf sein. Eine Verlangsamung des Lebens ist im März 2020 in Form des Lockdowns und der Kontakt- und Reisebeschränkungen für viele entstanden. Der Zukunftsforscher Matthias Horx vermutet, dass der deutliche Rückgang an Frühgeburten, der 2020 zu verzeichnen war, mit dieser Entschleunigung zusammenhängt.[111]

> Auch das Besuchsverbot auf der Neugeborenenstation hat für eine Kollegin und Freundin von mir sehr entlastenden Charakter gehabt. Kein permanentes sich ausrichten müssen auf andere Menschen, kein ständig stolzes Vorzeigen des Babys. Stattdessen war Zeit, sich in Ruhe in der Zwei- bzw. Dreisamkeit auf das neue Leben als Familie einzulassen. Ebenso seien die Krankenschwestern (bzw. Pflegekräfte, wie man sie heute korrekter nennt) von dieser Veränderung auf der Station begeistert gewesen und wollten in diesem Punkt keine Rückkehr in Zeiten vor Corona.

Es bricht also die Kontingenz in Form einer Pandemie mit voller Wucht in das Leben hinein und schafft Anfangs-Räume, die wir ohne diesen Stopp offenbar nicht hinbekommen hätten. Warum nicht? Bestand kein Bedürfnis danach? Oder waren/sind wir in dem Teufelskreis der Beschleunigung und des Machbaren schon so gefangen, dass diese rasante Art zu leben alternativlos erscheint?

A Vgl.: 1. Teil/Kapitel 6: Welt/4. Teil: Das Ende

Richten wir den Fokus noch einmal auf den Aspekt des Machbaren. Ist es z. B. Zeichen eines gelungenen Lebensbeginns, wenn wir mit allen zur Verfügung stehenden technischen Mitteln Leben reproduzieren[B], ungeachtet der biologischen Voraussetzungen, weil wir von davon ausgehen, dass jede*r das Recht auf reproduktive Autonomie hat?[112] Ist es ein Zeichen des Gelingens, wenn wir die pränatale Diagnostik in einem Maße verfeinern, die es uns in standardisierter Form ermöglicht, Leben vorgeburtlich zu kategorisieren? Krankes, behindertes Leben frühzeitig auszusondern? Oder haben wir es hier mit einer sehr radikalen Form von körperlicher Ausgrenzung zu tun, die nicht konformen Lebensmöglichkeiten den Zutritt in den Innenraum menschlichen Seins verwehrt? Immerhin werden ca. 98 % der ungeborenen Kinder, denen Trisomie 21, also das Down Syndrom, vor ihrer Geburt diagnostiziert wurde, in Deutschland abgetrieben. Jene zwei Prozent, die auf die Welt kommen durften, leben in der Regel sehr gerne und empfinden sich als glückliche Menschen.[113] Ich unterstelle damit nicht, dass es sich irgendeine Frau, die vor eine solche Entscheidung gestellt ist, leicht macht. Aber die Frage muss erlaubt sein, ob nicht das gesellschaftliche Klima dazu beiträgt, dass es zu einer derart hohen Zahl an Schwangerschaftsabbrüchen bei Trisomie 21 kommt.

Ist es eine Form des gelingenden Beginns, wenn Kinder aus den Körpern ihrer Mütter termingerecht und ohne jegliche medizinische Indikation herausgeschnitten werden, um so die „Qual" des ersten Übergangs für Mutter und Kind zu verhindern? Weil so der Anfang auf dieser Welt für die Eltern und die Kliniken kalkulierbar wird? Was genau gelingt da, außer der Kontrolle? In nicht wenigen Kreisen wird diese Entwicklung als medizinischer Fortschritt zelebriert. Eine neue Machbarkeit wird gefeiert, die dem Zufall den Kampf ansagt, die eine Freiheit von biologischen Festlegungen verspricht, aber die Frage nach möglichen langfristigen Auswirkungen auf das Individuum einerseits und das Wesenhafte des Menschen andererseits zu wenig stellt.[C] Was liegt dieser Sehnsucht nach Kontrolle zugrunde? Lassen diese Tendenzen, die die Atmosphäre des Anfangs so maßgeblich beeinflussen, einen prinzipiellen Mangel an Seins-

---

B Wer sich in dieses Thema stärker hinein vertiefen möchte, dem sei an dieser Stelle das im Fischer Verlag erschienene Buch *Kinder machen* von Andreas Bernard ans Herz gelegt.

C Eine positive Ausnahme stellt hier das gerade zitierte Buch *Kinder wollen. Über Autonomie und Verantwortung* der Philosophin Barbara Bleisch und der Professorin für Privatrecht Andrea Bühler dar.

Vertrauen offensichtlich werden? Und was, wenn sich dieser Mangel auf dem gesamten Lebensweg fortsetzt?

Gehen wir noch mal an den Beginn des Lebens aus der Perspektive des Kindes. Der schon zitierte Neurobiologe Gerald Hüther beschreibt es in vielen seiner Vorträge und Bücher sehr anschaulich.[114] Wir kommen mit zwei grundlegenden Tendenzen zur Welt, einerseits mit dem Bedürfnis nach sicherer Bindung und andererseits mit dem Bedürfnis nach Exploration, also dem Bedürfnis die Welt zu erkunden, ihr neugierig und abenteuerlustig zu begegnen, sich in sie hinein zu entfalten, so wie wir uns in den Körper der Mutter durch tägliches Wachstum hinein entfaltet haben. Nie waren wir so gebunden und nie werden wir wieder so über uns selbst hinauswachsen, wie in unserem vorgeburtlichen Leben. Und mit diesem Erfahrungsschatz ausgestattet, starten wir in diese Welt hinein.[D] Nun steht das Verhältnis zwischen Bindung einerseits und Exploration andererseits reziprok zueinander[E] und das gilt ein Leben lang. Wer sich sicher gebunden fühlt, wer den Grund des Seins spürt, kann sich in der Regel auf das Abenteuer Leben gut einlassen. Wer diese existenzielle Sicherheit nicht spürt, wird es wahrscheinlich ungleich schwerer haben, Vertrauen in sich und das Leben zu entwickeln.[F]

Wie würden wir den Anfang des Lebens unserer Kinder gestalten, wenn wir ihnen eine tiefe Qualität des Lebens, die tragenden Charakter hat, vermitteln wollten? Wenn wir darauf vertrauten, dass es gutgehen wird. Wenn wir darauf vertrauten, dass das Kind schläft, wenn es müde ist, isst, wenn es Hunger hat, sich artikuliert, wenn es ein Bedürfnis hat, lernt, weil es nichts lieber tut, liebt, weil es nicht anders kann. Was, wenn wir darauf vertrauten, dass es jenseits der Kontrolle etwas gibt, das uns auffängt und trägt? Was, wenn wir selbst damit begännen, uns in all unserer menschlichen Verletzlichkeit und Sterblichkeit anzunehmen?

D Vgl.: 2. Teil/Kapitel 1.4.3: Urhebertrieb und Verbundenheitstrieb

E Vgl.: 1. Teil/Kapitel 2: Bildung

F Vgl.: 2. Teil/Kapitel: 2.7.2 Die existenziellen Grundmotivationen des Menschen nach Alfried Längle

1) Was würde das in *Ihrem* Leben verändern?

2) Welcher Seins-Raum würde daraus möglicherweise entstehen?

3) Wie würden Menschen dann denken, kommunizieren, fühlen, atmen, lieben, handeln?

4) Was wäre dann unsere Vision von der Welt von morgen?

Aber unsere Gesellschaft scheint mir sehr weit entfernt von einer solchen Haltung. Vielmehr ist der Mangel an Vertrauen eklatant und die Sehnsucht nach (absoluter) Sicherheit so groß, wie die Angst verlorenzugehen in der scheinbaren Komplexität des Lebens, das manchmal auch ganz einfach sein könnte.

Wo alles unter Kontrolle gebracht werden soll, da haben Geist und Seele kaum mehr Platz. Da ist keine Lebendigkeit mehr spürbar, auch keine Verbundenheit und kein Vertrauen. Was das für Unterricht und Schule für Folgen hat, beschreibt der Philosoph Andreas Weber so:

> „Das Bild der Wirklichkeit, welches in der Schule gelehrt wird, sagt nichts darüber, wie es sich anfühlt am Leben zu sein, warum Beziehungen wichtig sind und wie man sie aufbauen kann – Beziehungen zu mir selbst und anderen Menschen und zu allen, die keine Menschen sind (...). Das Bild, das wir unseren Kindern beibringen ist das einer leblosen Welt."[115]

Die Welt wird auf diese Weise zum Objekt, genauso wie die Kinder selbst.

Dieses Phänomen lässt sich auch gut an den sehr exklusiven Kindertagesstätten ablesen, die sich mehr und mehr etablieren. Diese Kitas werden zum Teil wie Firmen organisiert. Die Familien werden als Kunden wahrgenommen, die Kinder – überspitzt formuliert – als Bildungsprojekt. So ist das Spektrum an Lernmöglichkeiten in der Regel atemberaubend, genauso wie die flexiblen Öffnungszeiten, die nicht selten einen Aufenthalt der Kinder von bis zu zehn Stunden garantieren. Von Yoga über Klavier

bis hin zu Englisch oder Chinesisch ist alles möglich. Die Umgebung ist ästhetisch ansprechend gestaltet, die Ernährung gesund, der Anspruch groß und die Kosten sehr hoch. Es ist enorm, was mit Geld und Unternehmergeist alles *machbar* ist. In Teilaspekten wird hier sehr deutlich, woran es in anderen Kitas mangelt, z. B. was die Gestaltung von Räumen oder die Qualität des Essens betrifft. Kooperationen mit (Innen-)Architekten und Bioköchen wären meiner Ansicht nach überall wünschenswert.
Dennoch ist diese Entwicklung als Ganzes für mich ein Zeichen, dass etwas sowohl gesellschaftlich als auch individuell in eine beunruhigende Richtung läuft. Warum? Zum einen, weil solche Einrichtungen und deren Kund*innen sich von der Idee einer Bildungsgerechtigkeit völlig verabschiedet zu haben scheinen. Solche Kitas kosten bis zu 1.000 Euro pro Monat und Kind, was sich nur sehr wenige Menschen leisten können. Zum anderen aber auch, weil das Kind zum Kunden und Produkt gleichzeitig *gemacht* wird, denn diese vielen, großartigen Lernangebote sind ja eine Investition, die sich lohnen soll. Das Bildungsprojekt Kind ist dann erfolgreich, wenn langfristig mindestens das Gymnasium und ein akademischer Abschluss dabei herauskommt.[G]
Aber muss – bei aller Skepsis – nicht auch die Frage gestellt werden, was *für* solch elitäre Kinder-Kunden-Unternehmen spricht? Auf diese Weise, so könnte man argumentieren, wird doch wenigstens einem kleinen Teil der Kinder eine scheinbar ideale Erziehung und Bildung zuteil. Wäre der Verzicht darauf denn denen eine Hilfe, die sich das nicht leisten können? Und irgendeine Elite brauchen wir doch schließlich, wo man dem permanenten Leistungsabbau der Kinder in allen öffentlichen Schulformen regelrecht zuschauen kann? Ist dann so eine „Eliteschmiede" nicht eine durchaus berechtigte Antwort auf diese erschreckenden Tendenzen? Was meinen Sie?

Auch nach dieser Abwägung sind Einrichtungen dieser Art für mich keine gute Antwort auf die Fragen, die wir uns in Hinblick auf die Ermöglichung von ge-

G Vgl.: 1. Teil/Kapitel 7: Haltung, Stil, Autorität

lingendem Leben stellen müssen. Was hier gelingt, ist meiner Erkenntnis nach vor allem Kontrolle und Exklusion. Beides sind keine guten Voraussetzungen für gelingendes Leben, wie wir gesehen haben. Wir sollten also dringend andere pädagogische Antworten finden und zwar schnell. Wir können nicht weiter dabei zuschauen, wie ganz basale Fähigkeiten des Rechnens, Lesens und Schreibens bei den Kindern und Jugendlichen immer mehr abnehmen, wie es die Grundschulstudie von 2016 belegt.[116] Es fällt unseren Kindern auf vielen Ebenen offenbar immer schwerer, Sinn zu erfassen und zu erfahren. Der redundante Ruf nach Digitalisierung des Unterrichts ist hierfür keine Lösung. An dieser Stelle ist die Digitalisierung möglicherweise sogar Teil des Problems. Wenn ernsthaft erwogen wird, das Erlernen der Handschrift aus den Lehrplänen zu streichen, wie das in Finnland und den USA der Fall ist, wenn Bücher immer mehr durch Tablets ersetzt (nicht ergänzt) werden, wenn Rechtschreibung nur im Fach Deutsch als Leistungskriterium eine Rolle spielt und in allen anderen Fächern nicht, wenn Taschenrechner das Kopfrechnen unnötig machen, wie sollen dann in diesen Bereichen die Fähigkeiten erworben werden, die notwendig sind, um an der Welt von heute und morgen partizipieren zu können? Um mit ihr in einen Dialog treten zu können. Um facettenreich kommunizieren zu können mit sich und anderen. In ganzen Sätzen. Um Gedanken in Sprache fassen zu können, auf Basis von Worten, die zur Verfügung stehen. Um das Leben mitzugestalten und den eigenen, einzigartigen Teil für dessen Gelingen beizutragen. Um sich in der Welt verorten und in ihr zuhause fühlen zu können. Natürlich braucht es dazu wesentlich mehr als Rechnen, Lesen und Schreiben, das sollte nur als Beispiel dienen, um aufzuzeigen, in welche elementaren Bereiche der Mangel bereits vorgedrungen ist.

Im Kontext einer Pädagogik des Vertrauens geht es vor allem darum, leben zu lernen. Und weil Leben analog ist, lernen wir es nicht im digitalen Raum. Im Analogen wird es aber auch schwer, wenn wir die eingeschlagene Richtung beibehalten. Aber wie dann? Eine mögliche Antwort darauf finden wir in der existenziellen Pädagogik, auf die ich im zweiten Teil des Buches vertieft eingehen werde.

Lassen Sie uns an dieser Stelle jedoch zunächst auf ein von Michael Göhlich und Jörg Zirfas entwickeltes Konzept des Lernens zurückgreifen. Sie rekonstruieren Lernen als einen pädagogischen Grundbegriff[117] und führen ihn damit dorthin zurück, wo er eigentlich hingehört. Als Essenz arbeiten Göhlich und Zirfas dabei vier Dimensionen des Lernens heraus: Das Wissen-Lernen, Können-Lernen,

Lernen-Lernen und Leben-Lernen. Diese Dimensionen des Lernens sind innerhalb des Lernprozesses verbunden und verlaufen erfahrungsbezogen, dialogisch, sinnvoll und ganzheitlich.[118]
Im Kontext dieses Kapitels richten wir unseren Fokus natürlich auf das Leben-Lernen. Diese Dimension enthält sechs Facetten, die nicht trennscharf voneinander abzustufen sind: „Überleben-Lernen, Lebensbewältigung, Lebensbefähigung, Biographisches Lernen, Lebenskunst und Sterben-Lernen."[119] Auf den letzten Aspekt werde ich am Ende des Buches näher eingehen.

Überleben-Lernen müssen wir, wenn die Umstände des Lebens bedrohlichen Charakter annehmen. Dazu ist es notwendig, basale Fertigkeiten und Techniken zu erlernen, die das Überleben sichern.[120]
Lebensbewältigung impliziert, sich im sozialen Raum verorten zu können, in ihm Rollen einzunehmen und auszufüllen, Konflikte gewaltfrei austragen zu können, personale und soziale Orientierung in der Welt aufzubauen.[121]

Lebensbefähigung bedeutet,

> „kritisch leben zu lernen (...) Wer in der Welt des Überflusses, des Konsums und der Werbung nicht kritisch Stellung zu beziehen vermag, wird schnell zum Opfer der Interessen anderer[H]. Emanzipation, Kernbegriff der Pädagogik der 1970iger Jahre, meint nicht zuletzt diese Fähigkeit, nein sagen zu können zum gegebenen Rahmen des Lebens und seinen Möglichkeiten. (...) Im Lebensbefähigungslernen sind Fragen der Emanzipation, der Chancengleichheit und der sozialen und politischen Mitgestaltung des Alltags miteinander verknüpft; zu ihm gehören neben intellektuellen Fähigkeiten auch kreative, soziale und emotionale Kompetenzen".[122]

Biographisches Lernen zielt auf ein Lernen ab, das sich *in* und *mit*, aber auch *aufgrund* einer Biographie ereignet.[123] Lernen wird erst durch das individuelle Leben möglich, Lebensgeschichten sind gleichsam Lerngeschichten, die wir heute z. B. in Form von Portfolios in vielen Kitas wiederfinden. Aber auch in therapeutischen Kontexten gibt es so etwas wie Biographiearbeit. Damit wird die

H Vgl.: 1. Teil/Kapitel 2: Bildung/Peter Bieri

Reflexion des eigenen Lebens und Lernens in Vergangenheit, Gegenwart und möglichen Zukunftsvisionen angeregt und manchmal auch sehr ganzheitlich erfahrbar gemacht.[I]

Das Lernen der Lebenskunst[J] umfasst den Erwerb und die Vermittlung von Wissen und Fertigkeiten, „die es dem Menschen ermöglichen, ihrem Leben eine Form zu geben. (Wahrnehmen von Lebensperspektiven, Askese, Genuss, Bewertung des Lebens mit Kriterien des Glücks, Umgang mit den eigenen Grenzen und der eigenen Endlichkeit ...)".[124]

Gelingendes Leben ist also auch eines, das Lebenskunst erfordert. Diese kann man nicht planmäßig lernen. Sie entwickelt sich im dialogischen Umgang mit dem eigenen Leben und der Welt. Gelingendes Leben ist aus existenzanalytischer Sicht vor allem sinnerfülltes Leben. Sinn wiederum kann erfahren werden, indem wir Werte verwirklichen.[K] Ein gelingendes Leben könnte man daraus schließen, ist immer auch eines, in dem Werte verwirklicht werden können. Einen Raum dafür zur Verfügung zu stellen, ist Aufgabe von Erziehung und Bildung.

Nähern wir uns vor diesem Hintergrund im nächsten Schritt den *Werten* im Allgemeinen an, bevor ich im zweiten Teil die existenzanalytische Sicht auf das Thema darstelle.

I Vgl.: 3. Teil/Kapitel 7: Methodische Wege/Das Lebensflussmodell

J Wer Lust darauf hat, sich mit der Lebenskunst näher auseinanderzusetzen, dem sei an dieser Stelle zusätzlich das *Lexikon der Lebenskunst* von Andreas Brenner und Jörg Zirfas empfohlen. Hier finden Sie zu wirklich jedem großen und zu manch kleinem Lebensthema Impulse zum Weiterdenken und -spüren.

K Vgl. 2. Teil/ Kapitel 2.4.4: Die Wertstrebigkeit des Menschen

5. Werte, Normen, Moral

Was sind Werte, was sind Normen? Welche Werte sollen in Erziehung und Bildung einfließen? Welche nicht? An welcher Stelle können Probleme entstehen? Welche Rolle kommt der Moral in der Erziehung und Bildung zu?

Und wieder lade ich Sie auch zu Beginn dieses Kapitels zu einem Dialog mit sich selbst ein, indem ich Ihnen zunächst ein paar Fragen mit auf den Weg gebe.

1) Welche Werte sind Ihnen heute wichtig?
2) Welche Werte waren Ihnen früher wichtig?
3) Sind es dieselben oder sind welche hinzugekommen und andere weggefallen?
4) Falls eine Veränderung erkennbar ist, wie kam es zu dem Wandel?
5) Was waren oder sind die ausschlagenden Faktoren für diesen Wandel?
6) Wann haben Sie sich zuletzt in einem Wertedilemma wiedergefunden und worin bestand das Dilemma genau?
7) Welche Werte wollen Sie vermitteln, welche nicht?
8) Gibt es unumstößliche Werte, die unabhängig von Ort, Zeit und Individuum ihre Gültigkeit haben?
9) Wenn ja, welche wären das für Sie?
10) Wie hängen Werte und Moral zusammen?
11) Was ist gut, was ist böse?

Erneut bitte ich Sie, sich Zeit für die Beantwortung dieser Fragen zu nehmen. Auf diese Weise geben Sie sich die Möglichkeit, eine erste Werte-

klarheit für sich selbst zu entwickeln, bevor ich Sie mit einer kleinen Anekdote aus dem Alltag weiter ins Thema hinein begleite.
Seit vielen Jahren erzähle ich diese Geschichte im Unterricht und löse damit meistens eine heiße Debatte aus. Ich hoffe, das gelingt auch in diesem Format. Stellen Sie sich also folgende Situation vor, die mir und meiner Partnerin tatsächlich vor ca. 15 Jahren passiert ist.

Es war ein regnerischer Freitagnachmittag. Alle Einkäufe für das Wochenende waren gemacht, wir saßen beide am Schreibtisch, da klingelte es an der Tür. Wir erwarteten niemanden. Da wir in einem Altbau ohne Gegensprechanlage wohnten, drückte ich gespannt den Türöffner und lauschte, ob ich die Schritte der möglichen Besucher*in vielleicht erkennen würde. Es waren schlurfende Geräusche zu hören. Nach einer kleinen Weile erschien in meinem Blickfeld ein zerlumpter, älterer Herr, umgeben von leichtem Alkoholgeruch. In der Hand hielt er den Geldbeutel meiner Partnerin. Ich sah das Portmonee, war kurz irritiert, reimte mir in Bruchteilen von Sekunden die Geschichte des verlorenen Geldbeutels zusammen und spürte in der Folge große Erleichterung. Diese nahm der Mann in meinem Blick wohl wahr und streckte mir sein Fundstück freudig entgegen. Ich rief nach meiner Freundin, die nun dazu kam. Sie erblickte ihren Geldbeutel (den sie noch nicht vermisst hatte) und war sehr verwundert. Der Herr klärte uns auf. Er habe ihn auf der Straße gefunden, die Adresse recherchiert und, voilà, da bringe er ihn nun wieder. Und er habe, weil er arbeitslos sei, die 35 Euro, die er darin gefunden hat, behalten, wir sollten bitte nicht böse sein. Ein Zettel mit dieser Botschaft für den Fall unserer Abwesenheit steckte zusätzlich im Portmonee (siehe Abbildung auf S. 106 – als Jägerin und Sammlerin guter Impulse für den Unterricht, habe ich diesen Zettel natürlich aufgehoben).

Meine Freundin war fassungslos. Sie sei Studentin und auf ihr Geld angewiesen, es sich einfach zu nehmen, das ginge überhaupt nicht. Für mich wiederum war es viel ausschlaggebender, dass er die Geldbörse mit allen Papieren und Karten zurückgebracht hatte. Das hätte er ja nicht tun müssen. Er hätte sie auch einfach in den nächsten Mülleimer werfen können. Dann wäre es richtig teuer geworden.
Ich glaube bis heute, dass der Mann die Hoffnung hatte, „Held des Tages" für jemanden anderen werden zu können. Eine Option, die man in einer

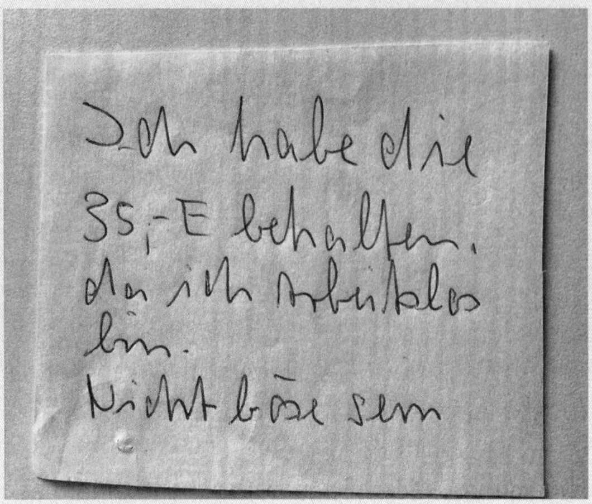

wahrscheinlich prekären Lebenssituation, wie der seinen, wohl nicht allzu oft bekommt. Er hatte die Chance, das moralisch fast ganz Richtige zu tun. Das Risiko, keinen freiwilligen Finderlohn zu bekommen, wollte er dabei aber offenbar nicht eingehen.
All das waren für meine Freundin keine Argumente. Sie fühlte sich einfach betrogen und fand das Verhalten indiskutabel. Als „Harmoniesuppenkönigin“ versuchte ich zu vermitteln, bat ihn, die Hälfte des Geldes wieder herzugeben. Das ging leider nicht, es sei schon ausgegeben. Er versprach, es bei nächster Gelegenheit vorbeizubringen, was jedoch nie passierte. Wir haben noch wochenlang über diese Situation diskutiert, sie weitererzählt, um zu hören, wie andere damit umgegangen wären. Und jetzt frage ich Sie:

– Wie wären Sie mit dieser Situation umgegangen?

– Macht es für Sie einen Unterschied, ob der Geldbeutel bereits vermisst wurde oder nicht?

– Wenn ja, welchen?

- Ist das Verhalten des Mannes unverfroren oder mutig?
- Ist es ehrlich oder dreist?
- Ist es hilfsbereit oder unverschämt?

Ich hoffe, Sie sind mit Hilfe dieser Geschichte und den Fragen nun voll und ganz im Thema dieses Kapitels angekommen. Bevor es mit theoretischen Reflexionen weitergeht, habe ich noch eine Übung[125] für Sie, die Sie im ersten Schritt alleine machen können, die nächsten Schritte sind jedoch nur innerhalb einer bzw. mehrerer Gruppe(n) durchführbar.

1. Schritt: Bringen Sie folgende Werte (die mir jetzt spontan einfallen, es könnten auch andere sein) in eine für Sie stimmige Reihenfolge. Der oberste Wert ist der für Sie wichtigste und er bekommt 25 Punkte, der zweitwichtigste 24 usw.

Gesundheit, Freiheit, Frieden, Sicherheit, Liebe, Freundschaft, Disziplin, Religion, Autonomie, Familie, Gehorsam, Respekt, Vertrauen, Demokratie, Bildung, Erfolg, Leistung, Schönheit, Selbstvertrauen, Gastfreundschaft, Ehrlichkeit, Mut, Hilfsbereitschaft, Bescheidenheit, Umweltschutz

2. Schritt: Errechnen Sie mit Hilfe der Punkte eine Gruppenwertehierarchie. Der Wert mit den meisten Punkten ist also auf Platz 1 etc.

3. Schritt: Gehen Sie mit der Kleingruppe in den Dialog und ermitteln Sie über Argumente und Gegenargumente eine Reihenfolge, hinter der jede*r aus der Gruppe gut stehen kann.

4. Schritt: Wenn es mehr als eine Gruppe gab, stellen Sie sich nun gegenseitig die errechneten und die diskutierten Wertehierarchien vor. Zeigen Sie dabei auf, an welchen Stellen Sie miteinander gerungen haben.

5. Ergänzen Sie die Werte, die Ihnen fehlen.

Sie werden sehen, das ist eine wunderbare Möglichkeit, die eigenen Werte zu erspüren, abzuwägen, Argumente zu finden, sich überzeugen zu lassen. Und vielleicht ist es Ihnen über diese Übung bereits möglich geworden, die zuvor spontan gefundenen Antworten auf die Einstiegsfragen dieses Kapitels noch zu ergänzen.

Welche Rolle spielen nun Werte innerhalb von Erziehungs- und Bildungsprozessen? Und welche Auswirkungen haben sie auf das ganz praktische, lebendige Erziehungs- und Bildungsgeschehen?
Werte sind die Quelle, aus denen wir Erziehungsziele schöpfen. Dabei bleiben die Werte auf einer abstrakten Ebene, während die Normen sie konkretisieren. Auf Erziehungszielebenen übersetzt heißt das, dass sich Werte auf der Leit- und Richtzielebene wiederfinden und Normen eher im Grobzielbereich ihren Ausdruck haben. Werte enthalten also noch keine Verhaltensvorschriften, sondern sie drücken sich in diesen aus. Ist dies nicht der Fall, werden Verhaltensregeln aller Art hohl und verlieren jegliche Sinnanbindung. Werte sind Handlungsmotive. In ihnen wird erkennbar, was Menschen für erstrebenswert halten, wonach sie sich in ihrem Leben ausrichten, worauf sie sich beziehen. Eine Auswahl und Entscheidung darüber zu treffen, welche das sind, ist nicht immer einfach, wie Sie vielleicht mit Hilfe der Fragen und der Übung gemerkt haben. Dennoch ist es für gelingendes Leben und gelingende Erziehung notwendig. Die Pädagogikprofessorin Eva Maria Waibel stellt fest:

> „(W)er sich Werten nicht stellt, oder immer alles gleich bewertet, entwertet die Werte und damit sich selbst. Wer Werte nicht lebt oder nicht leben kann, dem geht „Leben“ verloren. Werteverlust und Weltverlust gehen Hand in Hand (...). Allgemeine Werte wissen wir, personale Werte hingegen spüren wir. Zum eigenen Wert werden sie erst dann, wenn sie nicht nur einen emotionalen Grund berühren, sondern sich auch zu eigen gemacht werden.“[126]

Ein Wertedilemma kann im pädagogischen Kontext z. B. dann entstehen, wenn die Werte, die in Erziehungs- und Bildungsplänen verbindlich verankert sind, nicht mit den eigenen, individuellen Einstellungen übereinstimmen und deshalb weder zu eigen gemacht werden, noch authentisch in den Erziehungs- und Bildungsprozess einfließen können. So lässt sich beispielsweise eine fremdenfeindliche Haltung gegenüber Flüchtlingen nicht mit Werten wie Weltoffenheit, Akzeptanz und Diversität in Einklang bringen.[A]

Wertedilemmata haben anspruchsvollen Charakter. Sie sind nicht einfach zu lösen. Genau das macht sie aus. Manch eine*r versucht, dieser Herausforderung zu entgehen, indem er/sie überhaupt keine persönliche Werteklarheit entwickelt. Dass dies nicht von Vorteil ist, wird aus den oben zitierten Worten Eva Maria Waibels deutlich. Es ist sogar gefährlich, wie wir zu einem späteren Zeitpunkt noch sehen werden. Wertedilemmata sind aber nicht nur eine Herausforderung, sondern auch eine wunderbare Chance für individuelle und gesellschaftliche Weiterentwicklung auf ethisch-moralischer Ebene, denn das Dilemma eröffnet die Möglichkeit, ein tiefes Gespür für Werte zu entwickeln und sie so zu persönlichen Werten werden zu lassen. Jetzt gehen sie uns an, wir müssen ringen, abwägen und ggf. eine Entscheidung treffen. Dafür eignet sich im Kontext schulischer Bildung der Ethikunterricht ganz hervorragend. Ein Grund von vielen, weshalb er keine Alternative zum Religionsunterricht darstellen sollte, sondern für alle Kinder ab der ersten Klasse als weiteres Hauptfach zu etablieren wäre.[127] Und auch in der Kita kann und sollte ganz früh schon mit dem Philosophieren begonnen werden.

Lassen Sie uns vor diesem Hintergrund einen entwicklungspsychologischen Blick auf die Moral werfen. Antworten darauf, wie die moralische Entwicklung bei Kindern verläuft, finden wir bei Lawrence Kohlberg (1927–1987), amerikanischer Professor für Erziehungswissenschaft an der Harvard School Of Education.[128]

Für Kohlberg ist es eine zentrale Aufgabe der Pädagogik, Kinder zu moralischen Menschen zu erziehen. Moral beginnt für ihn dort, wo Menschen das Interesse anderer Personen für ihr Handeln mitberücksichtigen. Das impliziert auch die Achtung vor dem Fremden.

Er entwickelte ein komplexes Stufenmodell der moralischen Denkentwicklung. Damit baute er auf den Erkenntnissen von Jean Piaget auf, der diesbezüglich nur drei Stufen unterschied. Um nun zu Erkenntnissen über die moralische Entwicklung beim Menschen zu gelangen, begleitete Kohlberg zwanzig Jahre

---

A Vgl.: 1. Teil/Kapitel 2: Bildung

lang Kinder in Langzeitstudien und befragte sie regelmäßig. Außerdem arbeitete er mit (konstruierten) moralischen Dilemmata. Das heißt, er konfrontierte Jugendliche und Erwachsene mit Geschichten, in denen von zwei sich widersprechenden Normen bzw. Werten erzählt wird. Zur Prominenz brachte es das so genannte „Heinzdilemma". Kein besonders gutes Beispiel, aber dennoch berühmt: Heinz hat eine schwer kranke Frau zuhause, die für ihr Überleben dringend ein Medikament benötigt, für das Heinz nicht das nötige Geld hat und auch nicht auftreiben kann. Deshalb bestiehlt er den Apotheker. Ist das moralisch vertretbar? Eigentlich kein wirkliches Dilemma, Diebstahl gegen Menschenleben ist wohl für die meisten eine klare Sache, schwieriger wird es jedoch bei harten Fragen wie: Darf ein Mensch gefoltert werden, um damit das Leben eines anderen zu retten? Hier steht die Verletzung der Menschenwürde (durch Folter) gegen die Rettung von Leben. Fragen dieser Art hat Kohlberg vielen Menschen auf der Welt vorgelegt und in den Antworten darauf universal wiederkehrende Muster bzw. Strukturen erkannt, die er unabhängig vom Inhalt der Fragen herausarbeiten konnte. Entscheidend war dabei nicht, ob auf die jeweilige Frage mit Ja oder Nein geantwortet wurde, sondern wie die Begründungen für diese Entscheidungen ausfielen. Auf diese Weise entstand sein Stufenmodell, das in der Tradition der strukturgenetischen Entwicklungspsychologie Piagets steht.

Bevor wir nun zu den konkreten Stufen kommen, noch ein paar Vorbemerkungen in Anlehnung an den evangelischen Theologen und (Religions-)Pädagogen Siegfried Zimmer. Dieser arbeitet in seinem Vortrag über die Moralentwicklung nach Kohlberg[129] heraus, wie wichtig es ist, diesen Prozess nicht mechanisch zu verstehen, sondern sich in der Tiefe darauf einzulassen. So führt er zunächst auf einer allgemeinen Ebene ins Thema ein, um auf diese Weise die Stufen Kohlbergs in ihrer vollen Dimension erfassbar zu machen.

Moralische Entwicklung kann laut Zimmer nicht unabhängig vom Leitziel der Erziehung, der Mündigkeit, betrachtet werden. Diese kann nur erreichen, wer gelernt hat, aus seiner „selbstverschuldeten Unmündigkeit" (Kant) herauszutreten. Mündig kann nur werden, wer gelernt hat, kritisch und selbst(-ständig) zu denken und Verantwortung zu übernehmen. Zimmer weist darüber hinaus auf den Zusammenhang zwischen Mündigkeit und Individuation nach C.G. Jung[B] hin. Mündigkeit aus Jungscher Perspektive bedeutet eine stetig tiefere

B Vgl.: 1. Teil/Kapitel 3: Mensch sein/Psychoanalytisches Menschenbild

Annahme der eigenen Person in ihrer ganzen Originalität und Einmaligkeit. Es bedeutet, sich selbst positionieren zu können, dem Anpassungsdruck von außen Stand zu halten, den eigenen Stil zu entwickeln, Vorgegebenes individuell zu verarbeiten und den Mut zu haben, die wichtigsten Schritte des eigenen Lebens selbst zu verantworten. Zur Mündigkeit gehört genauso die Gemeinschaftsfähigkeit. Also das Wir, das in einer Art Spannungsverhältnis zum Ich steht. Gemeinschaftsfähigkeit heißt konkret, Kontakt aufnehmen zu können, eine Haltung der Fürsorge einnehmen zu können und solidarisch zu sein. Ein Problem kann entstehen, wenn der Anpassungsdruck an die Gemeinschaft eine Entwicklung zur Mündigkeit verhindert. Aber genauso kann es problematisch werden, wenn mit dem individuellen Bestreben nach persönlicher Autonomie ein Verlust an Solidarität und Empathie einhergeht. Es ist also für das Erreichen von Mündigkeit notwendig, dass sich beides gut entwickeln kann. Beide Pole sind gleich wichtig. Sie können sich aber nicht gleichzeitig gleichstark entwickeln. Es gibt Phasen in der Kindheit, da steht die Ich-Entwicklung im Vordergrund und in anderen Phasen stärker das Wir. Die Entwicklung beider Pole geschieht in Schüben. Kohlberg verweist auf die Dramatik, die darin liegt, und so haben entscheidende Entwicklungsschritte nicht selten zutiefst krisenhaften Charakter.

Entwicklung braucht Zeit. Es gibt aus dieser Perspektive kein richtiges oder falsches Handeln unabhängig vom Reifestadium eines Menschen. Immer ist das Verhalten eines Menschen auch vor dem Hintergrund seines Alters zu bewerten. Darauf ist natürlich vor allem im Umgang mit Kindern zu achten. Aber da die moralische Entwicklung nicht mit der Mündigkeit abgeschlossen ist, verliert dieser Aspekt auch im Erwachsenenalter nicht an Bedeutung.

Laut Zimmer beschreibt Kohlberg eine Stufe als etwas sehr Großes. Es ist eine Weltanschauung, eine Gesamtschau des Lebens, ein inneres Regelsystem zur Verarbeitung aller Eindrücke. Wird eine Stufe gewechselt, passiert quasi eine innere Revolution, denn es geht damit eine Veränderung der Weltanschauung einher. Ein solcher Stufenwechsel kann sich im Menschen nur vollziehen, wenn seine Zuversicht größer ist als die Angst. Sich der nächsten Stufe anzunähern erfordert Mut, denn es geht ein Wagnis damit einher. Diese Entwicklung hat prozesshaften Charakter. Es ist in der Regel kein singuläres Ereignis, das zur nächsten Stufe führt, sondern ein inneres Sich-darauf-zu-bewegen. Jede dieser Stufen bringt nach Kohlberg „einen echten wahren Fortschritt“[130] mit sich. Dieser besteht darin, dass mit jeder Stufe eine Weiterentwicklung des moralischen Denkens und Urteilens einhergeht. Die Urteilsfähigkeit wird umfassender, es treten mehr Gesichtspunkte im Entscheidungsprozess auf, der Horizont

weitet sich. Keine Stufe ist überspringbar, wobei die ersten in der Regel kürzer sind als die späteren Stufen der Entwicklung. Dies hängt jedoch entscheidend von der Umwelt ab, in der wir aufwachsen und leben. Wird ein Kind beispielsweise stark autoritär erzogen, wird es für den Wechsel von Stufe eins auf zwei mehr Zeit brauchen, denn es ist unter diesen Bedingungen viel schwerer, diesen Sprung zu schaffen.
Befindet sich ein Kind auf Stufe zwei, macht es keinen Sinn, ihm auf der Stufe vier zu begegnen. Das Kind wird nicht verstehen können, was man von ihm will. Maximal eine Stufe mehr ist Kohlbergs prinzipielle Empfehlung für das pädagogische Handeln. Das begünstigt die Entwicklung hin zur nächsten Stufe. Entwicklungsblockierend wird es, wenn Jugendliche ihren Eltern oder Pädagog*innen im moralischen Denken überlegen sind, was durchaus vorkommt. Finden sie keine Erwachsenen, die ihrer Stufe entsprechen, kann Stagnation bzw. Regression in der moralischen Entwicklung die Folge sein. Moralisches Denken und Handeln muss nicht zwingend synchron verlaufen. Es ist möglich, auf der Stufe fünf zu denken, aber auf der Stufe drei zu handeln. Auch das ist abhängig von dem Umfeld, in dem ein Mensch lebt. Ist eine Person, die sich schon auf Stufe vier oder fünf befindet, hauptsächlich umgeben von Menschen auf Stufe drei, wird es schwer, den Level der höheren Stufen aufrechtzuerhalten. Stufen können, wie bereits erwähnt, nicht übersprungen werden, eine Regression auf frühere Stufen ist jedoch aus den genannten Gründen möglich.

Schauen wir uns vor diesem Hintergrund nun das Modell genauer an: Kohlberg kann in der Analyse der begründeten Antworten auf seine Dilemmafragen drei Niveaus des moralischen Urteilens ausmachen. Das präkonventionelle, das konventionelle und das postkonventionelle Niveau. Die Leitdifferenz sind hier die Konventionen, also das, was in einer Gesellschaft bzw. Gruppe im Moment gilt. Es gibt ein Denken, das diesen Konventionen vorgelagert ist, eines das sich nach ihnen richtet und eines, dass jenseits der Konventionen stattfindet, über sie hinausgeht. Von diesen drei Stadien moralischen Denkens ist das Konventionelle am weitesten verbreitet. Die meisten Menschen machen das, was in ihrem sozialen Umfeld als normal gilt und was die Gesetze ihnen vorschreiben.[131]
Jedes Niveau hat zwei Unterstufen. Dem ganzen vorgelagert ist die Stufe Null. Auf dieser befinden sich Kinder zwischen ca. vier und fünf Jahren. Hier ist der erste zarte Beginn von Begründungen des eigenen Verhaltens beobachtbar. Der „moralphilosophische" Grundsatz von Kindern in diesem Alter lautet: „Gut ist, was ich wünsche, richtig ist, was ich wünsche, gerecht ist, wenn ich das bekomme, was ich wünsche."[132] Das passt gut zu dem, was Piaget über das egozen-

trische Denken herausgefunden hat. Die Grundlage für diese kindlichen Annahmen ist die Realität ihrer Bedürfnisse, die sich in ihren Wünschen äußern. Und das ist kulturunabhängig so. Kinder in dieser Phase argumentieren überall auf der Welt in dieser Weise, sie können nicht anders. Es ist der allererste Bezug, den herzustellen sie in der Lage sind. Das heißt nicht, dass Kinder in diesem Alter noch gar keine Empathie empfinden und zeigen können, aber die Bedürfnisse der anderen dürfen nicht mit den eigenen Bedürfnissen kollidieren. Ist das der Fall, wird den eigenen Bedürfnissen der Vorrang gegeben. Zimmer macht das ganz wunderbar an dem Beispiel eines Dreijährigen klar, der sein Dreirad nicht zu teilen bereit ist. Das ist einem Kind in diesem Alter nur möglich, wenn es selbst genug Dreirad gefahren ist und nun kein dringendes Bedürfnis mehr danach verspürt. Ist das nicht der Fall, kann das Eigentum, also hier das Dreirad, unmöglich geteilt werden. Es ist pädagogisch also nicht angezeigt, etwas Anderes vom Kind zu erwarten und in der Folge zu verlangen. Vielmehr braucht das Kind die Empathie des Erwachsenen, der versteht, dass das Teilen gerade nicht möglich ist. Auch Lügengeschichten in dem Alter zeigen an, was Kinder sich wünschen, sie drücken Bedürfnisse aus und keine moralische Verfehlung. Viel Verständnis ist hier notwendig, aber natürlich auch liebevoll gesetzte Grenzen.[133]

Wenn ich nun im Folgenden – am Beispiel des Stehlens – auf die einzelnen Stufen der moralischen Entwicklung genauer eingehe, dann tue ich das vor allem auch unter Bezugnahme auf die Erläuterungen von dem Pädagogikprofessor Nils Köbel[134], der zusammen mit Patrick Breitenbach den großartigen Podcast: *Soziopod*[C] entwickelt hat. Diesen kann ich Ihnen wärmstens zur Weiterbildung in allen möglichen geisteswissenschaftlichen Bereichen ans Herz legen. Und so werden wir den beiden auch im weiteren Verlauf dieses und des nächsten Kapitels begegnen.

C www.soziopod.de

I) Das präkonventionelle Niveau

Stufe 1 (ca. 5–7 Jahre): Die Orientierung an Bestrafung und Gehorsam

Man darf z. B. nicht stehlen, weil man dafür von Mama oder Papa bestraft wird.[135] Das Kind nimmt hier die Erwachsenen, speziell die Eltern, als „Hüter der Weltordnung"[136] wahr. Erwachsene sind klug, mächtig und gerecht, weil sie groß sind. Was die Eltern sagen, ist Gesetz. Sie sind die Quelle aller Normen und Regeln in der Welt. Diesen zu gehorchen wird für Kinder in dieser Phase zur sittlichen Pflicht.[137] Autorität ist in dieser Phase Personenautorität, es gibt noch keine Sachautorität. Kinder in diesem Alter denken in Schwarz-Weiß-Kategorien, sie brauchen ein Happy End in den Geschichten und Märchen, sie wollen für Böses klare Strafen sehen, das Gute muss am Ende gewinnen. Petzen ist auf dieser Stufe eine moralische innere Verpflichtung. „Die Hüter*innen der Weltordnung"[138] müssen schließlich erfahren, wenn diese bedroht wird und sie sollen diese Gefahr abwenden. Es macht also auf dieser Stufe keinen Sinn, Kindern zu sagen, dass man nicht petzt. Schlimm ist es für Kinder in dieser Phase auch, wenn sich Erwachsene uneinig sind, nicht die gleichen Prinzipien vertreten, oder selbst unsicher sind. Das macht sie hilflos und auch unsicher.[139] Was sie auf dieser Stufe besonders brauchen, sind Erziehende, die eine Werteklarheit entwickelt haben und die Kinder mit dieser in Berührung kommen lassen.

Stufe 2 (ca. 7–12 Jahre): Die instrumentell-relativistische Orientierung

Jetzt kommt eine weitere Perspektive dazu. Das Ich wird in Beziehung zum Du gesetzt: „Wie Du mir, so ich Dir." Es beginnt die „goldene Regel" in ihrer einfachsten Form: „Was Du nicht willst das man Dir tu, das füg auch keinem anderen zu." Man darf also nicht stehlen, weil ich ja auch nicht will, dass mir etwas gestohlen wird.[140] Die Macht der Eltern verliert an Bedeutung. Damit ändert sich alles für das Kind. Die Allwissenheit von Mama und Papa (oder welcher Elternkonstellation auch immer) wird relativiert. Eine ganz frühe Form utilitaristisch verstandener Fairness etabliert sich und wird auf die Erwachsenen übertragen. Im Sinne von: „Wenn ich das nicht darf, dann darfst du das auch nicht", oder: „Wenn du das bekommst, dann will ich das auch haben". Auch Eltern haben sich an die Regeln zu halten, ihre Macht wird nun hinterfragbar. An diesem Punkt wird es anstrengend für die Erziehenden, sie müssen sich der moralischen Ordnung verpflichten, die sie selbst fordern.[141]

II) Das konventionelle Niveau

Stufe 3 (ab ca. 13/14 Jahren, kann ein Leben lang dauern): Orientierung an personengebundener Zustimmung

Der Kreis erweitert sich. Die Jugendlichen orientieren sich jetzt in ihrer Argumentation am sozialen Nahfeld, also der Familie, dem Freundeskreis, dem Sportverein. Das heißt auf das Diebstahl-Beispiel bezogen: „In meiner Familie bin ich so erzogen worden, so etwas Unanständiges wie Diebstahl nicht zu tun. Da wo ich herkomme, macht man so was nicht."[142] Es geht also nicht mehr um eine „Wie Du mir, so ich Dir-Taktik", sondern darum, was richtig und falsch ist. Und das wiederum hängt davon ab, was das Nahfeld für richtig bzw. falsch hält. Dies kann sich aus dem Wertekanon der Eltern ableiten, mit der Pubertät bekommt jedoch die Peergroup größere Bedeutung. In der Folge können Wertewelten aufeinanderprallen. Ob Eltern oder Peergroup, die Erwartungen des Nahfeldes wollen in dieser Phase erfüllt werden. Es ist ein „Cliquenhorizont".[143] Gesamtgesellschaftliche Perspektiven werden noch nicht eingenommen. Das Nahfeld wird zum moralischen Dreh- und Angelpunkt. Ist dies eines, in dem es z. B. normal ist, freundlich und respektvoll miteinander umzugehen, die im Grundgesetz verankerten Werte zu achten und zu verwirklichen, dann wird sich danach gerichtet. Ist es jedoch ein Umfeld, für das beispielsweise klar ist, dass Menschen mit Migrationshintergrund minderwertig und deshalb auszugrenzen sind, dann wird dies handlungsleitend. In der Vorpubertät und Pubertät ist diese Form unreflektierter Anpassung zwar problematisch, aber dennoch in gewissem Sinne normal. Im Erwachsenenalter kann das richtig gefährlich werden. Und zwar dann, wenn wir es mit einem gedankenlosen Werterelativismus zu tun bekommen. In diesem Fall wird sich genauso unreflektiert auf den Regelkanon der Gruppe bezogen, zu der sich ein Mensch hauptsächlich zugehörig fühlt oder unbedingt zugehörig fühlen will. Das kann die Mafia oder der Karnevalsverein sein, Q-Anon oder der Lionsclub, Greenpeace oder die NPD. Von der Argumentationsstruktur her ist es möglich, den Wertekanon jeder dieser Gruppen auf Stufe drei zu rechtfertigen. Egal ob es um die Errettung einer Tierart oder die erklärte Zerstörung der Demokratie geht.

Stufe 4: (wenn, dann ab ca. 14/16 Jahren) Orientierung an Recht und Ordnung

Hier könnte das Motto lauten: „Klauen darf man nicht. Wenn das jede*r machen würde, käme das gesamte System in Gefahr."[144] Es wird nun also eine noch größere Perspektive eingenommen, welche das Gelingen des gesellschaftlichen Miteinanders in den Blick nimmt. Damit geht auch eine Erweiterung der goldenen Regel einher: „Das, was Du nicht willst, was die anderen Dir antun, das sollst Du auch allen anderen nicht antun."[145] Aus Ich-Du ist ein Ich-Wir geworden, es ist die goldenen Regel auf einem höheren Strukturniveau.[146] Eine gesamtgesellschaftliche Loyalität ist nun möglich. Das gelingt vor allem Menschen, die gute Erfahrungen mit der Gesamtgesellschaft machen konnten. Wo diese Erfahrungen fehlen, wird es schwer eine solche Loyalität zu entwickeln.[147]

III) Das Postkonventionelle Niveau

Stufe 5: (wenn, dann ab ca. 17/18 Jahren)
Die legalistische Orientierung/Orientierung an Vertragsprinzipien

Auf diesem Niveau, das nicht allzu viele Erwachsene erreichen, wird die Frage nach der Universalität gestellt. Also die Frage danach, ob es universelle Werte und Normen gibt, die jenseits von gesellschaftlichen Regeln gelten. Hier kommt der kategorische Imperativ von Kant ins Spiel oder auch das, was Markus Gabriel unter moralischen Tatsachen versteht.[D]
Übertragen auf das Diebstahlbeispiel hieße das, damit anzufangen über Eigentum an sich nachzudenken und in eine Metareflexion über die bestehenden Konventionen diesbezüglich zu gehen.[148] „Tiefe und Ausmaß von historischem Wandel kann jetzt überblickt werden (...). Es kann interkulturell und interreligös gedacht werden (...). Der Unterschied zwischen legal und legitim kann erfasst werden."[149]

Um Letzteres an einem Beispiel zu verdeutlichen: Legal war es in der Zeit des Nationalsozialismus, jüdische Mitbürger*innen zu denunzieren, zu deportieren, zu ermorden. Legitim wäre es gewesen, sich den menschen-

D Beidem werden wir innerhalb dieses Kapitels noch ausführlicher begegnen, weshalb ich an dieser Stelle auf eine Erklärung verzichte.

verachtenden Gesetzen dieser Gewaltherrschaft zu widersetzen, in den Widerstand zu gehen oder wenigstens nicht mitzumachen.
Illegitim ist es, wenn sich eine sogenannte Querdenkerin auf einer Demonstration mit Sophie Scholl vergleicht, weil sie sich im Widerstand gegen die Corona-Maßnahmen befindet. Das relativiert den Holocaust und verkehrt die Sachlage ins Unerträgliche.

Legal bedeutet also die Orientierung an geltenden Gesetzen in einer Gesellschaft, *legitim* hingegen meint, Gesetze dahingehend zu hinterfragen, ob sie moralisch tragbar und mit der Menschenwürde vereinbar sind.

Stufe 6: Orientierung an noch allgemeingültigeren, übergeordneten ethischen Prinzipien

Hierfür gibt es kaum empirische Beispiele. Es geht in Richtung Erleuchtung, um es sehr salopp zu formulieren. Menschen wie der Dalai Lama oder auch Gandhi haben diese Stufe möglicherweise erreicht.[150]

Gefördert werden kann die moralische Entwicklung, die offenbar kulturunabhängig verläuft, durch die schon erwähnten Dilemmafragen, wenn sie regelmäßig an Kinder, Jugendliche und Erwachsene gestellt werden.

Der Jurist und Autor Ferdinand von Schirach liefert ganz wunderbare literarische Vorlagen hierfür. So konfrontiert er uns beispielsweise mit seinem Theaterstück *Gott* mit dem Thema Sterbehilfe. Es geht darin um folgende Fragen: „Wem gehört unser Leben? Darf ein Mensch entscheiden, wie er sterben will? Ist das unsere letzte Freiheit?“[151] Haben wir das Recht darauf, dass uns ggf. durch Ärzte bei diesem Schritt geholfen wird? Oder machen sich Ärzte schuldig, wenn sie das tun? Keine leichten Fragen, keine bequemen Fragen, sondern Fragen zum Nachdenken, Abwägen und Aushalten, dass es darauf keine einfachen, klaren Antworten geben kann.

Vielleicht haben Sie auch schon das Stück *Terror* im TV oder auf der Bühne gesehen. Auch hier stellt uns von Schirach vor ein schweres Dilemma:

> „Ein Terrorist kapert eine Passagiermaschine und zwingt die Piloten, Kurs auf ein voll besetztes Fußballstadion zu nehmen. Gegen den Befehl seiner Vorgesetzten schießt ein Kampfpilot der Luftwaffe das Flugzeug in letzter Minute ab, alle Passagiere sterben. Der Pilot muss sich vor Gericht für sein Handeln verantworten. Seine Richter sind die Theaterbesucher (oder Fernsehzuschauer*innen *Anmerkung der Autorin*), sie müssen über Schuld oder Unschuld urteilen."[152]

Aber eigentlich brauchen wir seit März 2020 gar keinen Ferdinand von Schirach mehr, der uns mit Dilemmafragen konfrontiert. Das erledigt das Coronavirus für ihn in ungeahnter Form. Täglich werden verschiedene Werte gegeneinander abgewogen: Gesundheit gegen Bildung, Menschenleben gegen ökonomische Sicherheit, physische gegen psychische Gefährdungen. In Zeiten einer Pandemie stehen wir also permanent vor existenziellen Abwägungsfragen und um das Thema Bildung vs. Gesundheit wird dabei besonders stark gerungen. Weil Bildung so wichtig ist, wollte man in Deutschland eine zweite Schließung der Schulen unbedingt vermeiden und am normalen Präsenzunterricht festhalten. Trotzdem blieben die Sommerferien weitgehend ungenutzt. Die notwendigen Vorbereitungen, um beiden Werten gerecht zu werden, wurden nicht getroffen. Und das, obwohl die zweite Welle der Pandemie antizipierbar war. Man hoffte offenbar gegen gesicherte Erkenntnisse an. Und so startete der Unterricht bundesweit an vielen Schulen nach den Ferien fast wieder so, als hätte es nie ein Virus gegeben. Kaum Luftreiniger, wenig durchdachte Konzepte für einen möglichen Wechsel- oder Distanzunterricht, keine Teststrategien. Das Dilemma blieb in aller Schärfe weiterbestehen und wurde zusätzlich unterfüttert mit einem wenig hilfreichen Horrorszenario: Eine ganze Generation ginge verloren, wenn man die Schulen wieder schließen würde. Vielleicht irre ich mich, aber ich halte das für eine Übertreibung. Natürlich ist es eine extrem schwierige, belastende Situation für Kinder, Jugendliche und auch für junge Erwachsene, die in ihr Berufs- oder Studienleben hineinstarten. Von dem *drohenden Verlust einer ganzen Generation* zu sprechen, hat jedoch eine fürchterlich demotivierende Wirkung vor allem auf diejenigen, die da angeblich verloren zu gehen drohen. Die Gefahr einer sich selbst erfüllenden Prophezeiung wird durch solche Art der Vorhersagen erhöht und trägt nichts zur Lösung des Problems bei.

Es müssen nicht immer gleich die ganz großen Fragen sein, die uns in ein Werte-Dilemma bringen. Wobei ich im Ethikunterricht schon merke, dass diese den Jugendlichen stark unter den Nägeln brennen. Da wird durchaus montags um 8.00 Uhr mal spontan nach dem Sinn des Lebens gefragt, oder auch nach Sterbehilfe, Todesstrafe, Organspende, Menschenwürde, Hoffnung oder Glück. Ein anspruchsvoller Wochenstart! Eine Herausforderung für mich als Nachteule. Ich wäre einfach gerne wacher, wenn es um alles geht. Andererseits, kaum stellt man sich diesen Fragen, wird die körperliche Müdigkeit in der Regel von einer für diese Themenfelder notwendigen geistigen Wachheit gut abgelöst.

Welche Dilemmata stellen sich nun speziell in pädagogischen Zusammenhängen? Hier ein paar ganz konkrete Beispiele:
Was tun, wenn ein Kind einer Glaubensgemeinschaft angehört, die es ihm verbietet, an Feiern aller Art in der Kita teilzunehmen?
Was tun, wenn Sie als Auszubildende*r bei Ihrer Anleiter*in gewaltvolles Handeln gegenüber Kindern beobachten und gleichzeitig von deren Bewertung abhängig sind?
Was tun, wenn das eigene Kind mit rechten Parolen nach Hause kommt und sich herausstellt, dass diese vom Geschichtslehrer stammen, den Sie bisher als sympathischen und kompetenten Mann kennen gelernt haben?
Was tun, wenn Sie als Erzieher*in gerne eine Stelle bei einem konfessionellen Träger hätten, weil die Einrichtung z. B. unweit von Ihrem Wohnort ist, Sie selbst aber nicht gläubig sind?
Was tun, wenn ein Kind oder Jugendlicher aufgrund seines Verhaltens die Einrichtung verlassen muss – sollte die nächste Institution vorgewarnt werden, oder lässt man dem Kind/Jugendlichen die Chance auf einen echten Neuanfang?

Nicht immer geht es darum, Werte gegeneinander abzuwägen. Oft sind es auch Bedürfnisse, die einer Werteverwirklichung im Wege stehen, was die Sache aber auch nicht unbedingt leichter macht. Da ploppt dann quasi die Stufe Null der Moralentwicklung wieder in uns auf und drängt sich in den Vordergrund.

In diesem Fall sind folgende Fragen hilfreich:

- Was ist wichtiger als meine Angst?
- Was ist wichtiger als mein Bedürfnis nach Sicherheit, Bequemlichkeit, Ruhe, Harmonie?

In seinem jüngst erschienenen Werk *Moralischer Fortschritt in dunklen Zeiten* beschäftigt sich der Philosoph Markus Gabriel intensiv mit Werten und erklärt, dass es nur universelle Werte geben kann. Werte sind ihm zufolge prinzipiell unabhängig von Ort, Zeit und Kultur. Er definiert sie als „moralische Wahrheiten"[153], an denen sich die Menschheit ausrichten kann und soll, egal von wann aus, egal von wo aus. Und es ist unsere Aufgabe, immer mehr herauszufinden, welche das sind. Es ist ein Entdeckungsprozess, der uns qua unseres Menschseins möglich ist. Und er verhilft uns dazu, immer besser zu verstehen, was moralisch geboten ist (also gut), was moralisch erlaubt ist, (also weder gut noch böse und deshalb neutral), oder was moralisch verboten ist (also böse).[154] Damit spricht Gabriel sich deutlich gegen Wertepluralismus, Wertenihilismus und Werterelativismus aus.

> „Die Konstellation von Wertepluralismus, Werterelativismus und Wertenihilismus halte ich für ein Übel, weil darunter insgesamt die Idee zu verstehen ist, dass moralische Kodizes, also Wertesysteme, einfach nur dadurch entstehen und aufrechterhalten werden, dass sich eine mehr oder weniger beliebige Gruppe von Menschen ihnen verschreibt. Werte sind diesem Modell zufolge Glaubenssätze, die eine Gruppe zusammenhalten, so dass ihre Geltung auch nur auf diese Gruppe beschränkt ist."[155]

Dies entspricht einem Moralverständnis auf dem konventionellen Niveau der Stufe drei in Kohlbergs Entwicklungsmodell. Was ist nun genau unter Wertepluralismus, Werterelativismus und Wertenihilismus zu verstehen?

Wertepluralismus, den Gabriel für relativ harmlos hält, zeichnet sich dadurch aus, dass in anderen Ländern andere Sitten herrschen und somit verschiedene Wertesysteme in unterschiedlichen Gesellschaften co-existieren, wobei das nicht impliziert, dass eine Wertepluralist*in von einer Gleichwertigkeit der jeweiligen Wertesysteme ausgeht. Da kann das eigene durchaus als das Richtigere und Bessere bewertet werden.[156]
Wer dem Werterelativismus anhängt, glaubt nicht an das Gute oder Böse an sich, sondern sieht alles, was geschieht in Relation zu den jeweiligen Systemen, in denen es geschieht.[E] Das kann gefährlich werden, weil jede Gruppe sich auf dieser Basis einen beliebigen Wertekanon selber geben kann, welcher austauschbar ist wie Tischmanieren (um schon einmal ein Bild der Publizistin Hannah Arendt vorwegzunehmen). Der Werterelativismus bedeutet – zu Ende gedacht – auch eine tolerante Einstellung gegenüber Haltungen der Intoleranz.[157] Die Konsequenzen daraus erleben wir zunehmend auf der ganzen Welt.[F]

Der Wertenihilist geht von überhaupt keinen Werten aus, die in irgendeiner Form handlungswirksam wären.[158] Am Beispiel Donald Trumps[G] haben wir vier Jahre lang beobachten können, wohin das führt. Für ihn galten zu keinem Zeitpunkt seiner Präsidentschaft allgemeine Werte, wie z. B. Würde, Wahrheit, Gesundheit, Demut oder Respekt, um nur ein paar wenige zu nennen. Er hat für sich andere Leitlinien kreiert und damit einen moralischen Rückschritt vollzogen, der wahrscheinlich für lange Zeit entsprechende Spuren in der Welt hinterlassen wird. Die Frage liegt nahe – wie kann das sein? Wie können Menschen die Existenz von Werten oder moralischen Tatsachen derart verleugnen? Gabriel folgend, besteht eine Möglichkeit z. B. darin, dem sogenannten „naturalistischen Fehlschluss" zu unterliegen.

> „Der naturalistische Fehlschluss versucht das, was wir tun sollen, daraus abzuleiten, was wir bereits beobachtbar tun. Er verwechselt das natur- bzw. sozialwissenschaftlich erforschbare Sein mit dem Sollen und Natur mit Normen."[159]

E Vgl.: 1. Teil/Kapitel 3: Mensch sein/Systemisches Menschenbild
F Vgl.: 1. Teil/Kapitel 2: Bildung/Unbildung
G Vgl.: 1. Teil/Kapitel 7: Haltung, Stil, Autorität

Hier wird fälschlicherweise angenommen, dass es nur Wahrheiten geben kann, die messbar sind. Werte sind aber auf einer völlig anderen Ebene angesiedelt. Sie sind weder messbar noch naturwissenschaftlich beweisbar. Sie gehören in die Dimension des Geistigen, zeigen auf, was sein soll, nicht was sein wird. „Reduziert man Werte also auf Wertvorstellungen und das Sollen auf das messbare Sein, dann verlieren Werte ihre Geltung."[160] Und auch das ist extrem gefährlich und kann grauenhafte Folgen für die Menschheit mit sich bringen, wie noch zu zeigen sein wird. So betrachtet verwundert es nicht, dass Markus Gabriel eine ganz andere Perspektive in Bezug auf Werte sucht und den *moralischen Realismus*[161] entwirft. Als moralischer Realist ist er davon überzeugt, dass es Werte gibt und zwar in Form von moralischen Tatsachen, welche objektiv bestehen.[162]

> „Moralische Tatsachen weisen eine geistesabhängige Form der Objektivität auf: Weil sie wesentlich erkennbar sind, richten sie sich direkt an uns Menschen als freie, geistige Lebewesen. Kraft unseres Geistes können wir moralisch wirksame Tatsachen erkennen, bei denen es immer auch um uns geht."[163]

Noch einmal: Moralischer Fortschritt ist ein Entdeckungsprozess[H]. Durchaus vergleichbar mit naturwissenschaftlichen Entdeckungen, nur auf einer völlig anderen Ebene menschlicher Existenz.
„Moralische Tatsachen gelten kulturübergreifend und immer schon".[164] Und das sogar unabhängig von Gott. Hier kommt erstmals die religiöse Dimension mit ins Spiel, welche in den bisherigen Ausführungen noch unangetastet geblieben ist. Aber natürlich sind Religion und Kirche in Fragen der Moral für viele Menschen zentrale Bezugspunkte. Dennoch ist, Gabriel folgend, Moral nicht auf Religion angewiesen, was in immer stärker säkularisierten Zeiten ja wirklich eine frohe Botschaft ist. Wie lässt sich nun also die Moral aus den Sphären des Religiösen lösen?
Gabriel erklärt dies mit Verweis auf Platons Euthyphron-Kontrast folgendermaßen: Werte können deshalb unabhängig von Gott existieren, weil dieser das

H Vgl.: Kohlberg – jede Stufe ist eine neue Entdeckung.

Gerechte bzw. das Gute, als genau das *erkennt.* Und nicht, weil er irgendetwas zum Guten *erklärt.* Der Gott eines moralischen Realisten, so er an einen glaubt, ist deshalb gütig und allwissend „weil er Bescheid weiß“[165] und nicht weil er die Macht hätte, den Phänomenen selbst die Bedeutung von gut oder böse zuzusprechen.[166] Gott kann also in die Weltanschauung eines moralischen Realisten problemlos integriert werden, aber er ist nicht notwendig dafür.

Dies entspricht auch den Erkenntnissen der Philosophie der Aufklärung und so kommt es im 18./19. Jahrhundert zu „atheistischen Schüben“[167], weil moralische Fragen nicht mehr in Abhängigkeit zu Gott stehen. Vielmehr geht Kant vom Faktum der Vernunft aus, die uns als Menschen gegeben ist und damit in moralischen Fragen zur entscheidenden Instanz wird.[I] Aber auch hier gilt: Die Vernunft, die wir qua unseres Menschseins haben, hilft uns zu *erkennen*, was gut und böse ist, sie kann *nicht* darüber *verfügen*.

Vom Standpunkt des moralischen Realismus aus, sind der Wertenihilismus und der Werterelativismus also inakzeptabel, weil entweder die Existenz oder die Universalität der Werte in Frage gestellt werden.
Begreifen wir den Werterelativismus allerdings als Entwicklungsstufe (Kohlberg), kann er neben bzw. unter dem Universalismus existieren. Das ist insofern günstig, als dass der konstruktivistische Weltzugang ja durchaus große Vorteile hat, denen wir im Kontext des systemischen Menschenbildes schon begegnet sind und auf die wir auch im nächsten Kapitel wieder stoßen werden. Er ermöglicht auf individueller Ebene eine erweiterte Perspektive, die über ein *starres* Gut-Böse-Denken der praekonventionellen Moralstufe hinausgeht. *Das Richtige* und *das Falsche* an sich gibt es hier nicht und auch nicht *das* Problem und *die Lösung*, genauso wenig wie sich Schwächen und Stärken klar definieren lassen. Alles wird in den Kontext des jeweiligen Geschehens gesetzt und von dort aus zu verstehen versucht. Dies eröffnet uns in der Regel völlig neue Möglichkeitsräume, die guttun und entwicklungsfördernd wirken. Der Nachteil: Es geht über die konventionelle Ebene moralischen Denkens nicht hinaus.
Anders sieht es bei gesellschaftlichen Wirklichkeitskonstruktionen aus, welche die Universalität von Werten (an-)erkennen, so wie das in der Bundesrepublik

---

I Vgl.: Stufe fünf der Moralentwicklung bei Kohlberg

Deutschland (noch) der Fall ist. Da haben die Väter und Mütter des Grundgesetzes auf der Moralstufe fünf gedacht. Dennoch:

> „Wir dürfen niemals vergessen, was sich im Deutschen Reich zugetragen hat, weil es uns offenbart hat, dass Menschen zu einem systemisch organisierten, vom naturwissenschaftlich-technologischen Fortschritt vorangetrieben radikal Bösen imstande sind."[168]

Das deutsche Grundgesetz ist vor dem Hintergrund der Erfahrung nationalsozialistischer Barbarei entwickelt worden. Diese konnte auch deshalb entstehen, weil Menschen dazu bereit waren, sich in der Stufe drei des moralischen Denkens auf unheilvolle Weise einzurichten. Oder weil sie die Existenz von Werten als Handlungsrichtlinien völlig ignorierten. Das Grundgesetz enthält einen universalen Wertekanon, der alle Menschen betrifft. Unsere demokratische Gesellschaftsordnung basiert genau darauf. Für Markus Gabriel birgt die Infragestellung der Universalität dieser Werte eine ernste Gefahr für die Demokratie.[169] Deshalb müssen diese Werte heute mehr denn je verteidigt werden, denn ihre Verwirklichung ist für immer mehr Menschen keine Selbstverständlichkeit mehr. Eben weil sie sie relativieren und ihre Universalität nicht anerkennen oder nicht zu erfassen in der Lage sind.

Wagen wir vor diesem Hintergrund noch den existenzphilosophischen Blick auf Fragen der Moral zusammen mit der schon erwähnten politischen Theoretikerin Hannah Arendt.

Extremer Werterelativismus stellt auch für Arendt eine ernste Gefahr dar, denn auch sie musste feststellen, dass er einen guten Nährboden für das Böse im Menschen bietet. Diese These ist Kernpunkt ihrer vierteiligen Vorlesungsreihe an der New School for Social Research in New York City.[170]

Die Jüdin Hannah Arendt emigrierte im Alter von 26 Jahren 1933 aus Deutschland, zunächst nach Paris, dann in die USA. Die in dem Buch *Über das Böse. Eine Vorlesung zu Fragen der Ethik* erschienenen Vorlesungstexte sind entstanden vor dem Hintergrund des Prozesses gegen SS-Obersturmbahnführer Adolf Eichmann in Jerusalem. Eichmann organisierte die Verfolgung, Vertreibung und Deportation von Juden und trug damit einen großen Teil der Verantwortung für die organisierte Ermordung von sechs Millionen Juden in Europa. Oder, um es mit Hannah Arendt zu sagen, für die massenhafte „Fabrikation von Leichen"[171].

Erst im Mai 1960 wurde Eichmann in Buenos Aires vom israelischen Geheimdienst festgenommen bzw. entführt und nach Israel gebracht[172], wo ihm von

April bis Dezember 1961 der Prozess gemacht wurde, an dessen Ausgang die Todesstrafe durch den Strang stand.
Hannah Arendt war als Journalistin vor Ort. Im Auftrag des amerikanischen Magazins *The New Yorker* beobachtete sie diesen im wahrsten Sinne des Wortes weltbewegenden Prozess und berichtete davon.[)]
Sie reiste mit der von Kant formulierten Idee des *radikal Bösen* nach Israel und erwartete genau das in der Person Eichmanns zu erkennen. Stattdessen fand sie im Verlauf des Verfahrens gegen Eichmann, dass das Böse auch banal sein kann.[173]
Arendts Grundfrage, mit der sie in Jerusalem ankam, war, wie es zu Auschwitz hatte kommen können. In dem legendären Interview mit Günter Gaus[174] (das Sie sich unbedingt auf YouTube anschauen sollten, falls Sie es noch nicht gesehen haben) erzählt sie von dem fürchterlichen Schock, als sie 1943 im amerikanischen Exil von Auschwitz erfuhr. Sie konnte nicht glauben, was sie da hörte und weigerte sich zunächst, die Möglichkeit eines solch undenkbaren Verbrechens anzuerkennen, bis die eindeutigen Beweise dafür eben dies erforderten. Es war „als ob der Abgrund sich öffnet".[175] Etwas nicht wieder Gutzumachendes war geschehen, etwas das nie hätte passieren dürfen, etwas mit dem wir (die Menschheit) aus genau diesem Grund niemals fertig werden können, so Hannah Arendt.[176]

Wie ist das Böse begreifbar? Dieser dunklen Frage stellte sie sich zusammen mit ihren Student*innen in ihrer Vorlesungsreihe.[177] Sie nahm dazu eine moralphilosophische und theologische Perspektive ein (sie hatte neben der Philosophie auch Theologie und Griechisch studiert) und untersuchte, ob die Erkenntnisse der Moralphilosophie oder die Weisheitslehren des Christentums Anhaltspunkte liefern, die den Holocaust zu erklären vermögen. Dabei wurde sie bei Jesus (als Weisheitslehrer), Sokrates und Kant fündig.

) Persönliche Randbemerkung: Vielleicht begegnete sie in dieser Zeit meinem Vater, bzw. er ihr, denn auch er wurde von der deutschen Wochenzeitschrift *Die Zeit* mit demselben Auftrag nach Jerusalem geschickt. Leider starb mein Vater bevor ich alt genug war, um mir persönlich von diesen Erfahrungen erzählen zu können und so kann ich nur auf sein Buch *Mörder und Ermordete. Eichmann und die Judenpolitik des Dritten Reichs* zurückgreifen, das er über Eichmann und den Prozess verfasst hat.

Es gibt Taten, die niemals wieder gutzumachen sind. In der christlichen Tradition des neuen Testamentes ist in diesem Zusammenhang von *Stolpersteinen* die Rede. Baut die Lehre Jesu zwar vor allem auf dem Prinzip der Vergebung auf, in dem Wissen, dass Menschen sich permanent auf die eine oder andere Weise schuldig machen („Wer ohne Schuld ist, werfe den ersten Stein"), ist bei den Stolpersteinen eine Grenze des Vergebbaren erreicht. Es sind Taten, die nicht wieder ausgleichbar sind. Bei Jesus bleibt offen, welche genau das sein könnten, für Hannah Arendt ist es evident, dass Auschwitz auf jeden Fall die „Qualität" eines solchen Stolpersteins aufweist.[K] Und deshalb kann hinter dem Holocaust niemals ein Schlussstrich gezogen werden. Nicht im Nachkriegsdeutschland und auch nach der Jahrtausendwende nicht. Selbst wenn sich das immer mehr Menschen noch so sehr wünschen. Mein Vater schreibt im Vorwort seines 1961 erschienen Buches über den Eichmannprozess Folgendes:

> „Ich hatte in Zeitungen schon einige kurze Arbeiten über diesen Themenbereich veröffentlicht und war danach jedes Mal mit einem Schauer von Zuschriften überschüttet worden, man möge es doch nun endlich gut sein lassen. Zu viel sei schon über Judenmord und KZ Gräuel veröffentlicht worden; es sei an der Zeit die Vergangenheit, wie schrecklich sie auch sei, ruhen zu lassen; das ständige mea-culpa-Geschrei verderbe viel und nütze niemandem; nicht nur, dass alle Welt mit dem Finger auf die Deutschen zeige, auch der Jugend werde unbilligerweise ein Schuldgefühl eingeimpft, das sie vergifte."[178]

Dieses Argument war schon 1961 absurd, auch deshalb, weil damals die NS-Zeit und der Holocaust im Geschichtsunterricht flächendeckend tabuisiert wurden.

Und wenn ich heute (in der Rolle der Dozentin) an die Rückmeldungen aus dem Sozialkundeunterricht denke, dann hat in vielen Fällen offenbar genauso wenig eine reflektierte Auseinandersetzung mit der NS-Zeit

---

K Viele von Ihnen kennen sicher das Projekt der Stolpersteine, das in vielen Städten darauf aufmerksam macht, in welchen Häusern deportierte Juden gelebt haben und wann sie ermordet wurden. Ein Projekt, das daran erinnert, dass wir als Menschheit mit dem, was damals passierte, niemals fertig werden.

stattgefunden, bzw. wurde der Zeitpunkt in der Schule dafür viel zu früh angesetzt. Jetzt, im Kontext der Ausbildung, wäre es ihnen eher möglich innere Bezüge herzustellen, so die Studierenden. Das Thema scheint sie auf einmal stärker anzugehen. Vor allem dann, wenn wir uns ganz konkret mit Jugend und Erziehung im dritten Reich auseinandersetzen und ich sie darum bitte, nach Möglichkeit ihre (Ur-)Großeltern dazu zu befragen. Es sind zutiefst berührende Geschichten, die viele Omas und Opas bereit waren, vor laufender Kamera für uns zu erzählen. Das zu erleben führte bei einigen Studierenden zu einer großen inneren Dankbarkeit. Dankbarkeit dafür, in einer anderen, freieren, friedlicheren Zeit zu leben. Dankbarkeit dafür, in einer Gesellschaft zu leben, die sich (noch) mehrheitlich dem Grundgesetz als gemeinsamer Richtschnur menschlichen Miteinanders verpflichtet fühlt. Und auf dem Boden dieser Dankbarkeit wurde für manche auch das notwendige große Entsetzen über die Fremdenfeindlichkeit, den Hass, den Rassismus, den Antisemitismus, den Rechtsextremismus spürbar, der unsere Gesellschaft täglich mehr und mehr vergiftet und Unsagbares wieder sagbar gemacht hat. Viele verstanden plötzlich intuitiv, dass dieser Hass sich gegen jede*n von uns richtet, sofern wir uns als Demokrat*innen verstehen, weil er ein Angriff auf die Demokratie an sich ist.

Zurück zu Hannah Arendt und ihrer Suche nach Antworten auf die Frage nach dem Bösen.[179] Dabei zieht sie, wie gesagt, auch Sokrates zu Rate.
Dieser geht von einer inneren Zweiheit im Menschen aus, die dazu führt, dass der Mensch sich im permanenten Dialog mit sich selbst befindet. Existenzieller Inhalt dieses Dialoges sollte folgende Überlegung sein: Was auch immer wir tun, was auch immer wir fühlen, wir müssen mit der Person, die es tut, die es fühlt, unser ganzes Leben lang zusammenleben. Wer z. B. einen Mord begeht, muss mit einem Mörder zusammenleben. Das bedeutet: Wir können uns selber nicht entkommen.

Nichts anderes meinte wahrscheinlich die Mutter des jüdischen Philosophen und Juristen Michel Friedmann, als sie ihm, der gerade von einem Mitschüler auf dem Gymnasium als „Judensau“ beschimpft worden war, folgende Worte sagte: „Hör zu und denke bitte ein Leben lang daran, was ich dir jetzt sage: Der Hassende ist vergifteter als der Gehasste, weil er 24 Stunden mit seinem Hass leben muss."[180] Friedmann erzählt in dem 2020 erschienenen Buch *Zeitenwende* im Dialog mit dem Sozialpsychologen Harald Welzer, dass er diesen Satz damals noch nicht verstand und erst Jahre später erfassen konnte, was seine Mutter damit gemeint hat. Es half ihm, kein Zyniker zu werden, sagt er, es half ihm Vertrauen ins Leben zu entwickeln. Aber:

> „Dieses Vertrauen erlebt Erschütterungen. In letzter Zeit frage ich mich, wie lange dieses Vertrauen noch hält. Wann für mich die rote Linie überschritten ist. Wo Vertrauen Naivität bedeuten würde und damit Gefahr. Ab welchem Punkt halte ich es nicht mehr aus, mit dem Hass der anderen zu leben?"[181]

Ab welchem Punkt halten wir als Gesellschaft es nicht mehr aus, dass sich jüdische Bürger*innen und Angehörige anderer Minderheitengruppen in diesem Land wieder solche Fragen stellen müssen?

Voraussetzung eines sokratischen inneren Zwiegespräches, in dem sich der Mensch dahingehend reflektiert, wie er mit sich selbst zusammenleben kann, ist: zur Ruhe kommen zu können, nachdenken zu können. Momente der Einsamkeit zu haben (nicht des Alleinseins), welche notwendig sind für eine reflektive Innenschau. Nur dann wird es möglich, sich zu sich selbst und der Welt ins Verhältnis zu setzen. Auch in allen Weltreligionen finden wir diese Idee. Meditation, Kontemplation als Weg in die eigene Mitte, oder tiefenpsychologisch gesprochen, zum Selbst. Wer das tut – und hier argumentiert Arendt ganz existenzphilosophisch – wird in sich eine Grenze wahrnehmen. Eine Grenze, die deutlich macht, was getan werden darf und was nicht. Was verzeihbar ist und was nicht. Was im Leben ein Stolperstein ist und was nicht. Was moralisch geboten ist und was nicht. Und das nicht aufgrund von Erziehung oder Sozialisation, sondern aufgrund unseres Menschseins.[182] Menschen, die nicht krank sind, nicht psychopathisch oder sadistisch, haben qua ihres Menschseins diese innere Grenze und wissen, dass das Übertreten derselben sie in ihrem Selbstverhältnis und in ihrem Weltverhältnis nachhaltig schädigen würde. Dieses Selbstver-

hältnis jedoch kann, so die Erkenntnis von Hannah Arendt, bei all jenen, die Auschwitz verwirklicht haben, nicht mehr vorhanden gewesen sein.
Wo Reflexion verweigert wird, hat das Böse leichtes Spiel. Das Böse, das aufgrund von Gedankenlosigkeit und extremer Oberflächlichkeit geschieht, ist für Arendt viel schlimmer als bewusst böse Taten, denn diese setzen ein Erfassen des Guten voraus. Es wird die innere Grenze des moralisch Machbaren ganz bewusst übertreten, was nur geschehen kann, wo diese Grenze wahrgenommen wird. Genau das ist nach Kant das *radikal Böse*. Wer dem kategorischen Imperativ „Handle nur nach derjenigen Maxime, durch die du zugleich wollen kannst, dass sie ein allgemeines Gesetz werde“[183] absichtsvoll zuwider handelt, wer Dinge tut, von denen er genau weiß, dass sie unvernünftig sind und sie trotzdem tut, der handelt nach niederen Motiven und diese sind für Kant die Wurzel des *radikal Bösen*.
Existenzphilosophisch betrachtet muss der kategorische Imperativ nicht erlernt werden, er ist viel mehr in uns angelegt, macht uns wesenhaft aus und muss einen Raum zur Entfaltung bekommen.
Mit der Erwartung, diesem *radikal Bösen* in der Person Eichmanns zu begegnen, war Hannah Arendt also nach Jerusalem gefahren. Dort stellte sie während des Prozesses gegen Eichmann fest, dass Auschwitz zu einem Ort außerhalb der zivilisatorischen Welt geworden war, in dem es keine inneren Grenzen mehr gab und auch keinen kategorischen Imperativ. Alle Gesetze der Vernunft, alle religiösen Gebote der Menschlichkeit galten nicht(s) mehr. Aber nicht, weil sich die Mehrheit der Menschen bewusst dagegen entschieden hätte, sondern weil man bereit war, nicht darüber nachzudenken und ggf. eigene Vorteile aus dieser historischen Situation zu generieren. Dies wurde für sie am Beispiel Adolf Eichmanns offensichtlich, der selbst sein Person-sein verleugnet hat, indem er eben keinen inneren Dialog geführt hat, der ihm eine Grenze des moralisch Vertretbaren aufgezeigt hätte. Aus der Perspektive Hannah Arendts war er kein glühender Nazi, sondern vielmehr ein „Hans Wurst“[184]. Und bei meinem Vater lese ich:

> „In ihm ist kein Funke der Dämonie und der demagogischen Gewalt Hitlers, ihm fehlt total der verschwommene Rassen-Mystizismus Himmlers und Rosenbergs, er hat nicht die ungehemmte, aber von einem eiskalten Intellekt gesteuerte Amoral eines Reinhard Heydrich. Er ist vielmehr genau das, als das er sich selbst – verteidigend – bezeichnet: ein „Befehlsempfänger“, ein „pflichtgetreuer Beamter“, genauer, ein Mordbeamter“.[185]

Genau das machte für Hannah Arendt die *Banalität des Bösen* aus, die so viel schlimmer ist, als das *radikal Böse* es je sein könnte, weil diese an vielen scheinbar ganz normalen Menschen zu beobachten war und bis heute ist. Es gibt Sadisten und Psychopathen, natürlich, wahrscheinlich mehr, als wir uns vorstellen können bzw. wollen. Dennoch sind sie nicht die Masse. Die Banalität des Bösen ist jedoch massentauglich. Sie zeigt sich da, wo Erinnerungen an Taten nicht mehr abrufbar sind, weil sie gedankenlos verübt wurden. Sie zeigt sich in der Dehumanisierung von Menschen, also da, wo der Mensch um das Menschsein reduziert wird, wo ihm die Menschenwürde abgesprochen wird. Sie zeigt sich in der Verweigerung, sich in die Lage eines anderen Menschen hineinzuversetzen. Sie zeigt sich, wo extremer Fanatismus und extremer Relativismus aufeinandertreffen.
Da, wo kein Zugang mehr ist zum innersten Kernpunkt der Moral, können die großen Erkenntnisse der Menschheit in Bezug auf ein würdevolles Zusammenleben, „wie Tischmanieren abgelegt werden“[186] und durch neue, barbarische Normvorstellungen mühelos ersetzt werden. Harald Welzer bestätigt das heute aus sozialpsychologischer Perspektive, wenn er sagt:

> „Der Erfolg einer totalitären Gesellschaft wie der NS-Gesellschaft liegt nicht darin, dass die meisten Leute überzeugte Nazis gewesen sind, sondern unpolitische Leute, die dann denken: Ja, das sind jetzt andere Zeiten, das ist jetzt so, kein Grund nicht mitzumachen.“[187]

Wer so willkürlich seine Haltung den geltenden Normen anpasst, der kündigt für Hannah Arendt sein Personsein auf, denn „Person sein heißt, sich so zu verwurzeln, dass man nicht mit jedem Zeitgeist mitgeht“.[188] Es bedeutet, eine moralische Stabilität zu entwickeln, die mir im Kantschen Sinne abfordert, mir selbst zum Gesetzgeber zu werden und die mir das Recht auf Gehorchen abspricht.[189]

Hannah Arendt wurde für ihr Buch *Eichmann in Jerusalem* besonders von jüdischer Seite scharf kritisiert. Es sei stellenweise verharmlosend, es entbehre an Liebe zum jüdischen Volk, der Ton sei insgesamt unangemessen. Nur den letzten Punkt konnte sie in gewisser Weise nachvollziehen, weil sie um ihren ironischen Ton wusste. Aber sie würde auch in der Stunde ihres sicheren Todes dem Leben noch ein Lachen abringen, versichert sie in dem Interview mit Günter Gaus.[190] Humor war für sie also offenbar eine Haltung, mit der sie dem Leben grundsätzlich begegnete und so auch dem Entsetzlichsten trotzte.

Der Holocaust, Auschwitz ist mit nichts vergleichbar in der Geschichte der Menschheit. Dennoch müssen wir uns natürlich fragen, an welchen Stellen das Prinzip der Banalität des Bösen auch in unserer Gesellschaft zu beobachten ist. Nils Köbel und Patrick Breitenbach machen vor diesem Hintergrund darauf aufmerksam, dass die Art und Weise wie wir z. B. das Leben und Schlachten von Tieren organisieren, ungeheuerliches Leid erzeugt. Wer beginnt, sich damit wirklich auseinanderzusetzen, der wird kein Fleisch mehr essen können.[191] Und darum lassen wir lieber die Sache mit der Auseinandersetzung. Oder wir wagen uns ein, zwei Schritte vor, und dann lassen wir es wieder. Und machen uns schuldig.

Mir ging das bei der Lektüre bzw. der Verweigerung der Lektüre von Jonathan Safran Foer so. Sein Buch *Tiere essen* habe ich weiträumig umschifft, weil mir klar war, dass ich den Inhalt kaum aushalten würde und danach zur Vegetarierin werden müsste. Dann kam das Buch *Wir sind das Klima*. Das habe ich mich eher getraut zu lesen, teilweise zumindest. Ich vermutete mich ethisch auf sicherer Seite. Eine Fehlannahme – der Konsum tierischer Produkte erzeugt nicht nur entsetzliches Leid für die Tiere, sondern ist einer der größten Faktoren, die zur Klimakatastrophe geführt haben und diese täglich vergrößern. Ich weiß das und esse trotzdem weiter Fleisch, trinke Milch, genieße Käse. Alles Bio natürlich und auch nicht in Massen, aber ich tue es. Damit verhalte ich mich im Sinne Kants radikal böse, nicht banal böse. Das ist insofern besser, als dass ich wenigstens den Fleischkonsum reduziere und darauf achte, wie die Tiere gelebt haben. Es ist besser, aber wahrlich nicht gut. Wer wiederum völlig gedankenlos Fleisch und tierische Produkte konsumiert, nicht eine Minute darüber nachdenkt, was das für die Tiere und die Umwelt bedeutet, der ist der Banalität des Bösen anheimgefallen.

Bestimmte Handlungen schließen sich also von selbst aus, würden wir uns eine Auseinandersetzung damit zumuten. Das lässt sich auf viele Beispiele übertragen. Wie gesagt, nichts ist vergleichbar mit dem Holocaust. Was wir jedoch heute unserem Planeten und damit der Menschheit antun, ist in seiner Zerstörung (teilweise) auch nicht wieder gutzumachen, ist irreversibel und hat damit ebenso die Qualität eines Stolpersteines.

Was bedeutet all das nun für pädagogische Zusammenhänge?
Wenn die Banalität des Bösen sich dort zu verwirklichen droht, wo nicht mehr nachgedacht wird, wo Reflexion verweigert wird, wo Sinn keine Bezugsgröße mehr ist und Werte keine Rolle mehr spielen, dann ist Pädagogik dazu aufgefordert, genau diese Räume zu schaffen. Es ist das, wozu ich Sie seit der ersten Zeile dieses Buches einlade. Und es ist nicht zuletzt die existenzielle Pädagogik, die wertvolle Impulse dafür bereithält, wie wir eine Entwicklung zum Guten hin ermöglichen können.[L]

L Vgl.: 2. Teil

6. Welt

Gibt es *die* Welt? In was für einer Welt wollen wir leben? Welche Weltanschauungen gibt es? Welche Rolle spielt das Weltbild der Erziehenden für den Erziehungsprozess?

Wieder lade ich Sie zunächst zum Dialog mit sich selbst (und anderen) ein, um sich dem Thema dieses Kapitels innerlich anzunähern.

1) Welches Bild von der Welt haben Sie heute?
2) Welches Bild von der Welt hatten Sie als Kind/Jugendliche*r?
3) Lieben Sie die Welt?
4) Würden Sie sie gerne einmal vom Weltraum aus sehen?
5) Glauben Sie, dass dieser Außenblick auf unseren Planeten Ihren Innenblick auf die Welt verändern würde? Wenn ja, inwiefern?
6) Wo auf der Welt würden Sie gerne leben (außer dem Ort, an dem Sie jetzt leben)?
7) Wann würden Sie gerne leben (außer der Zeit, in der Sie jetzt leben)?
8) Wenn Sie den Wunsch hätten, die Welt zu verändern, womit würden Sie beginnen?
9) Wie soll sie aussehen, unsere Welt von morgen?
10) Welchen Traum träumen Sie von unserer zukünftigen Gesellschaft?
11) Welche Rolle soll welcher Mensch darin spielen?
12) Welche Teilhabe wollen wir unseren Kindern/Jugendlichen bei der Konstruktion ihrer künftigen Welt gewähren?

13) Gibt es überhaupt *die Welt*, oder ist das bereits eine falsche Ausgangshypothese?

14) Welche Auswirkung hat welche Weltanschauung auf unser pädagogisches Handeln?

Sie merken, die Fragen werden immer „größer", immer komplexer, es geht weiterhin um alles. Und nichts lässt sich unabhängig voneinander sehen. Es geht darum, wie wir die Welt denken, wie wir sie begreifen, wie wir sie zu erklären versuchen, welche Perspektiven wir dabei einnehmen. Es geht um Weltanschauungen und ihre Bedeutung für unser pädagogisches Handeln.

Erneut greife ich für das Folgende zunächst auf eine Soziopodfolge von Nils Köbel und Patrick Breitenbach zurück.[192] In ihrer Reflexion über Weltanschauungen, werden sie zunächst beim Begründer der Geisteswissenschaften, Wilhelm Dilthey (Lehrer, Theologe, Philosoph, 1833–1911), fündig. Dieser kristallisiert in seiner *Weltanschauungslehre* drei Anfänge des Denkens heraus, die es uns als Menschen ermöglichen, die Welt zu begreifen, uns in ihr zu verorten, sie zu erfassen und zu erklären. Dabei arbeitet Dilthey mit der Metapher eines Gartens. In diesem Garten wachsen bestimmte Pflanzen, welche für philosophische Denkrichtungen stehen. Am Ende seiner Analyse über all diese Pflanzen sind es drei große, sehr alte Bäume, die Bestand haben und so für ihn zum Ausgangspunkt philosophischer Weltanschauung werden:

1) *Der Naturalismus*, dessen Metaphysik der Materialismus ist. Das heißt, für den Naturalisten bestehen die Welt und die Menschen in ihr aus reiner Materie. Es gibt keine geistige Ebene dahinter. Beziehungsweise ist das, was wir als Geistiges bezeichnen, die Folge aus materiellen Kausalketten, die wir auf naturwissenschaftlicher Ebene immer weiter entschlüsseln. Alles, was wir erleben, basiert auf biochemischen Prozessen. Seele, Geist, Bewusstsein, Liebe, freier Wille haben in diesem Weltbild keinen Platz. Auf diesem Baum wird die Existenz von Werten also negiert.[A]

A Vgl.: 1. Teil/Kapitel 5: Werte, Normen, Moral/Wertenihilismus

Materialismus ist jedoch nicht auf die rein biologische Ebene beschränkt. Immer dann, wenn davon ausgegangen wird, dass es vor allem die (materielle) Umwelt ist, die uns als Menschen in unserem Denken, Fühlen und Handeln maßgeblich formt, wie wir es beispielsweise beim Behaviorismus gesehen haben[B], können wir fast sicher sein, dass vom Naturalismusbaum aus argumentiert wird. Dieser sehr alte Baum wird in unserer heutigen Zeit und Gesellschaft extrem bewässert[193], während die anderen beiden Bäume wesentlich stärker um Licht und Wasser kämpfen müssen, wie wir in den vorangegangenen Kapiteln schon gesehen haben.

2) *Der Idealismus der Freiheit.* Diesen finden wir in der Philosophie der Aufklärung (Kant). Der Mensch wird hier zum Ausgangspunkt aller Erklärungsmodelle über die Welt. Diese konstruiert er selbst und zwar vor dem Hintergrund seiner Freiheit und seiner Vernunftsfähigkeit.[194] Das Ich stellt die Welt also her – das wäre eine konstruktivistische Lesart Kants. Da Freiheit und Vernunft jedoch universelle Werte sind, geht Kants Philosophie natürlich weit über ein rein konstruktivistisches Weltverständnis hinaus.

3) *Der objektive Idealismus.* Hier kommen die großen Metaphysiken der Weltreligionen ins Spiel. Aber auch die säkulare Philosophie Hegels und des späten Goethe finden beispielsweise in diesem Ansatz ihren Ausdruck. Es wird ein objektiver Weltgeist vorausgesetzt, der das Sein konstruiert. Das Ich ist Teil des Ganzen und nicht sein Ausgangspunkt, wie im Idealismus der Freiheit. Ein übergeordneter Sinnzusammenhang wird angenommen. „Es schöpft nicht der Mensch die Welt, sondern die Welt den Menschen."[195] Diese Perspektive nehmen auch Martin Buber und Viktor Frankl ein, denen wir uns inzwischen in immer größeren Schritten annähern.

Diese drei zentralen Perspektiven sind es, von denen aus der Mensch die Welt zu erfassen versucht, sagt Dilthey. Noch einmal: Von der Materie aus, vom Bewusstsein der Freiheit aus und vom Absoluten (Gott) her. Es sind Quellen des

---

B Vgl.: 1. Teil/Kapitel 3: Mensch sein/Das behavioristische Menschenbild

Denkens, die parallel zueinander fließen und es ist für Dilthey nicht entscheidbar, welche die „Richtige" ist. Sie sind in ihrer Co-Existenz zu akzeptieren, wobei sie selten in ausgewogener Balance zueinander stehen. Vielmehr sind in jeder Epoche starke Tendenzen zu der einen oder anderen Richtung erkennbar. Kommt es zur Überbetonung einer Perspektive, so ist die Gegenbewegung von einer anderen Seite her wahrscheinlich.
Alle drei sind Dilthey zufolge durch die ganz konkrete Lebenserfahrung des Menschen mit sich selbst entstanden. So empfinden Menschen sich als natürliche Wesen, die ein Bewusstsein über ihre Körper haben. Das wird z. B. spürbar durch Schmerz oder Hunger oder Begehren. Diese starke Erfahrung von Körperlichkeit wird zum Ausgangspunkt für das Denkmodell des Materialismus. Genauso spürt der Mensch auf einer geistigen Ebene, dass er frei ist und in der Lage, sich zu sich selbst zu verhalten. Daraus entwickelte sich das Denkmodell des Idealismus der Freiheit. Und Menschen haben auch schon ganz früh erahnt, dass es so etwas wie das „Letzte", das „Absolute" gibt und versuchten, sich diesem durch Gebet oder Meditation anzunähern. Daraus ist die Philosophie des objektiven Idealismus hervorgegangen.[196]

Man könnte also sagen, dass der Mensch in seiner Ganzheit, die sich aus der Ebene des Körpers, der Seele/Bewusstsein und des Geistigen zusammensetzt, genau diese drei Richtungen in sich vereint. Auch im Menschen existieren sie nebeneinander. Eine einseitige Betonung oder Verleugnung dieser Tatsache, hat zwingend eine Reduzierung des Menschseins zur Folge. Und eine einseitige Positionierung auf einem Baum oder die Verleugnung der Existenz der anderen Bäume, hat einen reduzierten Zugang zur Welt zur Folge.

Nun ist die Frage nach dem Gärtner in diesem Bild noch offen. Die Antwort darauf hängt davon ab, auf welchem Baum der Fokus liegt. Geht man vom Idealismus der Freiheit aus, ist der Mensch selbst der Gärtner, ist der objektive Idealismus die Bezugsgröße, dann wird Gott oder das „Absolute" zum Gärtner, beim Materialismus gibt es schließlich gar keinen Gärtner, die Wolken gießen in Folge der Naturgesetze die Bäume.[197]

An dieser Stelle möchte ich Sie in eine zauberhafte pädagogische Situation entführen, die ich im Rahmen des Besuches eines Abenteuerkindergartens zusammen mit Studierenden erleben durfte. Nach einer kurzen

Einführung in das Konzept der Abenteuerpädagogik wurden wir eingeladen, den ersten Teil eines größer angelegten Projektes mitzuerleben. Dieser begann im Märchenwald unweit der Kita. Die Feen, die dort leben und den Pflanzen beim Wachsen helfen, hatten kleine Goldstücke für die Kinder der Kita in der Nähe ganz bestimmter Pflanzen versteckt, die es nun zu suchen galt. Das war die Erzählung, mit der die Kinder in den Wald aufbrachen und ganz begeistert nach der Goldspur der Zauberwesen suchten. Dabei entstand folgende Situation: Ein ca. fünfjähriges Kind kam auf eine Studierende zu und fragte, wie die Feen das machen, den Pflanzen beim Wachsen zu helfen. Die Studierende war mit dieser Frage überfordert, hatte sie doch erst in der Woche zuvor im Fach MNE (Mathematisch-naturwissenschaftliche Erziehung) gelernt, Kindern auf ihre Fragen über die Welt in kindgerechter Form wahrheitsgemäß zu antworten. Mit der Wahrheit war hier die naturwissenschaftliche Wahrheit gemeint. Wie nun also richtig antworten auf die Frage des Kindes? Sagen, dass es in unserer Welt keine Feen gibt und es der natürliche Kreislauf des Wassers ist, der den Pflanzen beim Wachsen hilft? Intuitiv spürte sie, dass sie das nicht machen konnte. Aber was stattdessen? Die Existenz von Feen bestätigen? Das ginge auch nicht, es wäre ja falsch. Ich erinnerte sie an Piaget und die magische Phase innerhalb der kognitiven Entwicklung (dem Denkmodell des Idealismus der Freiheit zuzuordnen) und schnell wurde klar, dass vor diesem Hintergrund Feen eine Existenzberechtigung haben. Nun konnte sie mit gutem Gewissen einen Dialog mit dem Kind führen, in dem die beiden miteinander darüber nachdachten, wie die Feen das wohl machen.

Warum fällt es uns so schwer, ein „Sowohl als auch“ verschiedener Denkansätze zuzulassen? Hier den natürlichen Kreislauf des Wassers, daneben Feen, die Goldspuren legen und den Pflanzen beim Wachsen helfen und die Möglichkeit eines „Absoluten“, das in der Schöpfung dieses Waldes und seiner Bewohner seinen Ausdruck findet. Vor diesem Hintergrund plädiere ich mit großer Leidenschaft dafür, sich die gleichberechtigte Co-Existenz der verschiedenen Weltzugänge immer wieder ganz bewusst zu machen, um in der jeweiligen pädagogischen Situation eine stimmige Entscheidung darüber treffen zu können, welches Erklärungsmodell über die Welt in diesem Moment angezeigt ist.

Im Wald wäre der Sinn des Augenblickes verfehlt gewesen, wenn die Studierende dem Kind eine naturwissenschaftliche Erklärung für das Pflanzenwachstum angeboten hätte. Das Kind wäre in ein nicht hilfreiches Dilemma geraten (aber der Erzieher hat es doch so erzählt, wer hat denn nun Recht?), die Begeisterung und die Freude an der Goldsuche wären wahrscheinlich dahin gewesen, die Frage, ob es echtes Gold ist, vielleicht aufgetaucht. Kurzum: Für dieses Kind wäre das gemeinsame Abenteuer an diesem Vormittag womöglich beendet gewesen. Es hätte ggf. kein Gold mehr gesucht und auch keine Ausschau mehr nach den Pflanzen gehalten, bei denen die Feen es versteckt haben. Was für ein hoher Preis für eine vermeintliche Wahrheit.

Kommen wir nun zum Humanismus.[198] Der Humanismus ist kein eigener Baum, sondern „eine Blüte, die an allen drei Bäumen aus Diltheys Garten wachsen kann".[199] Die beiden großen Epochen des Humanismus sind die Renaissance und die Aufklärung. Wurde in der Renaissance (Zeit des Umbruchs zwischen dem Mittelalter und der Neuzeit) das Denken der Antike reaktiviert (hier sind z. B. Comenius und Erasmus von Rotterdam zu nennen), war es im Zeitalter der Aufklärung Kant, der die Philosophie neu formuliert hat.[200] Danach folgte der Humanismus des Idealismus in Gestalt von Goethe, Schiller und Herder. „Edel sei der Mensch, hilfreich und gut" wird zum Motto Goethes, mit dem er versucht, das Erbe der Aufklärung mit der Romantik in Verbindung zu bringen. So hat Goethe eine „humanistische Synthese"[201] aus dem kritischen Denken der Aufklärung einerseits und der Innenwelt des Menschen, seinen Gefühlen, Schwärmereien und Leidenschaften andererseits angestrebt. Dies kann als Entwurf eines neuen, neoklassischen Menschenbildes begriffen werden. Wenn wir als Menschen es schaffen uns zu veredeln, so Goethe, wird auch die Welt zu einer besseren (Weimarer Klassik)[202]. Eine Ahnung des heute weit verbreiteten Phänomens der Selbstoptimierung taucht hier bereits auf.

Kernthese des Humanismus ist also, dass der Mensch das Maß aller Dinge ist. Keine Autoritäten bestimmen über sein Leben, sondern es ist die Aufgabe des Menschen, sich aus seiner Potenzialität, aus seiner Geistes- und Gefühlskraft heraus, selbst zu optimieren. Auf diese Weise wird er sich selbst zum Ziel. Und genau dies ist für den Humanismus des 19. Jahrhunderts die Voraussetzung dafür, auch die Welt zu verbessern. Wenn der Mensch seine individuellen Bildungskräfte entfaltet und in der Folge immer mehr über die Welt lernt, so die Annahme Wilhelm von Humboldts, wird er sie auch immer mehr lieben und darum zum Guten hin verändern.[203] Ein wahrlich idealistischer Gedanke. Weltoptimierung durch Selbstoptimierung. Aber ist es tatsächlich so? Ist der Mensch wirklich das Maß aller Dinge? Stimmt diese Grundthese des Humanismus?

Im 20. Jahrhundert, in dem der Transhumanismus zu entstehen beginnt, werden andere Antworten auf die Frage, was das Ziel des Menschen ist, gegeben. Friedrich Nietzsche, den Markus Gabriel in die Riege der Wertenihilisten einordnet[204], macht schon früh in seiner sehr radikalen Philosophie darauf aufmerksam, dass der Mensch sich niemals selbst genügen wird und er deshalb auf keinen Fall beim Humanismus stehenbleiben darf. Der Mensch, so Nietzsche in seinem Hauptwerk *Also sprach Zarathustra*, ist vergleichbar mit einem Seil, das gespannt ist zwischen Tier und Übermensch.[205] Wir kommen aus dem Tierreich, sind ganz Tier (hier hat Nietzsche Freud die Vorlagen für dessen Thesen zum Unbewussten und zur Trieblehre geliefert), sind aber auch kein Tier mehr, weil wir unsere geistige Freiheit spüren. Wir befinden uns in einem Übergangsstadium, sind noch Raupe auf dem Weg zum Schmetterling.[206] Der Mensch ist auf dem Weg dahin, Übermensch[C] zu werden, wobei Nietzsche nicht klar definiert, was der Übermensch genau ist. Der Übermensch (den es noch nie gab) wird zur Gottheit, die nicht mehr an die menschlichen Begrenzungen des Körpers oder die der Moral und Konventionen gebunden ist. Der Übermensch wird zum Krieger, der alle menschlichen Fesseln sprengt, um werden zu können, was seiner eigentlichen Bestimmung entspricht. So könnte man Nietzsche heute als Urvater des Transhumanismus bezeichnen, wobei der Begriff bei ihm noch nicht auftaucht.[207]

Was ist nun das Hauptmotiv des Transhumanismus? Es geht, holzschnittartig zusammengefasst, darum, menschliches Leben in all seiner Unzulänglichkeit zu optimieren, Leid, Schmerz und Krankheit zu eliminieren und die Endlichkeit des Menschen mit Hilfe technischer Mittel zu überwinden.[208] Der Transhumanismus akzeptiert die körperliche Sterblichkeit des Menschen nicht und sagt damit dem Tod den Kampf an. Der Begriff des Transhumanismus fällt erstmals bei dem Biologen und Eugeniker Julian Huxley im Jahre 1957 in seinem Buch *New bottles for new wine*. Der wiederum ist der Bruder von Aldous Huxley (ein vom Buddhismus beeinflusster Journalist, Kunstkritiker, Satiriker und Zeitzeu-

C Ein Begriff, den die Nationalsozialisten für ihre Ideologie aufgegriffen und missbraucht haben.

ge des Europa der 1930er Jahre) der bereits 1932 die *Schöne neue Welt* in einem dystopischen Zukunftsroman entwirft und damit eine absolute Gegenposition zum Transhumanismus vertritt. Worum geht es in dieser Geschichte? Machen wir einen kurzen Abstecher in die *Schöne neue Welt*.[209]

Aldous Huxley beschreibt in seinem Roman eine zu hundert Prozent kontrollierte, zivilisierte Gesellschaft im Jahr 2.540 n. Chr., wobei der Zivilisation hier zum Teil eine andere Bedeutung zukommt, als wir es ihr in einer demokratischen organisierten Gesellschaftsform beimessen würden. Zivilisiert ist in der „schönen neuen Welt", was genormt ist. Zivilisiert ist die homogene Menschenmasse, in der jeder dem anderen gehört. Zivilisiert ist eine Gesellschaft, die künstlich hergestellt wird, in der keine menschliche Entstehungsgeschichte dem Zufall überlassen wird, es gibt keine Zeugung mehr und keine Geburt, keine Eltern mehr, die ihre Kinder gebären oder erziehen würden. All das übernimmt der Staat. Die Normung des Einzelnen wird ab dem Zeitpunkt der künstlichen Reproduktion vorgenommen, vor der Geburt über den biologischen Weg, nach der Geburt über klassische Konditionierung, so dass es in der Folge keine Einzelnen mehr gibt, sondern nur noch Menschengruppen, die für bestimmte Aufgaben im Staat zuständig sind. Es geht darum, menschliche Ressourcen herzustellen, um die Gesellschaft am Laufen zu halten und größtmöglichen Nutzen für das System daraus zu gewinnen. Und damit jeder mit dem ihm zugeteilten Stückchen Welt zufrieden ist, wird sie/er von Anfang an so designed, dass niemand den zugeteilten Rahmen überschreiten will. Dass gelingt unter anderem, indem man tradiertes Wissen eliminiert, Bildung, Selbstreflexion und Persönlichkeitsentwicklung verhindert, Literatur/Geisteswissenschaft/Kunst nicht zulässt und allen menschlichen Grundbedürfnissen auf mechanischem Wegen gerecht wird. So sind alle friedlich und glücklich, in ihrem Rahmen frei und ohne jeden Zweifel. Es gibt keine Kriege, keine Aggressionen, keine Krankheiten, viel Soma-Rausch, viel Sex, keine romantische Liebe und somit auch keine Tragödien. Ewige Jugend und relativ frühes Sterben mit 60 Jahren, auf das aber im Kindesalter so genormt wird, dass es jeglichen Schrecken verliert. Der Tod wird als Faktum akzeptiert, das Alter jedoch vermieden. Kein Zufall, keine Krise, keine Brüche, stattdessen ausschließlich Plan und Kontrolle. Was für eine schöne neue Welt.

25 Jahre später führt der Bruder Julian Huxley den Begriff des Transhumanismus ein, welcher beispielsweise auch von Abraham Maslow in seinem Werk *Psychologie des Seins* aufgegriffen und von Robert Ettinger, dem „Vater der Kryonik“[210], in *The Prospect of immortality* und *Man Into Superman* weitergeführt wird. Ettinger war begeistert von der Idee, den menschlichen Körper durch Einfrieren vor dem Tod zu bewahren, um ihn zu einer Zeit, in der der medizinische Fortschritt weit genug ist, aufzutauen und wiederzubeleben.[211] Eine solche Kryonikkonservierung wurde erstmals in den USA 1967 von der Firma Alcor durchgeführt, in Russland gibt es seit 2006 auch den kommerziellen Anbieter dieser Dienstleistung (KrioRus), und es ist nur eine Frage der Zeit, bis diese Dienstleistung auch in Deutschland legal sein wird.[212]

Das Transhumane ist an die Körperlichkeit gebunden. Auf dieser Ebene versucht der Mensch, die Schöpfung zu manipulieren, sich selbst zu überhöhen, um so aus dem Gefängnis der biologischen Begrenztheit auszubrechen. Naturgesetze sollen also durch Naturgesetze außer Kraft gesetzt werden. Wir haben dieses Phänomen bereits gestreift, als wir uns mit der Frage nach einem gelungenen Anfang menschlichen Lebens auseinandersetzten. Diese Entwicklung ist seit vielen Jahren auf biotechnologischer Ebene zu beobachten. Schafe wurden geklont, Gene entschlüsselt, zunächst bei Pflanzen manipuliert, und am 21.01.2019 bestätigte China die Geburt der ersten genetisch veränderten Menschen, die Zwillinge Nana und Lulu.[213] Die Gentechnik beschreitet also einen Weg, dessen Ziel es ist, den Körper so zu optimieren, dass er irgendwann keine biologischen Probleme mehr aufweist.

Eine Alternative hierzu wäre, unser Bewusstsein und unsere Intelligenz in einer Art und Weise weiterzuentwickeln, die uns in die Lage versetzt, uns von der irdischen Dualität zu lösen und in die All-Einheit, in den Weltgeist einzugehen. Die Schaltkreistheorie, bzw. „Entwicklungstheorie der acht Bewußtseinsstufen“[214] von Timothey Leary aus den 1960/70er Jahren, wäre hier zu nennen, an deren Ende der Mensch über das Bewusstsein in die körperlichen Strukturen eingreifen kann. Die Wege dorthin sind für Leary z. B. Meditation, Yoga, aber auch kontrolliert eingenommene psychedelische Drogen.[215]

Oder wir bemühen uns darum, den Körper ganz zu überwinden und Wege zu finden, unseren Geist in Computern hochzuladen.

Drei Ansätze mit dem gleichen Ziel, nämlich das Nirwana ins Diesseits zu holen, um nicht mehr auf ein religiöses Jenseits warten zu müssen. Ein Gott wird überflüssig, denn wir stellen unser Himmelreich selbst her, indem wir versuchen, technologisch zu erreichen, was bisher nur religiös erahnbar war: den

Tod zu überwinden und (im Diesseits) ins nichtduale Sein überzugehen.[216] Dass möglicherweise der Tod selbst der ganz natürliche Weg in diese nicht-duale Seinsform sein könnte, wird offenbar ausgeblendet.

Der Mensch erhebt sich auf diese Weise in einen göttlichen Status, was auch der israelische Historiker Yuval Noah Harari in seinem 2017 erschienenen Bestseller *Homo Deus. Eine Geschichte von morgen* vom Baum des Naturalismus aus beschreibt. Der Dataismus wird zur neuen Religion der Menschheit. „Dem Dataismus zufolge besteht das Universum aus Datenströmen, und der Wert jedes Phänomens oder jedes Wesens bemisst sich nach seinem bzw. ihrem Beitrag zur Datenverarbeitung."[217] Wurde der Mensch, bzw. ganz allgemein Organismen, seit Darwins *Über die Entstehung der Arten* immer mehr als biochemischer Algorithmus interpretiert, stellen naturalistische Wissenschaftler heute fest, dass für elektronische Algorithmen die gleichen mathematischen Gesetze gelten.[218] „Damit reißt der Dataismus die Grenze zwischen Tieren und Maschinen ein und geht davon aus, dass elektronische Algorithmen irgendwann biochemische Algorithmen entschlüsseln und hinter sich lassen."[219] Und so könnte der Augenblick nicht weit sein, in dem der Homo sapiens seine Kontrolle verliert, nämlich dann, wenn der Moment der „technologischen Singularität"[D] eintritt. Das ist der Fall, wenn der Mensch eine KI (Künstliche Intelligenz) hergestellt hat, die in der Lage ist, sich unabhängig vom Menschen weiterzuentwickeln. Ab diesem Zeitpunkt ist es unklar, wie es für den Homo sapiens weitergeht.[220]

In Hararis Beschreibung einer Welt von morgen haben die Menschen endlich anerkannt, dass es weder eine Seele, noch ein Ich oder ein Selbst oder einen freien Willen gibt. „Das heilige Wort ‚Freiheit' erweist sich, genauso wie die ‚Seele', als leerer Begriff, der keine erkennbare Bedeutung hat. Der freie Wille existiert nur in den imaginären Geschichten, die wir Menschen erfunden haben."[221] Das ist Wertenihilismus vom Feinsten. Leben lässt sich aus dieser Perspektive als reiner Algorithmus begreifen, und so kann der Homo sapiens sich zum Homo Deus upgraden, in dessen Welt niemand mehr sterben muss, wenn wir von Unfall und Tötung als Todesursache einmal absehen. All das ist keine Science-Fiction, sondern reale Vision von Menschen, die im Silicon Valley tagtäglich an deren Verwirklichung arbeiten, und es verändert die Welt schon heute maßgeblich.

D Dieser Begriff wurde durch das Buch *Menschheit 2.0. Die Singularität naht* von dem amerikanischen Autor und Computerpionier Ray Kurzweil populär.

Und die Frage, die wir uns stellen müssen ist: Wollen wir das? Wollen wir eine solche Entwicklung der Welt und der Menschheit? Soll das ernsthaft unser Zukunftsentwurf für unsere Gesellschaft von morgen sein? Wollen wir unsere Kinder auf ein Leben im Dataismus vorbereiten? Wollen wir weiter so tun, als sei diese Entwicklung naturgegeben und damit alternativlos?

Lassen Sie uns nach wissenschaftlichen Stimmen suchen, die ein anderes Weltbild vertreten und damit einhergehend auch andere Zukunftsentwürfe kreieren.
Wieder greife ich auf den Philosophen Markus Gabriel zurück, dem wir schon im Kapitel über Werte begegnet sind. Er macht sich mit seinem Entwurf eines *Neuen Realismus* stark für ein radikal anderes „Welt"verständnis. Gabriel ist überzeugt davon, „dass es die Welt nicht gibt, sondern nur unendlich viele Welten, die sich teilweise überlappen, teilweise aber in jeder Hinsicht unabhängig voneinander sind".[222] Er widerlegt die Idee des Naturalismus, bzw. zeigt dessen schnell erreichte Grenzen auf. Gabriel weigert sich, dem materialistischen Reduktionismus nachzueifern und liefert logische Argumente, die diesen Weltzugang in seiner Eindimensionalität entlarven, indem er erklärt, warum es zwar die Welt als solche nicht gibt, dass es umgekehrt aber vieles gibt, von dem uns die Naturalisten glauben machen wollen, es existiere in Wahrheit überhaupt nicht. Der freie Wille zum Beispiel. Gabriel geht in einen philosophischen Widerstand gegen ein messbares, quantifizierbares, entzaubertes, glückloses, enges Weltverständnis und macht klar, dass Denken mehr ist, als eine Folge aus biologischen Vorgängen im Gehirn[223]. Genauso wie er der Hypothese widerspricht, dass künstliche Intelligenz jemals in der Lage sein wird, zu denken[224]. Er entwirft mit dem neuen Realismus eine erkenntnistheoretische Alternative, nicht nur zum Naturalismus, sondern auch zum Konstruktivismus.[E]

Verlassen wir nun die philosophische Perspektive und wenden uns dem Soziologen, Sozialpsychologen und Zukunftsforscher Harald Welzer zu. Er ist davon überzeugt, „(a)lles könnte anders sein"[225] und entwirft vor soziologischem Hintergrund auch einen neuen Realismus (der aber nichts mit dem neuen Realismus von Markus Gabriel gemein hat). Dazu postuliert er elf Merksätze, die

---

E Vgl.: 1. Teil/Kapitel 5: Werte, Normen, Moral/Moralischer Realismus in Opposition zum Wertenihilismus und Werterelativismus

seine Utopie einer Gesellschaft von morgen zusammenfassen.[226] Es ist eine Vision, die auch als radikaler Gegenentwurf zu Hararis *Homo Deus* gelesen werden kann, und sie beginnt mit der Erinnerung daran, dass Menschen Lebewesen sind, deren Überleben davon abhängt, ob genug Sauerstoff zum Atmen, genug Nahrungsmittel zum Essen und genug Wasser zum Trinken zur Verfügung stehen. Denn von Daten und Algorithmen können wir uns nicht ernähren. Oder, um es mit Hannah Arendt zu sagen, „wir sind an die Notdurft des Lebens gebunden“[227]. Leben hat Bedingungen, die nicht künstlich sind, was in rein digitalisierten Weltvorstellungen scheinbar immer wieder verdrängt bzw. negiert wird.[228] Es geht Welzer also zunächst mal darum, die körperliche Voraussetzung menschlichen Lebens anzuerkennen, ohne dass seine Perspektive deshalb eine Naturalistische wäre. Welzer plädiert leidenschaftlich für die innere und äußere Freiheit des Menschen, die Welt zu gestalten, sich seiner seelischen und geistigen Möglichkeiten zu bedienen, um die großartigen Errungenschaften unserer Zivilisation aufrechtzuerhalten und weiterzuentwickeln. Damit meint er unsere freiheitliche, demokratische Rechtsstaatlichkeit, die zu mehr Sicherheit, weniger Gewalt, mehr Wohlstand und höherer Lebensdauer geführt hat. Oder um es mit Leibniz zu sagen: Wir leben – im historischen Vergleich – zurzeit in der besten aller möglichen Welten. Das Problem ist nur, dass wir sie auf der irrtümlichen Idee aufgebaut haben, es gäbe auf einem endlichen Planeten unendliche Ressourcen. Und obwohl wir genau wissen, dass das nicht stimmt, leben wir so weiter, als wüssten wir es nicht. „Wir leben in einer Gesellschaft, in der Wissen gelehrt und Unwissen praktiziert wird, ja in der Tag für Tag gelernt wird, wie man systematisch ignorieren kann, was man weiß.“[229] Wir lernen also radikal böse zu sein.[F] Die zentrale Frage, die sich für Welzer stellt, ist, wie wir es als Gesellschaft schaffen können, die Geschichte unseres humanen Fortschrittes in positiver Weise fortzusetzen, ohne dabei unser Wissen zu ignorieren. Und mit diesem Fortschritt „ist nicht der materielle Überfluss gemeint, sondern die immateriellen Güter: Freiheit, Sicherheit, Recht, Institutionen der Bildung, Gesundheit, Versorgung“.[230] Welzer kommt zu dem Schluss, dass es notwendig sein wird, auf der materiellen Ebene alles zu verändern, damit diese Werte weiterhin verwirklicht werden können.[231] Vor diesem Hintergrund gilt es neue Erzählungen über eine positive Zukunft zu entwerfen, kreativ zu wer-

[F] Vgl.: 1. Teil/Kapitel 5: Werte, Normen, Moral/Hannah Arendt/Kant

den und Lust zu bekommen, sich genau daran zu beteiligen. Davon sind wir im Moment jedoch weit entfernt. Die Zukunft, von der die Jugend zum Teil nicht mehr zu träumen wagt, ist eine, die bleiben soll wie sie ist. Sie „soll sein wie jetzt, nur mehr und kontrollierter. Oder noch schlimmer: ‚Zukunft ist das, was nicht passieren darf.'"[232] Mit dieser Haltung lässt sich kein gutes Narrativ einer Welt von morgen schreiben.

Begännen wir jedoch von einer besseren, neuen, anderen Zukunft zu träumen, in der wir „das Gute" weiterentwickeln, nicht vorrangig um Katastrophen zu verhindern, sondern einfach, weil es in sich gut ist, weil es sinnvoll ist, dann haben wir eine Chance auf gelingendes Leben. Dazu müssen wir jedoch wieder ein Gespür dafür entwickeln, was sinnvoll ist, und das können wir aus existenzanalytischer Sicht vor allem über die Verwirklichung von Werten. Wir müssen also wieder zu träumen beginnen von einem guten Leben.[233] Wer diesen Traum und seine Verwirklichung nicht mehr riskiert, der wird auch nicht die Kraft und den Mut aufbringen, sich einzusetzen gegen Tendenzen, die ein gelingendes Leben vereiteln, wie z. B. Angst, Ungerechtigkeit, Gewalt, Rassismus, Egoismus, Umweltzerstörung, Krieg, Dummheit, Ignoranz, Konkurrenzdenken.

Wenn wir anfangen, uns daran zu erinnern, dass Wirklichkeit auch eine Konstruktionsleistung ist, spüren wir hoffentlich mehr Handlungsspielraum und verstehen, dass wir sie mitkreieren können und gesellschaftliche Wirklichkeitsvorschläge nicht unhinterfragt hinnehmen müssen.[234] In diesem Fall würden wir den Baum wechseln und die Welt vom Idealismus der Freiheit aus betrachten.

Lassen Sie uns kurz innehalten und folgenden Fragen nachspüren:

1) Was bedeutet Wirklichkeit?
2) Was wirkt wie in unser Leben hinein und wird auf diese Weise zu unserer Wirklichkeit?
3) Welche Folgen haben unsere Vorstellungen von der Wirklichkeit auf unser ganz konkretes Handeln?
4) Wie wirken wir in das Leben anderer hinein und beeinflussen damit deren Wirklichkeit?

5) Wie kontextabhängig ist unser Wahrnehmen, Denken, Fühlen und Handeln, unser Selbstbild und Fremdbild?

6) Welche Handlungsspielräume würden sich für Sie eröffnen, wenn Sie die derzeitigen Lebensbedingungen als Wirkichkeits*vorschlag* wahrnähmen und nicht als Naturgesetz?

7) Welche Auswirkungen hätte das auf Ihre Zukunftsträume und Visionen?

8) Welche Auswirkungen hätte es auf Ihre Bereitschaft und Motivation, sich an deren konkrete Verwirklichung zu wagen?

Positionieren wir uns konstruktivistisch zu unserer Zukunft, dann ergibt sich daraus die Möglichkeit, einen anderen Wirklichkeitsvorschlag ins Spiel zu bringen. Anstatt ohnmächtig-resignativ einer beispielsweise transhumanistischen Vision entgegenzublicken, die wir so vielleicht gar nicht wollen. Das bedeutet nicht, die Universalität von moralischen Tatsachen in Frage zu stellen. Vielmehr sollte deren unbedingte Anerkennung und Weiterentdeckung Teil des alternativen Vorschlages sein. Wir müssen der Zerstörung des Planeten nicht achselzuckend zusehen, sondern sollten endlich anfangen, echte Alternativen zu entwickeln, wie es Greta Thunberg (und mit ihr eine ganze Generation zurecht) einfordert. Greta hat den Traum einer Welt von morgen, die auch für ihre und die folgenden Generationen noch Heimat ist, und sie kann es nicht mehr aushalten, dass wir wider besseres Wissen unser destruktives Verhalten fortsetzen und so die Zerstörung der Welt immer weiter vorantreiben. Ganz allein hat sie am 20. August 2018 vor dem schwedischen Reichstag einen Anfang gemacht.
Die Möglichkeit verschiedener Wirklichkeiten bedeutet weder die Ebene des Geistigen, noch die Ebene des naturwissenschaftlich Faktischen zu negieren. Diese Erkenntnisse zu leugnen oder als Fake News darzustellen, wie wir es von prominenter Stelle kennen, ist fahrlässig und gefährdet buchstäblich unsere Welt. Wer also beispielweise behauptet, die Klimakatastrophe sei nicht menschengemacht und deshalb aus dem Pariser Klimaabkommen aussteigt, der richtet damit irreversible Schäden über alle Landesgrenzen hinaus an. Das ist eine zutiefst destruktive Wirklichkeitskonstruktion, die weder der Welt noch der Menschheit gerecht wird.
Was zusätzlich an dem Klimabeispiel deutlich wird: Auch Landesgrenzen sind

nicht mehr, als ein menschliches Konstrukt, das historisch gesehen ziemlich jung ist.[235] Sie sind nicht naturgegeben, die Grenzen unseres Planeten allerdings schon. Leider verhält sich die Menschheit so, als wäre es gerade umgekehrt.

Als ich einmal bei einem Vortrag des deutschen Astronauten Ulrich Walter war, wurde mir das durch dessen Beschreibung seiner Erfahrungen im Weltall sehr bewusst. Die Erde vom Weltraum aus zu sehen war offenbar eine wirklich existenzielle Erfahrung für ihn. Wer diese unfassbare Schönheit, Fragilität und äußere Begrenztheit bei gleichzeitig innerer Grenzenlosigkeit einmal gesehen hätte, könne sich kaum mehr in zerstörerischer Weise zu ihr verhalten. Er beschrieb das sehr eindrücklich. Es wundert nicht, dass die Geburtsstunde der Umweltbewegung eine Folge der ersten Aufnahmen der Erde vom Weltraum aus war. Dieser Blick war offenbar notwendig, um zu begreifen, wie verletzlich und gefährdet unsere Welt eigentlich ist. Leider haben wir nicht alle die Möglichkeit, diesen Blick zu erleben. Stattdessen lernen wir jetzt gerade sehr schmerzhaft über eine Pandemie, dass Landesgrenzen eine Illusion sind und wie vulnerabel unser auf unendliches Wachstum ausgerichtetes Leben ist. Aber anstatt dieses falsche Konstrukt als solches zu erkennen und zu verändern, werden die Grenzen manifestiert und der Nationalismus erblüht an vielen Orten zu einer unheilvollen Pracht.

Die Wirklichkeit, wie wir sie erleben, ist also aus konstruktivistischer Perspektive keine Wahrheit, sondern ein Vorschlag. Dieser kann fakten- und wertebasiert sein, oder nicht. Die Idee eines grenzlosen Wachstums, auf der unsere Hyperkonsumgesellschaft beruht, ist es nicht. Auch der digitale Zukunftsentwurf ist ein Vorschlag, der sich nur deshalb immer mehr verwirklicht, weil wir ihn bewusst oder unbewusst annehmen. Aber eben, weil es Vorschläge sind, haben wir auch die Chance, Alternativen zu entwickeln. Alternativen, die unsere Welt für alle Geschöpfe und Organismen zu einem Ort werden lässt, an dem gelingendes Leben möglich ist. Eine Welt, in der Menschen nicht, aufgrund von Klimaveränderungen, die weite Teile des Planeten unbewohnbar machen, aus ihrer Heimat fliehen müssen. Eine Welt, in der sich die Artenvielfalt weiterentwickeln kann anstatt auszusterben. Eine Welt, deren materielle Wachstumsgrenze von uns anerkannt wird. Eine Welt, in der wir verstehen, dass existenzieller

Unsinn endlich ist, weil seine Realisierung – auf lange Sicht – zu ihrer Zerstörung führt. Eine Welt in der der existenzieller Sinn unendlich ist, weil wir diesen über universale und personale Werte verwirklichen können[G]. Ganz konkret. Jeden Tag. Jede. Jeder. Das heißt, wir haben tatsächlich unbegrenzte Möglichkeiten. Und zwar auf der geistigen Ebene, die geprägt ist von Sinn und Werten. Auf dieser gilt es, Handlungskonzepte für eine bessere Zukunft zu entwickeln. Diese Entwürfe könnten einen neuen Umgang mit Zeit und Raum beinhalten. Es gäbe Traumzeiten und Freiräume, es gäbe die Möglichkeit, inne zu halten, zu reflektieren, zu agieren, Ideen zu entwickeln, Grenzen des moralisch Vertretbaren zu spüren und daraus Handlungsimpulse für Alternativen zu entwickeln, um so einen Unterschied zu machen, wie Welzer es nennt.[236] Dafür hat uns Greta ein großes Beispiel gegeben, es geht aber auch im Kleinen.

Was ergibt sich nun für die Pädagogik aus all diesen Überlegungen (die nicht mehr sein wollen, als erste Impulse in diese Richtung)? Welche Folgen hat unser Weltbild für Erziehung und Bildung?
Einen Unterschied kann ja nur machen, wer die Möglichkeit bekommt, sich mit der Welt kreativ auseinanderzusetzen. Wer gelernt hat, eine kritische Haltung zu sich und der Welt einzunehmen. Wer die Möglichkeit bekommen hat, sich und die Welt lieben zu lernen. Wer das Gefühl hat, in die Welt hineinwirken und damit eine Spur hinterlassen zu können. Wer Verantwortung spürt, für das eigene Handeln und die Mitgestaltung der Welt. Wer mit Werten in Berührung gekommen ist, deren Verwirklichung die Erfahrung von Sinn ermöglicht hat. Wer sich in der Welt beheimatet fühlt und von ihr getragen. Wer Freiheit erlebt hat und Antworten suchen durfte. Wem unterschiedliche Weltzugänge eröffnet wurden. Wer also auf verschiedene Erkenntnis-Bäume klettern durfte, um von dort einen Überblick zu bekommen. Wem Weltoffenheit vorgelebt wurde und nicht Determination. Wem viel Vertrauen entgegengebracht wurde und weniger Kontrolle.
All das ist auch eine Frage des Weltbildes, von dem aus Erziehung und Bildung stattfindet. Erinnern Sie sich an die ersten beiden Kapitel?

G Vgl.: 2. Teil/Kapitel 2: Existenzielle Erziehung und Bildung/2.4.4: Die Wertstrebigkeit des Menschen

Wie Sie die Fragen nach Erziehung und Bildung beantworten, steht in direkter Abhängigkeit zu Ihrem Weltbild. Deshalb ist es so wichtig, immer wieder darüber zu reflektieren, allein, aber auch im Team oder innerhalb kollegialer Beratung oder Supervision[H], um auf diese Weise die eigene pädagogische Haltung stetig zu hinterfragen und auf den Prüfstand zu stellen.

[H] Vgl.: 3. Teil

7. Haltung, Stil, Autorität

Wie hängen pädagogische Haltung und pädagogisches Verhalten zusammen? Welche Formen von Autorität gibt es? Welche sind hilfreich, welche nicht? Wie entwickeln wir einen Stil? Welcher Stil wirkt sich wie aus?

Beginnen wir wieder mit einigen Fragen vorweg:

1) Welches Verhalten von Erziehenden hat in Ihnen als Kind Vertrauen ausgelöst?
2) Welches Verhalten hat Angst oder Scham ausgelöst? Suchen Sie bitte ganz konkrete Beispiele für beide Fragen.
3) Welche Folgen hatte das eine und das andere für Ihren Entwicklungs- und Lernprozess?
4) Zu welchen Zeitpunkten, in welchen Situationen, waren Ihre Eltern oder andere pädagogische Begleiter*innen stolz auf Sie? Woran haben Sie das gemerkt?
5) Welche Erzieherinnen/Sozialpädagogen/Lehrerinnen/Dozenten haben Sie als Autorität empfunden?
6) Was hat dazu geführt, dass Sie sie als Autoritäten anerkannt haben?
7) Zu welchen Erzieherinnen/Sozialpädagogen/Lehrerinnen/Dozenten haben Sie kein Vertrauen gehabt? Warum nicht?
8) Welche Folgen hatte das für Ihren Entwicklungs- und Lernprozess?
9) Wie würden Sie *Ihre* erzieherische Grundhaltung heute beschreiben?
10) Wie hat sich Ihre Haltung entwickelt? Wovon hing diese Entwicklung hauptsächlich ab?

11) Haben Sie es schon erlebt, dass Ihr Verhalten nicht mit Ihrer eigentlichen inneren Haltung übereinstimmte? Wenn ja, was war der Grund für diese Diskrepanz?

12) Welche Auswirkungen hat Ihre Haltung auf die Entwicklung der Kinder, die Sie begleiten?

Erziehung ist auch eine Frage des Stils. Im Erziehungsstil drückt sich eine durchgängige pädagogische Grundhaltung aus. Erkennbar wird diese an möglichen Verhaltensmustern von Pädagog*innen.
Ein Stil, wenn er authentisch gelebt wird, ist nicht anwendbar, sondern nur entwickelbar. In ihm spiegelt sich die Einzigartigkeit und Einmaligkeit pädagogischen Verhaltens. Das, was für den Erziehenden typisch, ja charakteristisch ist.[237] Dem liegt jedoch oft keine bewusste Entscheidung zugrunde, „sondern Erziehende umsorgen Kinder nach eigenen Vorstellungen und Werten so gut es ihnen gelingt".[238]
Der jüdische Sozialpsychologe Kurt Lewin gilt als Begründer der Erziehungsstilforschung. Nach seiner Emigration aus dem nationalsozialistischen Deutschland 1933 führte er Ende der dreißiger Jahre in den USA, zusammen mit Ronald Lippitt und Ralph K. White seine empirische Erziehungsstilforschung durch. Dabei unterschieden die Wissenschaftler zwischen drei mögliche Führungsstilen: dem autoritären, dem demokratischen und dem laissez-fairen Erziehungsstil. Ziel der Forschung war es herauszufinden, welche Auswirkungen die unterschiedlichen Verhaltensmuster auf die Gruppen der Kinder haben würden. Es wurde deutlich, dass die Verwirklichung des demokratischen Stils Menschen am ehesten ermöglicht, so etwas wie Solidarität, Verantwortung, Kreativität, Arbeitsfreude, Selbstwirksamkeit und Demokratieverständnis zu entwickeln, während die Folgen der autoritären Verhaltensweisen bei den Kindern eher zu Konkurrenzverhalten, Ausgrenzung, Abhängigkeit zur Leiter*in, sowie Gleichförmigkeit, egozentrischer Sprache und aggressivem Verhalten führten. Der Laissez-faire Stil brachte eine gereizte Atmosphäre in der Gruppe mit sich, es gab viele Vorschläge und Diskussionen, aber wenig Umsetzung, wenige Ergebnisse und dadurch Unzufriedenheit.[239]
Es liegt also auf der Hand, dass Erziehungsstile in direktem Zusammenhang zu den angestrebten Erziehungszielen stehen. Insofern ist es günstig, diesen Zusammenhang zu kennen und den eigenen Stil dahingehend zu reflektieren.

Lewin und seine Mitarbeiter haben mit dieser empirischen Forschung einen Anfang gemacht, der zum Teil von der Fachwelt als zu undifferenziert kritisiert wurde. Die Einteilung in nur drei Stile sei zu global, in der Wirklichkeit sei erzieherisches Verhalten wesentlich differenzierter und komplexer. Zurecht verwies man außerdem darauf, dass die Erziehenden im Experiment den Stil wie eine Regieanweisung anwendeten, egal, welche innere Haltung sie tatsächlich vertraten. Dies ist mit authentischem Verhalten nicht in Einklang zu bringen und hatte natürlich auch Auswirkung auf die beobachteten Ergebnisse. Dennoch hat Lewin hier, zu einer Zeit als in Europa der zweite Weltkrieg tobte, auf zentrale pädagogische Zusammenhänge aufmerksam gemacht, die aus der Sicht Eva Maria Waibels zwar nicht zu einem „gesamthaften"[240], aber immerhin doch zu einem „scherenschnittartigen Verständnis von Erziehung beitragen".[241]

Aus der Perspektive der geisteswissenschaftlichen Pädagogik ist Eduard Sprangers Klassifikation von Erziehungsstilen zu nennen. Spranger war Philosoph, Pädagoge, Psychologe und Schüler Wilhelm Diltheys[A]. Über den hermeneutischen Erkenntnisweg kristallisiert er vier Stile heraus:

1) *Weltnah vs. isolierend:* Wie früh wird das Kind den Belastungen der Wirklichkeit ausgesetzt oder wird es davon ferngehalten?
2) *Frei (liberal) vs. gebunden (autoritär):* Wie viel oder wenig Eigeninitiative wird dem Kind zugestanden?
3) *Individualitätsbezogen vs. uniformierend:* Wie ernst wird die Individualität des Kindes genommen oder wird es eher dem großen Ganzen untergeordnet?
4) *Vorgreifend vs. entwicklungsgetreu:* Wird die Kindheit als eigene, wertvolle Phase wahrgenommen, oder als Durchgangsstadium ins Erwachsenenalter aufgefasst?[242]

Wenn also der Übergang von der vierten in die fünfte Klasse heute als das „kleine Abitur" bezeichnet wird, dann ist das eine stark vorgreifende Erziehung, ebenso wie der Strampelanzug, auf dem der errechnete Abiturjahrgang des Babys appliziert ist.

A Vgl.: 1. Teil/Kapitel 6: Welt/Dilthey/Weltanschauungen/Gartenmetapher

Das Ehepaar Tausch hat in den 1960er Jahren in Deutschland ihr dimensionsorientiertes Konzept publik gemacht, wobei sie sich inhaltlich stark an Rogers orientierten.[B] Sie lenkten den Fokus auf die Dimensionen, die der Typenbildung zugrunde liegen und folgten damit den vom amerikanischen Sozialpsychologen Earl S. Schäfer entwickelten Skalen, die in der Forschung bis heute Anwendung finden.[243]

Welchen Stil wir als Erziehende verwirklichen, welche Haltung wir einnehmen, hängt stark mit unserer eigenen Biographie zusammen. Wie sind wir erzogen worden, in welcher Gesellschaft und Kultur sind wir aufgewachsen, welche Krisen haben wir wie gemeistert, welche Verluste erfahren, welche wunderbaren Glückmomente geschenkt bekommen, mit welchem Weltbild, welchem Menschenbild kamen wir in Berührung, welche Werte waren zentral?

Kaum werden wir je einen Stil in Reinform verwirklichen, dazu ist die Sache der Erziehung zu komplex. Dennoch sollte eine stetig reflektierte Grundhaltung von professionellen Pädagog*innen die Basis sein, von der aus erzogen, gelehrt und begleitet wird. Dazu gehören auch die Fragen nach den Haltungen und daraus resultierenden Erziehungsmaßnahmen, denen wir im Kontext unserer eigenen Erziehung und Bildung begegnet sind. Was habe ich mir von wem bewusst oder unbewusst abgeschaut? Was hat mein Leben bereichert? Was davon hat mich so stark belastet, dass ich es eigentlich niemals wiederholen wollte? Ist mir das gelungen? Wenn ja, was hat mir dabei geholfen? Wann bin ich daran gescheitert?

Einen Gegenentwurf zum elterlichen Erziehungsstil verwirklichen zu wollen, setzt eine Auseinandersetzung mit dem Erlebten voraus. Auf diese Weise können Zusammenhänge erfasst werden. Beispielsweise, welches Leid durch bestimmte Verhaltensweisen der Eltern und anderen Erziehenden im eigenen Leben erzeugt wurde. Eine solche Erkenntnis ist ein guter Anfang, garantiert jedoch nicht, dass die Umsetzung einer Alternative glücken wird, weil genau diese möglicherweise fehlte bzw. nicht wahrgenommen werden konnte. Das macht es herausfordernd, aber nicht unmöglich, neue Wege zu finden, denn

B Vgl.: 1. Teil/Kapitel 3: Mensch sein/Humanistisches Menschenbild

um es mit dem finnischen Psychiater und Psychotherapeuten Ben Furman zu sagen: „Es ist nie zu spät eine glückliche Kindheit zu haben."[244] Mit seinem lösungs- und ressourcenorientierten Blick zeigt Furman auf, dass wir nicht im emotionalen Gefängnis unserer Kindheit verharren müssen, sondern die Wahl haben, auf welche unserer Erfahrungen wir den Fokus unserer Aufmerksamkeit lenken wollen. Positive Ausnahmen lassen sich in der Regel immer finden, man muss unter Umständen nur sehr lange danach suchen und tief graben. Dabei geht es nicht darum, das Leid und die damit verbundenen Schmerzen zu negieren, sondern darum, sie in eine Balance zu bringen, mit anderen Erfahrungen, die es daneben auch gegeben hat, so dass es sich in der Gegenwart leichter leben und pädagogisch handeln lässt. Dies kann unter Umständen auch therapeutische Hilfe erforderlich machen. Und noch etwas gilt es in diesem Kontext zu bedenken: Wer das eigene Handeln ausschließlich als Gegenentwurf zu seinen Erfahrungen in der Kindheit versteht, ist noch nicht frei in seinem Tun. Die starke Rückbezüglichkeit auf die eigene Geschichte verstellt den Blick auf das Kind, das im Hier und Jetzt, in seiner individuellen Einzigartigkeit begleitet sein will.

Die Biographie aller Erziehenden, wie auch immer sie jeweils verlaufen sein mag, hat Einfluss auf das Erziehungsgeschehen und wirkt sich auf die Entwicklung einer pädagogischen Grundhaltung aus. Entweder, weil der Erziehungsstil der Eltern bewusst oder unbewusst übernommen wird, oder weil das Gegenteil zu verwirklichen versucht wird, oder weil eine neue, reflektierte, freie Haltung dazu eingenommen werden konnte.

Kleiner Exkurs: Präsidentschaftswahl in den USA im November 2020. Im Kontext dieses außergewöhnlichen Ereignisses, sah ich eine spannende Dokumentation über die Biographien von Joseph Biden und Donald Trump, welche die skizzierten Zusammenhänge zwischen individueller Biographie und Führungsstil gut verdeutlicht.[245]

Trumps Mutter war früh abwesend. Der Vater, Fred Trump, richtete die Söhne auf Leistung und Erfolg ab und ging dabei sehr brutal vor. Die Trump-Brüder wetteiferten um die Gunst des rassistischen Vaters, der den älteren seiner Söhne, Freddy, kontinuierlich herabsetzte, weil er nicht den notwendigen „Killerinstinkt"[246] hatte, um die Geschäfte des Vaters in dessen Sinne weiterführen zu können. Freddy floh in eine Alkoholabhängigkeit und starb mit 43 Jahren an deren Folgen. Dieses Schicksal wollte Donald Trump nicht teilen. Mit 13 ging er auf ein Militärinternat, in dem das praktiziert wurde, was wir heute unter *schwarzer Pädagogik* verstehen: eine sehr, sehr strenge autoritäre Erziehung, die mit roher Gewalt gegen Kinder und Jugendliche arbeitet. Trump wurde schnell zum Kadettenführer und regierte als solcher mit „eiserner Faust".[247] Fünf Jahre war er dort und lernte Härte zu zeigen, sich durchzusetzen, eine gewaltvolle Form der Autorität zu entwickeln.

Es gibt offensichtlich unübersehbare Zusammenhänge zwischen der Art, wie Donald Trump erzogen wurde und dem Führungsstil, mit dem er die Welt vier Jahren lang in Atem hielt. Oder um es mit der Psychologin Alice Miller zu sagen, „(a)m Anfang war Erziehung".[248] Das entschuldigt nichts, denn welche Form der Erziehung und Bildung Menschen auch immer erlebt haben mögen, es entbindet sie nicht von der Verantwortung, dazu Stellung zu beziehen und qua ihrer geistigen Freiheit andere, sinnvolle Wege zu suchen. Das ist herausfordernd. Es erfordert Resilienz und Mut. Eine neue Selbst- und Weltwahrnehmung muss dafür riskiert werden. Und das würde wiederum moralischen Fortschritt bedeuten.[C] Dazu ist Trump ganz offenbar nicht fähig. Und so sehnten sich jene Regierungen, die sich noch den humanistischen Werten der Aufklärung verpflichtet fühlen, nach seiner Ablösung und hofften, dass Joe Biden die Wahl gewinnt.

Biden hat einen anderen Stil. Sein Leben hat ihn empathiefähig gemacht. Er hat eine hohe Frustrationstoleranz und eine Mutter, die bedingungslos für ihn da war, was folgende Situation spürbar werden lässt:
Biden stotterte als Kind und wurde auf der Klosterschule, die er besuchte, von einer Nonne diesbezüglich vor der ganzen Klasse stark beschämt, indem sie ihn nachahmte. Biden hielt das nicht aus, wie seine Schwester berichtet, und rannte nach Hause, wo er seiner Mutter erzählte, was vor-

C Vgl.: 1. Teil/Kapitel 5: Werte, Normen, Moral

gefallen ist. Diese ging mit ihm in die Schule zurück und stellte die Nonne zur Rede, welche sich der Verantwortung für ihr Verhalten zu entziehen versuchte, indem sie die Respektlosigkeit des Jungen beklagte. Das ließ ihr die Mutter Bidens jedoch nicht durchgehen und drohte der Glaubensschwester, dass sie ihr persönlich die Haube vom Kopf hauen würde, wenn sie sich noch ein einziges Mal über ihren Sohn lustig machen würde.[249]

Das sind pädagogische Schlüsselmomente im Leben eines Kindes, nicht umsonst kann sich Bidens Schwester so detailliert daran erinnern. Es sind Momente, in denen Vertrauen entstehen kann, in denen Kinder spüren, dass sie, in diesem Fall von der Mutter, gehalten sind, getragen, gewollt und willkommen. Bedingungslos. Trotzdem hatte Biden immer den Wunsch, nicht mehr zu stottern, denn von anderen Menschen wurde er weiterhin dafür verspottet und ausgelacht. Das spornte ihn insofern an, als dass er alles dafür tat, diese Sprechauffälligkeit zu überwinden. Und er schaffte es. Das dafür notwendige Durchhaltevermögen hat er möglicherweise auf dem Boden der bedingungslosen Liebe seiner Mutter entwickeln können. Kraft dieser Resilienz hat er seine politische Karriere, trotz absoluten Außenseitertums, begonnen und erfolgreich vorangebracht. Auf dem ersten Höhepunkt seines politischen Weges verlor Biden 1972 im Alter von 28 Jahren seine erste Frau und seine Tochter bei einem Unfall. Die Söhne überlebten schwer verletzt. Biden stand nun vor der Herausforderung, sowohl der Verantwortung als alleinerziehender Vater als auch der Aufgabe als Senator von Delaware gerecht zu werden. Er entschied sich für dieses Wagnis und legte am Krankenbett seiner Söhne 1973 den Amtseid ab. Er antizipierte jedoch auch die Möglichkeit seiner Überforderung und machte für diesen Fall klar, dass er sich dann darauf beschränken würde, seinen Söhnen ein guter Vater zu sein. Biden verlor 2015 seinen Sohn Beau durch einen Gehirntumor. Daraufhin unterbrach er seine politische Laufbahn und trat nicht als demokratischer Gegenkandidat Trumps im Wahljahr 2016 an. Vier Jahre später wurde er zum Präsidenten der USA gewählt.

Ich weiß, ich gehe mit diesem Ausflug in den amerikanischen Wahlkrimi auf eine politische Ebene. Etwas, dass man übrigens Kurt Lewin in Bezug auf die Wahl der Begriffe „autoritär“ und „demokratisch“ innerhalb seiner Forschungen vorgeworfen hat, weil sie aus dem Sprachgebrauch der Politologie entnommen seien und damit weltanschaulich gebunden.[250] Dennoch ziehe ich dieses politische Beispiel heran, weil es deutlich macht, was auch für pädagogische Zusammenhänge gilt.

Anhand dieser beiden amerikanischen Lebensgeschichten wird anschaulich nachvollziehbar, wie stark die familiäre und institutionelle Erziehung und Bildung eines Menschen, dessen Haltung sich selbst, seinen Mitmenschen und der Welt gegenüber beeinflusst. Das gilt für alle Menschen. Aber nicht in allen Berufsfeldern hat es so große Auswirkungen, wie beispielsweise in der Politik oder im Bereich von Bildung und Erziehung. Überspitzt formuliert könnte man sagen: Wenn Politik stil- und haltlos wird, dann birgt das Gefahren für die Welt, wenn Pädagogik stil- und haltlos wird, gefährdet das die Menschen in ihrem Menschsein (wobei das natürlich nicht ganz stimmig ist, weil auch ein autokratischer Stil ein Stil ist). Beides steht in Wechselwirkung zueinander, weil Bildung und Erziehung im gesellschaftlichen Kontext stattfindet und weil Politik von Menschen gemacht wird. Gefährlich wird es z. B. auch, wenn Erziehungsziele politisch formuliert werden, das Leitziel also beispielsweise nicht die Mündigkeit des Menschen ist, sondern der sozialistische oder der nationalsozialistische Mensch, um zwei Beispiele aus der deutschen Geschichte aufzugreifen. Hinter beiden Zielen steht ein ideologisches Weltbild und ein rein behavioristisches Menschenbild, das von der absoluten Formbarkeit des Menschen ausgeht. Die Erziehungsprogramme diktatorischer Gesellschaftssysteme sind entsprechend konzipiert und greifen konsequenterweise sehr früh von staatlicher Seite in den Erziehungsprozess ein.
Aber auch in einer demokratisch organisierten Gesellschaft ist es unsere Aufgabe, sensibel zu bleiben und immer wieder zu überprüfen, ob unsere wohlmeinend humanistisch formulierten Erziehungsziele tatsächlich die Leitschnur sind, an der wir uns pädagogisch orientieren. Oder ob diese nicht schon längst im Begriff sind abgelöst zu werden, zugunsten kapitalistisch orientierter Erziehungsziele, wie z. B. dem Homo oeconomicus, der das Ideal eines

> „ausschließlich nach wirtschaftlichen Gesichtspunkten denkenden und handelnden Menschen (verkörpert). Der Homo oeconomicus kennt nur ökonomische Ziele und ist besonders durch Eigenschaften wie rationales

Verhalten, das Streben nach größtmöglichem Nutzen (Nutzenmaximierung), die vollständige Kenntnis seiner wirtschaftlichen Entscheidungsmöglichkeiten und deren Folgen sowie die vollkommene Information über alle Märkte und Eigenschaften sämtlicher Güter (vollständige Markttransparenz) charakterisiert".[251]

Auf der Richtzielebene geht es unter dieser Prämisse z. B. um (digitale) Wettbewerbsfähigkeit, marktwirtschaftliche Anpassungsfähigkeit auf allen Ebenen, Selbstoptimierung und (kognitive) Leistungsbereitschaft, um nur einige Punkte spontan herauszugreifen.

Beispiel: (Ökonomischer) Erfolg und ein gelungenes Arbeitsleben scheinen in der gesellschaftlichen Wahrnehmung inzwischen so unabdingbar an ein Universitätsstudium gekoppelt zu sein, dass die Industrie- und Handelskammern, Handwerkskammern und das bayerische Wirtschaftsministerium in Franken sich entschlossen haben, ganz offensiv für das duale System beruflicher Ausbildungsformen zu werben. So sind auf Litfaßsäulen in der Metropolregion Nürnberg Plakate zu sehen, auf denen erschrockene Eltern abgebildet sind und daneben stehen Sätze wie: „Meine Tochter will einen Beruf, der sie erfüllt, was soll ich tun?" Und die Antwort darauf: „Sei stolz."[252] Als ich das das erste Mal sah, hätte ich fast einen Auffahrunfall provoziert, so irritiert war ich. Die IHK muss Eltern darauf hinweisen stolz zu sein, wenn ihr Kind einen erfüllenden Beruf ergreifen möchte? Was für ein Bild von Eltern, von Kindern und von Familie geht damit einher? Müttern und Vätern wird unterstellt, dass sie schockiert sind, wenn ihr Kind sich nach beruflicher Erfüllung sehnt und diese in einem Handwerksberuf sieht. Mal angenommen das stimmt, könnte dann ein Hinweis der IHK an einer solchen Einstellung etwas ändern? Ich bin skeptisch. Andererseits ist es, könnte man argumentieren, doch sehr erfreulich, wenn den Jugendlichen von so überraschender Seite der Rücken für ihre Visionen und Wünsche gestärkt wird. Aber ist es wirklich eine Stärkung? Infantilisiert man die Jugendlichen nicht, wenn man den Appell an die Eltern richtet? Warum spricht man die Jugendlichen nicht selbst an? Das Plakat könnte ja auch eine strahlende Jugendliche abbilden und der Text daneben könnte lauten: Du willst einen Beruf der Dich ausfüllt? Orientiere Dich an Deinen Interessen und Potenzialen, informiere Dich über Deine Möglichkeiten (gerne sind auch wir Ansprechpartner), sei stolz auf alles, was dich als Mensch ausmacht und lass Dich nicht von der Erwartungshaltung anderer in eine Richtung lenken, die nicht Deine ist. Aber das steht da nicht. Warum nicht? Traut man den Jugendlichen keine eigenverantwortliche Entscheidung in Sachen Berufswahl zu? Wäre das aber nicht ein wichtiger Schritt in Richtung Mündigkeit? Sind wir dabei, dieses Leitziel der Erziehung aus den Augen zu verlieren? Oder umzudeuten? Hängt damit vielleicht die Rückkehr zu teilweise stark lenkenden Formen der Erziehung zusammen?

Klar ist, wer Kindern und Jugendlichen zu einem emanzipierten, autonomen, solidarischen, sinnvollen Lebensweg verhelfen will, der kommt mit einem stark lenkenden Erziehungsstil nicht weit. Niemand kann unter diesen Bedingungen lernen, kreativ zu sein, schöpferisch tätig zu werden, sich zu entfalten, Verantwortung zu übernehmen, Selbstbewusstsein zu entwickeln, sich selbstständig Wissen anzueignen. Dies bestätigte sich in der Zeit der Schulschließungen deutlich. Schüler*innen und Studierende, die es auch vor Corona gewohnt waren, selbstständig zu arbeiten, hatten wesentlich weniger Probleme mit der Eigenverantwortung, die der Distanzunterricht erfordert. Wer das nicht gelernt hatte, tat sich schwer.

Bedeutet nun die Absage an einen autoritären Erziehungsstil, dass man keine Grenzen mehr setzen darf? Dass man nicht konsequent sein darf? Und schon gar keine Autorität für das Kind sein soll?
Natürlich nicht. Es gibt logische und natürliche Konsequenzen, die sich aus dem Verhalten des Kindes ergeben, und die im besten Fall vorab erklärt werden. Auf diese Weise kann das Kind Zusammenhänge erkennen. Es versteht, warum dieses oder jenes Verhalten bestimmte Folgen nach sich zieht. Diese Konsequenzen sind manchmal auch unangenehm, trotzdem haben sie nichts mit Strafe zu tun. Dazu kommt die Option der Wiedergutmachung. Diese ermöglicht es dem Kind, eine Sache wieder ins Reine zu bringen, einen Schaden zu beheben. Auf diese Weise lernt es, dass Fehler passieren können und meistens die Chance besteht, sie wieder gutzumachen. Auch das ist keine Strafe. Hier werden wichtige Lebensprinzipien vermittelt. Niemand wird beschämt, keine*r entwickelt Angst oder muss in den inneren Widerstand gehen, weil all das hoffentlich auf einer Basis von gegenseitigem Vertrauen geschieht.

Die Bedingungen sinnvoller Grenzsetzung fasst die Pädagogikprofessorin Eva Maria Waibel so zusammen: Die Erziehende muss selbst hinter der Grenze stehen, es darf keine willkürliche Machtausübung sein, die Grenze ist klar und verständlich definiert, für das Kind nachvollziehbar, sie verfolgt ein gutes Ziel, ist logisch, transparent, realistisch, bestimmt, konsequent, konstant, erklärbar, begründbar, veränderbar, kann akzeptiert werden, lässt Freiräume und Mitbestimmungsmöglichkeit, ihr Sinn ist erkennbar, beide Seiten halten sich daran.[253]

Pädagog*innen können sich heute in der Regel weniger als früher auf ihre Rolle oder Amtsautorität berufen und von dort aus Macht ausüben. Das machen viele Kinder, Gott sei Dank wie ich finde, nicht mehr mit. Aber nicht, weil sie keinen Respekt hätten, was oft unterstellt wird. Den hätte wohl niemand, dem in willkürlicher Art autoritär begegnet wird. Hier wird Respekt mit Angst verwechselt.[254] Angst vor Willkür, Angst vor Beschämung, Angst vor Bestrafung, Angst vor Ausgrenzung. Das ist es, wogegen sich die antiautoritäre Erziehungsbewegung zur Wehr gesetzt hat. Es ging 1968 nicht um die Etablierung einer laissez-fairen Erziehung, sondern darum eine demokratische Form im pädagogischen Miteinander zu finden. Das ist zum Teil gelungen, aber wir haben an vielen Beispielen gesehen, dass weder Willkür, Beschämung noch Strafe ganz aus der familiären und institutionellen Pädagogik verschwunden sind, sondern zum Teil sogar eine Art Comeback feiern.

Deutlich wurde mir das unter anderem auch an einer Aufgabenstellung in der bayerischen Kinderpfleger*innenabschlussprüfung im Jahr 2019, welche die Aufforderung enthielt, die Chancen und Gefahren des Einsatzes von Strafen gegeneinander abzuwägen.[255] Es wurde nicht danach gefragt, wie man in der Erziehung konstruktiv Grenzen setzen kann (z. B. durch logische und natürliche Konsequenzen oder Wiedergutmachung) sondern es wurde neben den Gefahren tatsächlich auch nach den *Chancen* von *Strafe* gefragt.

So gesehen sind strafende Erziehungsmaßnahmen kein Ergebnis von Unwissenheit oder unbewussten Handlungsmustern, sondern sie werden als gangbare Möglichkeit (wieder) anerkannt, gelehrt und abgefragt. Wie kann das sein? Hatten wir uns nicht gesellschaftlich schon lange darauf geeinigt, dass

eine zentrale Aufgabe von Erziehenden und Lehrenden darin besteht, sich den Respekt der Kinder und Jugendlichen zu *verdienen* und zwar auf der Grundlage einer wertschätzenden, vertrauensvollen Beziehung, die tragenden Charakter hat? Universalistisch gedacht war das immer schon ihre Aufgabe, auch wenn sie als solche nicht zu allen Zeiten und an allen Orten erkannt wurde.[256] Aber wir haben es (eigentlich) erkannt! Und so betont der Professor für Pädagogik Nils Köbel „Respektiert wird heute eine pädagogische Autorität dann, wenn sie es wert ist, respektiert zu werden"[257].
Das ist anspruchsvoll, manchmal auch anstrengend und hoffentlich oft beglückend. Wenn es gelingt, kann eine neue Form des gegenseitigen Respekts entstehen. Der dänische Familientherapeut Jesper Juul, der deutsche Pädagoge und Kindertherapeut Wolfgang Bergmann und der Schweizer Kinderarzt Remo H. Largo sprechen in diesem Zusammenhang auch von einer *neuen Autorität*. Diese wird den Erziehenden dann zugesprochen, wenn sie sich über ihr Person-sein in den Bildungsprozess einzubringen verstehen.[258] Das heißt, die Person der Pädagog*in wird für das Kind spürbar, offenbart wer sie ist, woran sie glaubt, wofür sie steht. Es ist nicht angezeigt, sich auf ein unpersönliches „man" zurückzuziehen im Sinne von „*man* macht dies und jenes und anderes macht *man* nicht". Wer sich als Person einbringt, spricht von sich in der Ich-Form und das Kind als Du an.[259] Die Erziehende tritt in ein dialogisches Verhältnis zum Kind. Dies ist am ehesten einer Person möglich, die eine dialogische Grundhaltung entwickelt. Zur Welt, zum Leben, zu den Menschen und zum Menschsein. Einer Person, die sich zu sich und der Welt ins Verhältnis setzen kann. Einer Person, die einen Zugang zu Werten und Moral gefunden hat, immer wieder sucht und ggf. auch damit ringt. Einer Person, die Liebe und Vertrauen in sich spürt und zu anderen Menschen aufbauen kann. Einer Person, die sich die Zeit nimmt nachzudenken, zur Ruhe zu kommen und ein inneres Zwiegespräch mit sich zu führen.

Eine weite innere Reise liegt hinter uns, in der ich in jedem Kapitel bereits Spuren zum nun kommenden zweiten Teil des Buches gelegt habe. Ging es im ersten Teil vor allem darum, Gedanken und Gefühle anzuregen, große Fragen aufzuwerfen, erste Antworten aus verschiedensten Quellen zur Verfügung zu stellen, möchte ich Sie jetzt in einen dialogisch-existenziellen Möglichkeitsraum der Pädagogik einladen, den viele gar nicht kennen, da ihm meiner Erfahrung nach selten Platz in pädagogischen

(Aus-) Bildungskontexten gewährt wird. Das ist unendlich schade, da auf diese Weise wertvolle Impulse und tragendes Wissen viel zu wenig verwirklicht werden können. Umso wichtiger ist es, dass wir nun gemeinsam diesen Raum betreten und dadurch die Chance besteht, dass sich dieser Zweig der Pädagogik in Ihnen und in Ihrer Arbeit verlebendigen kann.
Im Unterricht ist das der Punkt, an dem ich Inhalte in monologischer Vortragsform vorstelle, um im Anschluss darüber wieder den Dialog aufzunehmen. Und so werde ich auch hier vorgehen.
Dabei werden Sie zunächst dem Religionsphilosophen Martin Buber begegnen und dann dem Philosophen, Neurologen und Logotherapeuten Viktor Frankl. Damit diese beiden Philosophen Ihnen auch als Menschen näherkommen können, stelle ich deren Lebenslinien vor die theoretischen Ausführungen.
Die anthropologischen Grundannahmen Bubers und Frankls haben während meines Studiums und darüber hinaus großen Einfluss auf mein Denken und Fühlen gehabt. Deshalb kehre ich immer wieder zu ihnen zurück. Wenn ich das tue, dann schöpfe ich Kraft und Hoffnung und es entsteht ein Raum des Vertrauens in mir, der sich öffnet für die Erfahrung von Sinn.
Dazu eine kleine Sequenz aus dem Ethikunterricht:
Während des Distanzunterrichtes innerhalb der ersten Coronawelle wünschten sich die Studierenden, den Film *Systemsprenger* anzusehen und ihn danach gemeinsam im Unterricht zu reflektieren. Da alle in der Gruppe die technische Möglichkeit dazu hatten, stand dieser Idee nichts im Wege. Wir vereinbarten allerdings, dass sie sich – im Falle eines akuten Austauschbedürfnisses – auch schon vor der nächsten Ethikstunde untereinander als Gesprächspartner*innen zur Verfügung stehen, denn es ist ein auf vielen Ebenen sehr erschütternder Film. Unter anderem deshalb, weil er gnadenlos aufzeigt, wie hilflos und ohnmächtig unser deutsches pädagogisch-psychologisches Helfer*innensystem gegenüber einem Kind sein kann, das aufgrund seines verzweifelt-aggressiven Verhaltens keinen Platz in unserer Gesellschaft findet.
Es geht um Benni. Das 9-jährige Mädchen durchläuft einen leidvollen Weg mit vielen Stationen. Weil die alleinerziehende Mutter mit dem Erziehungsauftrag völlig überfordert und allein gelassen ist, übernimmt das Jugendamt diese Aufgabe. Benni lebt in Kinderheimen, Kliniken, bei

Pflegeeltern. Nirgends kann sie innerlich ankommen. Alle sind bemüht, Benni in ihrer Verzweiflung, Aggression und existenziellen Bedürftigkeit zu helfen. Es mangelt nicht an Liebe, weder bei der sehr jungen Mutter noch bei den Erzieherinnen, Sozialpädagogen, Therapeutinnen, der Pflegemutter oder dem Antiaggressionstrainer. Aber niemand gibt Benni das notwendige Maß an Nähe und Vertrauen, das für ihre Heilung und Entwicklung so dringend notwendig wäre. Die Mutter, die das Kind in der Dunkelheit seiner Welt in ihren Armen wiegen und halten sollte, schafft es nicht. Die professionell Erziehenden dürfen es nicht in der Intensität, in der es erforderlich wäre, weil es die berufliche Professionalität nicht zulässt. Letzteres ist richtig und schrecklich zugleich. Die „Lösung" besteht schlussendlich in der Abschiebung des Kindes nach Afrika, um dort einen völligen Neustart zu bekommen, wobei die letzte Szene offenlässt, ob es dazu tatsächlich kommt.

Wir haben lange und intensiv darüber gesprochen, was diese Geschichte in uns ausgelöst hat und welche Bilder bleiben werden. Wir überlegten und versuchten hinzuspüren, was dem Kind wohl am meisten gefehlt hat, was es am dringlichsten gebraucht hätte. Wir kamen zu dem Schluss: Es hätte wenigstens einen einzigen Menschen im Leben von Benni geben müssen, der es dem Kind durch die Begegnung mit ihm ermöglicht hätte, tiefes Vertrauen zu sich und zur Welt zu entwickeln. Liebe allein reichte da leider nicht aus. Dieser Gedanke ließ mich an die folgenden Worte Martin Bubers denken:

> „Vertrauen, Vertrauen zur Welt, weil es diesen Menschen gibt – das ist das innerlichste Werk des erzieherischen Verhältnisses. Weil es diesen Menschen gibt, kann der Widersinn nicht die wahre Wahrheit sein, so hart er einen bedrängt. Weil es diesen Menschen gibt, ist gewiß in der Finsternis das Licht, im Schrecken das Heil und in der Stumpfheit der Mitlebenden die große Liebe verborgen."[260]

Ich las diese Zeilen den Studierenden vor – ein Gänsehautmoment entstand. Und so traute ich mich, den Vorschlag einzubringen, vom angedachten Plan in Ethik abzuweichen und stattdessen Martin Buber zu lesen. Ich stieß glücklicherweise auf Zustimmung. Obwohl ich darauf aufmerksam machte, dass die Sprache Bubers mit ihren ungewöhnlichen Wortschöpfungen für die meisten Leser*innen heute wahrscheinlich eher ungewohnt ist. Gleichzeitig ist sie wie ein Instrument. Sie trifft einen Ton, der die Seele, das Herz und den Geist zum Klingen bringt. Und in diesem Klang ist so viel enthalten. Welt- und Menschenliebe, Sehnsucht und Freiheit, Hoffnung und Vertrauen. Und so, wie man nicht Noten lesen können muss, um die Musik von Bach zu hören und zu lieben, muss man nicht jeden Satz Bubers intellektuell erfassen, um ihn zu verstehen. Es wurde also der Kauf von Bubers *Reden über Erziehung* vereinbart und das Lesen der ersten Rede. Drei Wochen später war es so weit und ich war gespannt, wie es den Studierenden mit der Lektüre ergangen war. Die meisten hatten nicht die ganze erste Rede geschafft. So viele Sätze mussten wiederholt gelesen werden, um eine Ahnung davon zu entwickeln, was sie bedeuten könnten. Das empfanden viele als anstrengend und gleichzeitig auch als bereichernd. Eine Studierende erzählte, sie habe fast gar nichts verstanden, sei aber drangeblieben und dann auf einen Satz gestoßen, der sie so sehr berührt hat, dass sie ihn in der Folgezeit wie einen Schatz mit und in sich trug. Sie legte das Buch auf ihren Nachttisch. Es während des Schlafens in ihrer Nähe zu wissen, gab ihr offenbar ein gutes Gefühl.

So kann es gehen mit Buber. Auf dieses Wagnis lade ich Sie also nun auch ein und hoffe, dass Sie in Resonanz dazu gehen können, auf welcher Ebene auch immer. Dabei werde ich versuchen, Bubers Sprache durch Zitate erlebbar zu machen, weshalb sich das Folgende sprachlich zum Teil sehr abheben wird von den bisherigen Ausführungen.

Teil 2

Existenzielle Antworten – Konzepte einer Pädagogik des Vertrauens

1. Dialogische Erziehung und Bildung

„Ich habe keine Lehre,
aber ich führe ein Gespräch."[261]
(Buber)

Bubers Denken hat das Potenzial, Weg und Richtung für junge Leute aufzuzeigen. Er liefert Antworten, die existenzieller Sinnsuche gerecht werden und konfrontiert gleichermaßen mit einer universellen Botschaft, die jeden Menschen angeht. Dabei ist er kein systematischer Philosoph, er vertritt keine Lehre in engem Sinn, doch jedes Wort von ihm ist Lehre.
Bubers Pädagogik, seine pädagogische Ethik ist „letztlich religiös fundiert"[262] ohne dabei einer bestimmten Konfession anzugehören, oder missionieren zu wollen. Vielmehr wird eine anthropologisch begründete Religiosität aufgezeigt. Als Religionsphilosoph setzt Buber eine grundsätzliche Rückbindung des Menschen an eine ihn übersteigende Größe voraus, von der aus sich der menschliche Weg entwickelt.[A] Buber lässt sich dennoch nicht in eine bestimmte Disziplin einordnen. Eugen Biser formuliert es so:

> „Buber ist, was er ist, in einem jeden seiner Beiträge ganz: Philosoph, als erblicke er in der Philosophie das Hauptgeschäft seines Lebens; Philologe, als stehe er ausschließlich im Dienst am Wort: Erzieher und Politiker, als gehöre seine ganze Kraft der Bildung des Menschen und dem Aufbau einer dauerhaften Friedenserziehung."[263]

Sein Weg kann in großen Teilen als Abbild dessen interpretiert werden, was er zu vermitteln suchte, wobei leider auch auf Diskrepanzen zwischen seinem Denken und dessen Umsetzung, gerade innerhalb der familiären Erziehung im Hause Buber, hinzuweisen sein wird. Das schmälert sein Werk nicht, ist aber dennoch (für mich) schwer auszuhalten. Wie immer, wenn sich zwischen dem theoretischen Anspruch und dessen Verwirklichung im echten Leben ein tiefer

A Vgl.: 1. Teil/Kapitel: 6. Welt/Objektiver Idealismus

Abgrund auftut. Aber das macht den Anspruch nicht falsch. Er ist nur kein Garant für die gelingende Umsetzung in allen Bereichen des Lebens.

1.1 Martin Buber – Leben und Werk

Martin Mordechai Buber wird am 8. Februar 1878 in Wien geboren. Er ist drei Jahre alt, als seine Eltern sich trennen. Die Mutter Elise Buber geht fort, ohne dass ein Wort darüber verloren wird. So wächst er zunächst bei seinen Großeltern Salomon und Adele Buber in Lemberg (heute Lwiw in der Ukraine) auf. Er hat etwa ein Jahr schon die Mutter nicht mehr gesehen, da ereignet sich ein Moment in seinem Leben, den er später als wegweisend interpretiert.[264] Seine Babysitterin antwortet für ihn völlig unvermittelt auf eine nicht gestellte Frage. Sie sagt dem vierjährigen Buben: „Nein, sie kommt niemals zurück."[265] Das Kind, bis zu diesem Zeitpunkt vom Gegenteil überzeugt, wird von der unumstößlichen Wahrheit dieser Aussage erfasst, weiß von innen her, dass es daran keinen Zweifel gibt und so „verheftet sich (diese Wahrheit) in seinem Herzen".[266] Zwanzig Jahre später besucht ihn seine Mutter zum ersten Mal und „in ihrem Blick vernimmt er das Wort ‚Vergegnung'".[267]
In dieser Negation und in dem intuitiven Wissen um die Wahrheit der Aussage des Mädchens „Nein, sie kommt niemals zurück" sieht Buber den Ursprung dessen, was später seinen Begriff von Begegnung konstituiert und er weiß, dass jene persönliche Erfahrung überindividuell zu fassen ist. „Sie geht den Menschen an sich an."[268]
Der Großvater Salomon Buber ist Schriftgelehrter und auch die Großmutter liebt Sprache und Schrift. Ihrem Enkel Martin bringt sie die deutsche Literatur nahe. Vom neunten Lebensjahr an verbringt Buber die Sommerferien bei seinem Vater Karl, mit 14 Jahren zieht er ganz zu ihm. Erst mit zehn Jahren kommt Buber in die Schule. Vorher genießt er Privatunterricht. Er fängt zu dieser Zeit bereits an, sich zweisprachige Dialoge auszudenken und wird dabei der Spannung zwischen dem Gesagten und des vom Empfänger Vernommenen gewahr. Er besucht das Gymnasium, die Schulsprache ist polnisch. Es gibt dort keinen spürbaren Judenhass, die Lehrer*innen werden von Buber als tolerant empfunden. Doch es gibt ein Ritual an der Schule, das mitzumachen für ihn schlimmer ist, als jede Form denkbarer Intoleranz – das morgendliche Beten. Während die christlichen Schüler*innen zu Beginn jedes Schultages ihre Stimme zum Gebet erheben, verstummen die jüdischen Kinder für diesen Moment, wohnen dem sakralen Vorgang bei, obwohl sie das weder wollen, noch können. So zumin-

dest beschreibt es Buber für sich. Hier sieht er die Wurzel für seinen späteren Widerstand gegen jede Form von Mission, welcher sich auf ausnahmslos jede Religion bezieht.[269]
In seiner Jugend gerät Buber in eine religiöse Krise, welche die Lossagung von jüdischen Religionsgebräuchen zur Folge hat. Er liest Kant und Nietzsche, wird unmittelbar von deren Philosophie betroffen. Beide Autoren reißen ihn aus der „Kontinuität aller Bildungsvorgänge"[270] in einer für ihn im wahrsten Sinne katastrophalen Weise, wobei Kant eher befreiend auf ihn wirkt, während Nietzsches Konzept der „ewigen Wiederkehr des Gleichen" ihn „überfällt"[271] und tief erschüttert. 1896 immatrikuliert sich Buber an der Universiät Wien, belegt Philosophie, Kunstgeschichte, Germanistik und Philologie. Von 1897–1899 studiert er darüber hinaus auch in Leipzig, Berlin und Zürich. 1903 promoviert er zu dem Thema „Die Geschichte des Individuationsproblems. Nicolaus von Cues und Jakob Böhme". Im Alter von zwanzig Jahren beginnt er sich, vor dem Hintergrund der antisemitischen Atmosphäre dieser Zeit, für die „Zionistische Bewegung" zu engagieren und gründet eine entsprechende Ortsgruppe im Verein jüdischer Studenten in Leipzig. Diese Orientierung beschreibt Juliane Jacobi als „die folgenreichste (...) seines Lebens. Ohne den Zionismus sind weder Martin Bubers Leben und Werk, noch sein Einfluss auf die Pädagogik zu verstehen".[272]
In der Schweiz begegnet er der 21-jährigen Studentin Paula Winkler, die er später heiratet. Die Liebe zu Paula, einer Katholikin, die später zum Judentum konvertiert, ist ihm ein großer Halt. Sie verleiht ihm Kraft und schenkt ihm die immer gesuchte Geborgenheit, die er durch die Mutter nie erfahren hat.[273] Sie führen eine lebenslange und von vielen Seiten als glücklich beschriebene Ehe. Aus dieser gehen zwei Kinder, Rafael und Eva, hervor. Um deren Erziehung kümmert sich Buber kaum und wenn, dann nur in autoritärer Weise.[274] Er steht den Kindern stets distanziert gegenüber. Beide werden – wie Buber selbst – zunächst zuhause unterrichtet, später folgt eine gymnasiale Laufbahn. Tochter Eva geht diesen durch die Eltern vorbestimmten Weg. Als sie sich mit achtzehn Jahren schließlich in Stuttgart für Gartenbau immatrikulieren will, verbietet Buber dies mit der schlichten Begründung, dass sie zuhause gebraucht werde.[275] Diese diskrepante Haltung zwischen seinem Denken und dem nicht stattfindenden Transfer in den eigenen Familienkontext, lässt berechtigter Weise Kritik laut werden. So schreibt beispielsweise Haim Gordon: „Eine solch übertriebene Bevormundung (der Kinder) war natürlich unverantwortlich. Und sein Mangel an Gespür für das Bedürfnis seiner Tochter, ihren eigenen Weg zu finden, zeugt von einer Vorstellung, die ich mir erlaube egoistisch zu nennen."[276]
Das Verhältnis zu Sohn Rafael gestaltet sich noch schwieriger. Während Eva

sich den autoritären Maßgaben des Vaters unterwirft, verlässt Rafael, unter der akademischen Prominenz des Vaters leidend, siebzehnjährig das Gymnasium und demonstriert seine Protesthaltung anschließend mit seinem Eintritt in die österreichische Armee. Später stilisiert er sich auf seinem weiteren Lebensweg im Gegensatz zum Vater als „Antiintellektueller".[277]

In jungen Jahren schon fungiert Buber als Übersetzer und Herausgeber, veröffentlicht Aufsätze und Bücher. Vor allem aber sucht er (außerhalb der Familie) das Gespräch sowohl mit jungen Menschen als auch mit Erwachsenen und „vermittelt Orientierung und Lebensmaß".[278]

Innerhalb der Familie entwickelt sich eine generationsübergreifende Wiederholung der Geschichte. Als sich Sohn Rafael von der Schriftstellerin Margarete Buber-Neumann scheiden lässt, wird den Großeltern das Sorgerecht für die Enkel zugesprochen. Wieder ist es Paula Buber, die sich der Erziehung der Kinder widmet, während der Großvater sich im Hintergrund hält. In zweiter Ehe verheiratet möchte Rafael Jahre später seine Kinder wieder zu sich nehmen, was sein Vater jedoch zu verhindern weiß.

1923 erscheint *Ich und Du*[279] in endgültiger Fassung. Damit findet Buber „zur eigenen religionsphilosophischen Gestalt seines Denkens, die dann für die folgenden Jahrzehnte zur Basis seiner schriftstellerischen und politischen Tätigkeit"[280] wird. Von 1924 bis 1933 ist er Lehrbeauftragter, dann Honorarprofessor für jüdische Religionslehre und Ethik an der Universität Frankfurt am Main. Zusammen mit Franz Rosenzweig beginnt er 1925 die hebräische Bibel ins Deutsche zu übersetzen. Eine Arbeit, die er auch nach dem Tod von Rosenberg 1929 fortsetzt und 1962 vollendet.[281]
1933, am Tag nach Hitlers Machtergreifung, erfährt Buber postalisch, dass er der Uni fortan fernzubleiben hat. So engagiert er sich bis zu seiner Emigration 1938 leidenschaftlich für die Erwachsenenbildung der noch in Deutschland lebenden Juden.

> „Sie mußten unter dem wachsenden Druck erst lernen, ihre jüdische Identität zu finden. Vor 1933 waren sie zwar Juden, aber Juden, die sich als Deutsche fühlten. Diese wesentliche Kulturarbeit mag manchem das Rückgrat gestärkt und Überlebenshilfe gegeben haben."[282]

Ab 1935 verbieten die „Nürnberger Gesetze" jede weitere Form öffentlicher Betätigung durch die offizielle Entrechtung des deutschen Judentums. Bis 1938 werden Aufsätze und Reden Bubers durch den jüdischen Schocken Verlag publiziert. Danach wandert er mit seiner Frau und den Enkeltöchtern nach Israel aus. Seine Kinder sind zusammen mit ihren Ehepartnern bereits dort, so dass auf diese Weise die Familie wieder zusammenkommt. Im März desselben Jahres wird er an die Hebräische Universität in Jerusalem berufen, wo er bis 1951 Anthropologie und Soziologie lehrt.
Nach dem Ende des Krieges geht es Buber vor allem um Begegnung und Versöhnung, die trotz des dritten Reiches für ihn nicht nur möglich, sondern unentbehrlich sind. Und dies, obwohl kein Tag vergeht, an dem er nicht an den Holocaust denkt, den er, in seinen Auswüchsen undenkbarer Grausamkeiten, lange nicht in seine Vorstellungswelten integrieren konnte. Erst als die Gerüchte, die während des Krieges nach Palästina geschwappt waren, nach 1945 zu unumstößlichen Gewissheiten wurden, beginnt er die Wahrheit in ihrem ganzen Ausmaß zu erfassen.[B] Vor diesem Hintergrund weigert er sich zunächst, Nachkriegsdeutschland noch einmal zu betreten, ändert aber im Laufe der Zeit seine Einstellung und wird später zum „Mittler und Partner des jüdisch-christlichen Dialogs"[283]. Jedes Jahr kehrt er zusammen mit seiner Frau für mehrere Wochen oder Monate nach Deutschland zurück und nimmt 1952 den Goethepreis in Hamburg persönlich entgegen. Dies „wird von der Judenschaft in der ganzen Welt als Affront empfunden".[284] Eine solche Hinbewegung, die einen Weg eröffnet und nicht ein ganzes Volk per se verurteilt, ist für viele Juden in dieser Zeit nicht nachvollziehbar.[285]

Das Leben und Werk Martin Bubers erfährt vielfache Auszeichnung. Seine Schriften wurden in über zwölf Sprachen übersetzt und weltweit publiziert. 1958 stirbt seine Frau während einer längeren Europareise in Venedig. Dies bedeutet für ihn einen tiefen, schmerzvollen Einschnitt in seinem Leben. In seinen letzten Jahren vollendet er die Übersetzung der Bibel und arbeitet, trotz Krankheit, an einer dreiteiligen Werkausgabe. Am 13. Juni 1965 stirbt Martin Buber in Jerusalem. „Das würdige Begräbnis zeigte, dass Israel den nonkonformistischen Mann des Geistes trotz aller Meinungsverschiedenheiten doch tief verehrte."[286]

B Ähnlich war es Hannah Arendt ergangen, vgl.: 1. Teil/Kapitel 5: Werte, Normen, Moral.

1.2 Das dialogische Menschenbild

Bubers anthropologische Grundannahme beschreibt den Menschen als ein dialogisches Wesen. In der Begegnung mit dem Du kann er seine Potenziale entfalten und sich auf diese Weise zu dem Menschen entwickeln der er ist, bzw. sein könnte. So ist jeder Mensch, laut Buber, mit einem individuellen, einzigartigen Seinsauftrag ausgestattet, den es zu erspüren und erfüllen gilt. Der Mensch ist, aus dialogischer Perspektive, ein schöpferisches Wesen. Er gestaltet sein Leben und die Welt. Er wirkt in sie hinein und lässt sie auf sich einwirken. Auf der Basis tiefer Verbundenheit mit der Welt, ist er offen für Veränderung und kann Antworten suchen, die der jeweiligen Situation gerecht werden und die er verantworten kann. Weil wir Menschen sind, sind wir, Buber zu Folge, in der Lage, uns in ein dialogisches Verhältnis zur Welt zu setzen und ihr wesenhaft zu begegnen. Das ist vor allem auch deshalb möglich, weil der Mensch ein religiöses Wesen ist. Es macht uns zu Menschen, dass wir uns auf eine uns übersteigende Größe ausrichten und rückbinden können. Gleichzeitig drückt sich in dieser Rückbindung und Ausrichtung eine unbedingten Liebe zur Welt und eine große Freude am Leben aus.

1.3 Erziehung zum Dialog

Erziehung in einem dialogischen Weltverständnis bedeutet also in erster Linie das Bereitstellen von Bedingungen, die es dem werdenden Menschen ermöglichen, durch Begegnung mit einem Du zum Ich zu werden. „In und an der Erfahrung des Du-Sagens des Erziehers wird der Zögling zum Ich und bildet die Fähigkeit aus, Welt als Du zu erfahren, sich ihr als einem Du zuzuwenden."[287] So wird die Erschließung der Dialogfähigkeit des Kindes zum wichtigsten Erziehungsziel, aus dem sich in der Folge alles weitere ableitet. Die Dialogfähigkeit des Kindes ist hier also, *das* Erziehungsziel schlechthin. In keinem Bildungs- und Erziehungsplan können wir das heute so formuliert finden. Es ist ein umfassender Begriff, der in Teilbereichen von manchen Bildungs- und Erziehungsplänen sicherlich durchscheint, was jedoch in der Tiefe mit der Dialogfähigkeit gemeint ist, bedarf einer weiteren Auseinandersetzung.

Buber postuliert „Am Anfang ist die Beziehung"[288]. Sie ist jeder Erziehung vorrangig und stellt gleichzeitig deren „*Mitte* und *Motiv*"[289] dar, „denn nicht (...) aus dem Verhältnis des Menschen zu sich selber (vollzieht sich) das innerste Wachstum des Menschen (...), sondern aus dem zwischen dem Einen und dem Anderen"[290]. Aus dieser anthropologischen Grundannahme ergibt sich das oberste Ziel der Erziehung, die Dialogfähigkeit des Kindes, oder anders gewendet: die Befähigung zur Erschließung eines dialogischen Weltverhältnisses. Um dieses auszubilden, ist jenes Du-hafte In-Beziehung-Treten zwischen Erzieher*in und Kind notwendig. D. h. nicht in der pädagogischen Absicht besteht das entscheidende Moment, sondern in der pädagogischen Begegnung.[291]

Um Begegnung grundsätzlich zu ermöglichen, bedarf es einer entsprechenden Haltung, die den hierfür nötigen Raum schafft. Das bedeutet auch zu akzeptieren, dass sie weder plan- noch kalkulierbar ist. Das meint Buber, wenn er sagt: „Das Du begegnet mir von Gnaden – durch Suchen wird es nicht gefunden. Aber daß ich zu ihm das Grundwort spreche, ist Tat meines Wesens, meine Wesenstat."[292]
Begegnung kann also nicht intentional erwirkt werden. Oder schärfer formuliert: wer sie zum Ziel erklärt, verfehlt sie mit Sicherheit. Dennoch ist eine prinzipielle Offenheit Voraussetzung, damit wirklicher Dialog entstehen kann. Diese Offenheit kommt auch nicht planmäßig zustande, sondern erwächst vielmehr aus der geschenkten Erfahrung bisheriger Begegnungen. Somit besteht innerhalb der Ich-Du-Beziehung ein wechselseitiges Verhältnis aus Passion und Aktion, aus Erwählt werden und Erwählen.[293] Je öfter einem Menschen Begegnung widerfährt, desto resonanzfähiger wird er dafür, und umso größer wird die Wahrscheinlichkeit, dass seine Taten auch künftig zu Wesenstaten werden können. Dies führt zu einem Dilemma, das sich aus der Spannung zwischen Glück und Kontrolle, Freiheit und Sicherheit, Gnade und Willen ergibt und das Buber als das zentrale Thema des Menschen begreift: Begegnung *passiert.* Dieses Geschehen wird als Sinnerfüllung wahrgenommen und aus jener positiven Erfahrung heraus entsteht der Wunsch, sie zu reproduzieren, wodurch sie objektiviert wird. Die Folge ist der Versuch, das Geschehen zu planen und die Bedingungen des Zustandekommens von Begegnung zu kontrollieren. Dieser Versuch ist zum Scheitern verurteilt, denn aus Ich-Du wird auf diese Weise Ich-Es. Auf eine einfache Formel reduziert kann man also sagen: je mehr Kontrolle, desto weniger Begegnung, je vollkommener der Plan, desto unvollkommener die Beziehung. Wir stoßen hier auf die „Paradoxie des Wollens, das auf etwas zielt, das im letzten nicht verfügbar ist".[294]

Was bedeutet dies nun für pädagogische Prozesse?

Erklärtes Ziel dialogischer Erziehung ist die Dialogfähigkeit des anvertrauen Kindes. Damit sich diese im Kind entfalten kann, gilt es Voraussetzungen zu schaffen, die Begegnung wahrscheinlich machen. Aber ein verlässliches Zustandekommen liegt offensichtlich nicht in der Macht der Erziehenden. Sicher ist allerdings, je mehr die Begegnung gewollt wird, desto weniger wird sie geschehen. Es gibt in diesem Verhältnis nur diese negative Kausalität, andersherum funktioniert es nicht. Da sind keine Gewissheiten und keine Rezepte. Kein Plan, der abgearbeitet, keine zweifelsfreie Prognose, die gestellt werden könnte. Diese allgegenwärtige Spannung gilt es nicht nur auszuhalten, sondern auch zu reflektieren. Es bedeutet den „Abschied von der Machbarkeit“[295], die dem Selbstverständnis vieler Menschen zuwiderläuft, gehen sie doch im Regelfall davon aus, dass alles in den Griff zu bekommen ist.

Wie enttäuscht sind die werdenden Erzieher*innen immer wieder, wenn ich ihnen in regelmäßigen Abständen sage, dass es kein Rezept gibt, das ich ihnen an die Hand geben könnte und mit dem Erziehung immer funktionieren wird. Sie wollen dieses Paradox lieber nicht aushalten müssen. Sie sind doch schließlich da, um zu lernen wie es geht, das „Erziehungsgeschäft“. Sie lernen doch Pläne zu machen, methodisch sinnvoll zu arbeiten, Strukturen zu schaffen. Wofür all das lernen, wenn sich Begegnung als Kernpunkt innerhalb der Erziehung letztendlich aller Planbarkeit entzieht?

Worin besteht denn dann die Aufgabe von Erziehung in einem dialogischen Weltverständnis? Wie lässt sich bei so prinzipieller Unverfügbarkeit, erzieherisches Handeln überhaupt rechtfertigen?

Diese Problematik erfassend, lautet Bubers Antwort darauf „mit dem eigenen Sein auf das Sein anderer einzuwirken (...)“.[296]

1.4 Erziehung zum Sein

Um diesem ontologischen Auftrag – mit dem eigenen Sein auf das Sein des zu Erziehenden einzuwirken – folgen zu können, muss zunächst klargestellt werden, was Buber unter dem Sein des Menschen versteht.

1.4.1 Leben vom Wesen aus und Leben vom Bilde aus

Buber macht eine anthropologische Differenz zwischen zwei Grundtypen menschlichen Daseins auf: zum einen ein „Leben vom Wesen aus. Leben bestimmt, von dem, was einer ist".[297] Zum anderen, „Leben vom Bilde aus. Leben bestimmt von dem, wie einer scheinen will".[298] Kürzer könnte man auch sagen: Leben vom Sein und Leben vom Schein aus. Naturgemäß gibt es kein reines Phänomen des einen oder anderen Typen. Jeder Mensch trägt beide Möglichkeiten in sich. Entscheidend ist, welche der beiden Seiten im Vordergrund des Lebens steht. Ganz deutlich wird dieser Unterschied im Umgang der Menschen miteinander. Der vom Wesen aus Kommunizierende, ist in seinem Kontakt zum Gegenüber unbefangen, spontan, es interessiert ihn der Andere in seiner Einmaligkeit, durch die er sich grundsätzlich von ihm selbst unterscheidet. Sein Blick sucht und schaut den anderen in dessen Wesen, ohne einen Gedanken an die eigene Wirkung auf den Anderen zu verschwenden. Dieser Blick ist echt. Der vom Bilde aus Scheinende dagegen setzt einen bestimmten Blick auf, mit dem er eine Wirkung erzielen will. Er tut so, als sei der Blick spontan, er „stellt einen Blick her"[299], er *macht* den Blick.[C] Dieses beschreibt Buber als Lüge, die an der Existenz selber erfolgt[300]. Hier wird „die große Chance des wahren Geschehens zwischen Ich und Du verscherzt".[301] Möchte man jedoch wahrer Begegnung eine Chance geben, so darf man einen solchen Schein zwischen sich und dem anderen nicht zulassen. Vielmehr geht es um das wechselseitige Potenzial der Teilhabe am Sein des anderen, was Authentizität und Aufrichtigkeit zur Bedingung hat. Dabei will Buber diesen letztgenannten Begriff losgelöst verstanden wissen von einem „Moralpredigtton"[302] und ihn vielmehr anlehnen an den der „Aufrechtheit"[303]. Macht der aufrechte Gang den Menschen auf physischer Ebene zum Menschen, so erfüllt sich sein Menschsein jedoch erst, durch die analog dazu „aufrecht gehende Seele"[304]. Durch sie kann die Scheinhaftigkeit überwunden werden. Diese Unterscheidung zweier Typen des Seins

---

C Buber grenzt diese Art des Scheinens von einer anderen, „ontologisch rechtmäßigen" (Buber, Martin: Elemente des Zwischenmenschlichen. Audiovortrag) Art ab, nämlich dem der Nachahmung. Ein Jugendlicher bspw., der seinem Idol nacheifert, es in Mimik und Gestik zu kopieren versucht und währenddessen „das heroisch faktische ihn ergreift" (ebd.), macht nichts Vorgebliches, es ist vielmehr eine echte Darstellung, eine echte Nachahmung, die zum wahren Sein einen wichtigen Schritt markieren kann: „So laßt mich scheinen bis ich werde" (ebd.).

mag zu dem falschen Schluss führen, dass der vom Schein aus Seiende, dieser seiner Art ausgeliefert ist und sich nicht verändern kann. Diese Folgerung hält Buber für unzulässig, weil das Sein vom Bilde aus keine „Art" bezeichnet, sondern vielmehr eine Reaktion auf die Abhängigkeit der Menschen untereinander darstellt. Diese Abhängigkeit deutet Buber als die Schattenseite der Dialogfähigkeit. So viel leichter mutet ein Leben vom Schein aus an, so viel glatter, so viel reibungsloser. Dieser Verlockung zu folgen, bedeutet für Buber „die eigentliche Feigheit des Menschen"[305], ihr zu widerstehen, „sein eigentlicher Mut"[306]. Darin besteht die wahre Freiheit des Menschen. Wir können uns verändern und sind nicht festgelegt, auf ein So-sein-und-nicht-anders-werden-können. Buber bringt dies auf den Punkt, wenn er sagt: „Der Mensch ist als Mensch erlösbar."[307] Das Ringen um das Sein stellt den Menschen vor keine leichte Aufgabe, weshalb der Schein gerne als vermeintlich leichtere Alternative gewählt wird. Erfolg und Niederlage wechseln sich ab, und dennoch ist dieses Ringen niemals umsonst. „Leben vom Wesen aus muss zuweilen teuer bezahlt werden, jedoch nie zu teuer."[308]

Was bedeuten diese Überlegungen in unsere heutige, zunehmend digitale Welt übersetzt?

Ist ein Leben, das *nicht* vom Bilde ausgeht in Zeiten von Facebook überhaupt noch denkbar? Lässt uns der digitale Raum überhaupt die Chance für einen nicht „gemachten Blick"? Verstellt uns nicht sogar im analogen Kontakt das Smartphone den Blick zeitweise auf das Du? Kann es im Netz ein wahres Geschehen zwischen Ich und Du geben? Und wenn ja – wie könnte das aussehen? Und wenn nicht, welche Folgen hat das, wenn es, wie Buber es formuliert, einer „Lüge an der Existenz selbst"[309] gleichkommt?

1.4.2 Propaganda und Erschließung

Buber differenziert prinzipiell zwischen zwei Arten, auf Menschen Einfluss auszuüben, die Auferlegung einerseits (welche in den Bereich der Propaganda fällt) und die Erschließung andererseits.

Bei Ersterer werden Überzeugungen, Ideologien u. ä. einer anonymen Masse aufoktroyiert, die Einzigartigkeit des Individuums tritt in den Hintergrund, sie wird sogar als störend empfunden und im politischen Bedarfsfall durch Depersonalisierung eliminiert, um den Menschen auf diese Weise für entsprechende Zwecke zu funktionalisieren. Dies ist in allen Diktaturen der Vergangenheit und der Gegenwart beobachtbar.

Dem gegenüber steht die Möglichkeit der Erschließung, welche in den Bereich der Erziehung fällt. Hier versucht eine Person, das durch den Filter ihres Wesens als gut Erkannte, in der Seele des Anderen wieder zu entdecken, zu finden, zu fördern und zur Entfaltung zu bringen. „Weil es das Gute ist, muss es im Mikrokosmos des Anderen als Möglichkeit enthalten sein."[310] Das heißt, die Lernenden werden von der Pädagog*in in ihrer Potenzialität erschlossen.[311] Dies ist nicht durch Belehrung möglich, sondern durch Begegnung, durch „existentielle Kommunikation zwischen einem Seienden und einem Werden-Könnenden".[312] Diese Form des erzieherischen Kontakts setzt eine grundsätzliche Offenheit und Akzeptanz gegenüber dem Kind in seiner gänzlichen Andersheit voraus. Es hat die prinzipielle Annahme der Person zur Bedingung, unabhängig davon, ob deren Überzeugungen mit den eigenen kompatibel sind. Die Erzieher*in versucht, den anvertrauten Menschen in seiner Ganzheitlichkeit zu schauen und das bedeutet auch, „ihn von der Gabe des Geistes aus zu erfassen (…) seine Ganzheit als vom Geist mitbestimmte Person wahrzunehmen".[313]

Dieser holistische, personenhafte Blick wird jedoch immer wieder durch analytische, reduktive und ableitende Beobachtung verschleiert. Dadurch waltet eine „Entgeheimnissung (…) zwischen den Menschen".[314] Buber übt keine grundsätzliche Kritik an analytischen Verfahren. Natürlich ist ein analytischer, reduktiver Blick innerhalb der Wissenschaft oft unerlässlich, nur „muss sich die Wissenschaft der horizontartigen Grenze solcher Betrachtung bewusst sein".[315]

Auch hier möchte ich einen kurzen Blick in die heutige pädagogische Praxis werfen. In einer primär naturwissenschaftlich gedeuteten Welt wird die Entwicklung von Menschen mehr denn je in statistischen (Entwicklungs-) Bögen erfasst. Eine objektive Erfassung des anderen wird angestrebt, alles Subjektive bei der Erfassung von Daten möglichst geringgehalten. Eine Vergleichbarkeit soll gewährleistet sein, Evaluationen das Wirken der Erziehenden nachvollziehbar machen. Kinder werden laufend auf diese Weise beobachtet, sie werden zum *Objekt* der Beobachtung, genau wie die werdende Erzieher*innen oder Lehrer*innen, während ihrer Praxis – bzw. Unterrichtsbesuche. In vielen Teilaspekten werden sie beobachtet und bewertet, eine doppelte Beobachtungssituation ergibt sich daraus, die Ganzheitlichkeit der Kinder und der Auszubildenden/Referendar*innen läuft Gefahr aus dem Blick zu geraten. Die häufige Folge: Ein verstellter Umgang mit den Kindern und eine Situation, in der nichts Überraschendes passieren kann bzw. soll, denn der Fokus liegt meist auf dem ausgearbeiteten Plan und nicht mehr auf dem Kind. Es ist Teil der Erzieher*innen- und Lehrer*innenausbildung, diesen reduktiven Blick zu erlernen, der keine Geheimnisse zulässt, dem nichts Sichtbares entgehen sollte und der das Unsichtbare meidet.[D] Dies wird theoretisch vermittelt und praktisch erfahren, so dass auf diese Weise eine Erschließung, wie Buber sie beschreibt, eher unwahrscheinlich wird.

Zurück zu Buber, der das Gegenteil fordert.

Um einem anderen Menschen einfühlsam begegnen zu können, ist es notwendig eine Gabe auszubilden, die Buber in der Peripherie der Intuition ansiedelt, jedoch den Begriff der „Realphantasie“[316] für den stimmigeren hält. Das meint eine Art tiefen Einlassens auf die Person, um so deren konkreten „Seinsauftrag“[317] (mit) erahnen zu können. D. h. jedes Individuum ist nach Buber darauf angelegt, eine bestimmte, einmalige und einzigartige Person zu werden, und die Aufgabe von Erziehung besteht darin, die nötigen Bedingungen bereitzustellen, die eine Entwicklung hin zu eben diesem Seinsauftrag ermöglichen. „Der erschließende Erzieher glaubt an die Urmacht, die sich in alle Menschen ausgestreut hat und ausstreut, um in jedem zu einer eigentümlichen Gestalt zu erwachsen.“[318]

D Vgl.: 1. Teil/Kapitel 2: Bildung

1.4.3 Urhebertrieb und Verbundenheitstrieb

Konkrete Anknüpfungspunkte für Erziehende ergeben sich nach Buber aus zwei Trieben, die das Kind mit auf diese Welt bringt, dem Urhebertrieb und dem Trieb nach Verbundenheit. (Bindungstheoretisch würde man heute vom Bindungs- und Explorationsverhalten sprechen.) Der Urhebertrieb kann sich entfalten, wenn ein Kind erfährt, „daß durch die eigene Handlung etwas entsteht, was es vorhin, was es eben noch nicht gegeben hat".[319] So lässt sich dieser Trieb als Schöpfungskraft interpretieren, die zu erschließen ist. Weil das Schöpfen kein auf das Haben ausgerichtetes Tun ist, spricht Buber hier von einem Trieb,

> „der, zu welcher Möglichkeit auch gesteigert, nie zur Begierde wird (...); der unter allen Umständen nur ins Leidenschaftliche, nicht ins Süchtige erwachsen kann. Der unter allen nicht zum Eingriff in den Bereich anderer Wesen verführen mag; hier die reine Gebärde, die nicht Welt sich zurafft, sondern sich ihr äußert. Sollte nicht von hier aus, indem man dieses Kostbare sich unbehindert auswickeln und auswirken läßt, die Gestaltwerdung der Menschenperson, unzählig oft geträumt und vertan, endlich gelingen?".[320]

Den Urhebertrieb allein jedoch zur Entfaltung zu bringen reicht nicht aus, denn „der Mensch als Urheber ist einsam".[321] Ohne den zweiten Trieb, den Verbundenheitstrieb, bliebe das in die Welt hinein geschöpfte Objekt ein Es, hätte nicht die Möglichkeit zum Du zu werden. So muss nicht nur der Urhebertrieb zur Entfaltung gebracht werden, sondern auch der Verbundenheitstrieb. Erst durch ihn kann Welt uns personal begegnen,

> „die zu uns ausgeht, wie wir zu ihr, die uns erwählt und erkennt, wie wir sie, die sich in uns bestätigt, wie wir in ihr. Das Kind, das halbgeschlossener Augen daliegend, mit ausgespannter Seele harrt, daß die Mutter es anspreche, – das Geheimnis seines Willens geht auf anderes als darauf, einen Menschen zu genießen (oder zu beherrschen), aber auch als darauf, von sich aus etwas zu tun. Es geht darauf, im Angesicht der einsamen Nacht, die hinterm Fenster sich breitet und einzudringen droht, die Verbundenheit zu erfahren".[322]

Eine solche Verbundenheit ebnet den Boden, auf dem in der Folge ein Vertrauen wachsen kann, „Vertrauen in die Welt, weil es diesen Menschen gibt".[323]

1.4.4 Sein als Sein in Verantwortung

Eine Erziehung zum Sein impliziert in einem dialogischen Weltverständnis auch eine Erziehung zur Verantwortung. Denn „(m)enschliches Sein ist für Buber ein Sein in Verantwortung".[324]

> „Der Weg des Menschen ist ein Weg in der Zeit, ein Weg vom Gestern in das Morgen in der je neu gelebten Authentizität des Heute (...) Wer den Augenblick nicht verantwortet, verantwortet nicht sein Dasein, verantwortet nicht die Zeit seines Lebens, denn der Augenblick ist die Konkretion der Geschichte und das Da der Zeit, aus dem das Werden entspringt als Weg des Lebens."[325]

Diese anthropologische These lässt sich aus Bubers chassidischen Wurzeln herleiten. Demnach stellt Verantwortung in erster Linie keine moralische oder juridische Kategorie dar[326], sondern vielmehr eine prinzipielle Lebenshaltung. Mit seinem Sein und in seinem Tun antwortet der Mensch auf die Anrede Gottes an ihn.

> „Er ist, qua seines Menschseins, immer schon in der Verantwortung und im Antworten bzw. Nichtantworten; im Erfüllen bzw. Nichterfüllen des Anspruchs erfüllt er oder verfehlt er sein Menschsein. Der Mensch ist das in die Verantwortung gestellte Wesen."[327]

Im konkret gelebten Leben, in der alltäglichen Begegnung mit dem Anderen und mit der Schöpfung, in der entschiedenen Seinstat, manifestiert sich schließlich diese Verantwortung.

1.5 Erziehung zum Leben mit Schicksal und Freiheit

„Freiheit und Schicksal (...) umfangen einander zum Sinn."[328] *(Buber)*

Ist im dialogischen Verständnis von der Bestimmung des Individuums die Rede, darf dies keinesfalls mit einem Glauben an ein unentrinnbares Geschehen, welchem der Mensch vom Anbeginn seiner Zeit ausgeliefert ist, gleichgesetzt werden. Genau das Gegenteil ist der Fall. Schicksal bedeutet für den dialogisch ausgerichteten Menschen Aufgabe, Frage und Anrede, die er mit seinem Leben zu be- bzw. zu verantworten hat.

> „Der Mensch wird durch das, was ihm widerfährt, was ihm geschehen wird, durch sein Schicksal angeredet; durch sein eigenes Tun und Lassen vermag er auf diese Anrede zu antworten, vermag er sein Schicksal zu verantworten."[329]

Primär entscheidend ist demzufolge also nicht, *was* dem Menschen widerfährt, sondern *wie* er darauf reagiert, welche Stellung er dazu einnimmt, was er daraus macht. In dieser Wahl besteht seine Freiheit. In ihr bewährt sich der Sinn, den nur er erfüllen kann.

Dem gegenüber steht eine monologisch-willkürliche Lebenshaltung. Der willkürliche Mensch hat Buber zufolge seine Richtung verloren, ohne sich dessen bewusst zu sein. Vielmehr sieht er in sich den Richtungsgebenden, der zu jederzeit tun und lassen kann, was er will. Dies hält er für seine persönliche Freiheit.

> „Der willkürliche Mensch glaubt nicht und begegnet nicht. Er kennt die Verbundenheit nicht (...). In Wahrheit hat er keine Bestimmung, nur ein bestimmt sein von Dingen und Trieben, dass er mit dem Gefühl der Selbstherrlichkeit, das heißt eben in Willkür vollzieht. Er hat keinen großen Willen; nur eben die Willkür, die er dafür ausgibt."[330]

So erstreckt sich der Sinnhorizont des monologisch-willkürlichen Menschen nicht über das eigene Handeln hinaus. Er hat keinen wirklichen Kontakt, weder nach innen, noch nach außen. Seine Welt ist eine Es-Welt, über die er verfügt, mit der in Beziehung zu treten er aber nicht im Stande ist. Die Idee eines transzendenten Bezugsrahmens empfindet er als religiösen Determinismus und als Einschränkung seiner Freiheit und so begegnet er diesem mit aufgeklärter Willkür. Er versucht sich Gefühlen von Ohnmacht und Hilflosigkeit mit Omnipotenzphantasien entgegenzustellen und glaubt auf diese Weise frei zu werden. Diesem Phänomen sind wir unter anderem im Kontext des Transhumanismus[E] begegnet, wobei letztlich eine einseitig naturalistische Perspektive

---

E Vgl.: 1. Teil/Kapitel 6: Welt

auf die Welt in allen ihren Ausprägungen zu dieser von Buber beschriebenen Willkür führt. Willkür und Freiheit schließen sich jedoch aus.

> „Der freie Mensch ist der ohne Willkür wollende. Er glaubt an die Wirklichkeit; das heißt: er glaubt an die reale Verbundenheit der realen Zweiheit Ich und Du. Er glaubt an die Bestimmung und daran, daß sie seiner bedarf: sie gängelt ihn nicht, sie erwartet ihn, er muss auf sie zugehen und weiß doch nicht, wo sie steht; er muss mit dem ganzen Wesen ausgehen, das weiß er (...) Er lauscht aus dem sich Werdenden, dem Weg des Wesens in der Welt; nicht um von ihm getragen zu werden: um es selber so zu verwirklichen, wie es von ihm, dessen es bedarf verwirklicht werden will, mit Menschengeist und Menschentat, mit Menschenleben und Menschentod."[331]

Eine auf Dialogfähigkeit ausgerichtete Erziehung ist also auch immer eine Erziehung zum Leben mit Schicksal und Freiheit.
Wer erfahren hat, der Welt als Du zu begegnen, wer (ganzheitlich) verstanden hat, dass er nur durch die Begegnung mit dem Du den eigenen Seinsauftrag erkennen und verwirklichen kann, der ist in der Lage, die scheinbare Spannung zwischen Schicksal und Freiheit auszuhalten, denn er kann beides zusammenbringen und steht nicht richtungslos in deren Mitte, sondern ist eingebettet in einen transzendenten Bezugsrahmen. Das setzt natürlich eine Form des (nicht konfessionell gebundenen) Glaubens voraus, weshalb dialogische Erziehung auch eine Erziehung zum Glauben bedeutet.

1.6 Erziehung zum Glauben

Erziehung zum Glauben – geht das überhaupt? Kann man *lernen* zu glauben?

Buber widerspricht dieser Idee vehement. Wer sich intellektuell mit Gott befasst, macht ihn zum Objekt und entfernt sich damit von der Möglichkeit religiöser *Erfahrung*. Aber genau um die geht es Buber. „Die Gottbegegnung widerfährt (dem Menschen) nicht, auf dass er sich mit Gott befasse, sondern auf dass er den Sinn an der Welt bewähre."[332] Dieser Sinn bewährt sich in der wesenhaften Begegnung mit der Welt. Indem wir der Welt und dem Mitmenschen begegnen und an ihn glauben, begegnen wir Gott. Erziehung zum Glauben hat demzufolge den Auftrag, Bedingungen bereitzustellen, die es dem Kind leichter machen, eine solch wesenhafte Beziehung zur Welt entwickeln zu können, so dass ein Glauben an sie und die eigene Bestimmung in ihr möglich wird. Erst dann wird es wahrhaft im Leben stehen und durch aktive Teilhabe an der Welt seinen individuellen Beitrag leisten wollen, anstatt sich – wie es manch andere religiöse Traditionen fordern – von ihr abzukehren, um in weltfernen geistigen Sphären das vermeintliche Heil zu suchen[F], denn „wer sich von der Erde abkehrt, erfasst Gott nur als Idee, nicht als Wirklichkeit (...)".[333]

Der Weg zu bzw. mit Gott ist für jeden Menschen ein anderer, denn die Antwort des Einzelnen auf dessen Anruf entspricht einzig seinem Wesen. Nur er kann so antworten, wie er es tut. Diese ihm gemäße Antwort zu erkennen helfen, bedeutet – im dialogischen Verständnis – Erziehung zum Glauben an Gott und an einen individuell zu verwirklichenden Sinn.
So einzigartig jeder Glaubensweg ist, jeder soll in Freude gegangen werden. Der Chassidismus lehrt, „daß die Freude an der Welt, wenn wir sie mit unserem ganzen Wesen heiligen, zur Freude an Gott führt".[334] Das heißt, eine Erziehung zum Glauben impliziert auch eine Erziehung zur Lebensfreude.

1.7 Umfassende Erziehung

Dialogisch erziehen heißt umfassend zu erziehen. Dieser Umfassungsakt stellt ein Korrektiv zur erzieherischen Willkür dar, welcher

> „für das Erzieherische (...) schlechthin konstitutiv ist (...). Der Mensch, dessen Beruf es ist, auf das Sein bestimmbarer Wesen einzuwirken, muß immer wieder eben dieses sein Tun (und wenn es auch noch so sehr die Gestalt des Nichttun angenommen hat) von der Gegenseite erfahren. Er muß, ohne daß die Handlung seiner Seele geschwächt würde, zugleich drüben sein, an der Fläche jener anderen Seele, die sie empfängt; (...) erst wenn er von drüben aus sich selber auffängt und verspürt, ‚wie das tut', wie das diesem an-

F So stellt eine dialogische Erziehung zum Glauben auch eine konstruktive Möglichkeit dar, den sektiererischen Verlockungen, denen Menschen in diverser Form ausgesetzt sind, entgegenzuwirken. Sie reagiert auf die transzendente Sehnsucht des Menschen und erzieht gleichzeitig zur mündigen Übernahme von Verantwortung sich selbst und anderen gegenüber.

> deren Menschen tut, erkennt er die reale Grenze, tauft er seine Wirklichkeit seine Willkür zum Willen, erneut er seine paradoxe Rechtmäßigkeit".[335]

Umfassung darf dabei nicht mit Empathie gleichgesetzt werden. Der Umfassende verlässt seinen Standpunkt nicht, um den der Gegenseite erleben zu können, sondern er bleibt bei sich und geht gleichzeitig zum Anderen aus. Er erfährt sich gleichsam über den Anderen und so bedeutet Umfassung: „von der Gegenseite her, sein eigenes Tun erfahren, das Gemeinsame erfahren".[336] Die eigene Konkretheit erweitert sich, anstatt zu verlöschen.

Buber differenziert zwischen verschiedenen Weisen der Umfassung, wobei die erzieherische eine besondere Form repräsentiert, da sie, anders als die Freundschaft beispielsweise, nicht in voller Gegenseitigkeit geschieht. Im erzieherischen Verhältnis kann nur der Pädagoge die andere Seite erleben. „Er erfährt das Erzogenwerden des Zöglings, aber der kann das Erziehen des Erziehers nicht erfahren. Der Erzieher steht an beiden Enden der gemeinsamen Situation, der Zögling nur an einem."[337] Sobald eine beidseitige Umfassung daraus entsteht, ist aus dem erzieherischen Verhältnis eine Freundschaft geworden. Buber begreift das erzieherische Verhältnis demzufolge nicht als partnerschaftliches Verhältnis, die Asymmetrie zwischen Lehrer*in und Schüler*in erfährt keine Negation. Vielmehr entwirft Buber mit Hilfe seines dialogischen Weltverständnisses eine Möglichkeit, die Ungleichheit zwischen Erzieher*in und Kind anzuerkennen, ohne dass dabei die erzieherische Beziehung zu einem Herrschaftsverhältnis zu transformieren droht, denn die dialogische Erzieherin nimmt das Kind bedingungslos in seinem personenhaften Sosein, in seiner grundsätzlichen Andersheit an. Von dieser her denkt und handelt sie. Indem sie dem Kind als Du begegnet, wird es bejaht und bestätigt, denn das Grundwort Ich-Du schließt „stets eine Bejahung des angesprochenen Wesens ein".[338]

> „Das Fundament des Mensch-mit-Mensch-Seins ist dies Zweifache und Eine: der Wunsch jedes Menschen, als das was er ist, ja was er werden kann, von Menschen bestätigt zu werden, und die dem Menschen eingeboren Fähigkeit, seine Mitmenschen ebenso zu bestätigen."[339]

Diese existenzielle Bejahung und Bestätigung bildet nicht nur die Grenze zu jeder erzieherischen Willkür, sondern auch das Fundament, auf dem Vertrauen wachsen kann.

Auf diese Weise stehen umfassende und vertrauende Erziehung in einem reziproken Verhältnis. Durch die Umfassung kann das Kind Vertrauen entwickeln, gleichzeitig kann die Erzieher*in nur auf der Basis ihres eigenen (Ur-)vertrauens wesenhaft umfassen und „das Sein dieses Kindes (...) in Scheinlosigkeit, Bestätigung, Bejahung, Hinwendung, Anerkennung"[340] ver-antworten.

1.8 Vertrauende Erziehung

Am Anfang jeglicher Erziehung steht im besten Fall Vertrauen. Im bedingungslosen Dasein der Eltern für ihr Kind, kann dieses Vertrauen in die Welt entwickeln. Das ist der Boden, auf dem es zu leben lernt und der ihm hilft, selbst im Angesicht der Finsternis den Glauben an den Sinn nicht zu verlieren. In der Erfahrung einer Liebe, die keinen Grund braucht, in dem Erleben einer solch umfassenden Gegenwärtigkeit, einer unbedingten Präsenz, liegt die Möglichkeit für das Kind, der Welt vom Anbeginn seiner Zeit als Du zu begegnen.
Meist sind die Eltern diese erste vertrauende und erziehende Instanz im Leben des Kindes, jedoch bleibt die Aufgabe einer vertrauenden Erziehung natürlich nicht auf das Elternhaus beschränkt, sondern sollte in allen pädagogischen Institutionen ihre Fortsetzung finden. Besonders wichtig wird sie dann, wenn das Kind jene Gewissheit durch die Eltern nicht erleben durfte. Ihm hier eine Annäherung an solcher Art Erfahrung zu ermöglichen, so dass es eine Alternative zu Gefühlen von Angst, Verlorenheit und Misstrauen entwickeln kann, wird zum konstitutiven Bestandteil dialogischer Erziehung, welche über das Kind hinaus ggf. auch die Eltern in jenen Prozess einbezieht.
Genau diese Erfahrung konnte das Mädchen Benni und ihre Mutter im Film *Systemsprenger* nicht machen.

Um vertrauende Pädagogik leben zu können, ist es notwendig, dass die Erzieher*in selbst (ob elterlich oder beruflich) jenes Urvertrauen in die Welt entwickelt (hat). Auch sie glaubt an das Leben, an die Welt, an die Liebe, und sie schafft es immer wieder sich dem Sinn ihres Daseins anzuvertrauen, um ein existentielles Vertrauen dieser Art allein durch ihr Dasein vermitteln zu können.

> „Vertrauen aber erwirbt man selbstverständlich nicht, indem man sich bemüht es zu erwerben, sondern indem man an dem Leben der Menschen, hier also: am Leben der Zöglinge, unmittelbar und unbefangen teilnimmt, und die Verantwortung, die sich daraus ergibt, auf sich nimmt. Pädagogisch fruchtbar ist nicht die pädagogische Absicht, sondern die pädagogische Begegnung."[341]

Vertrauende Erziehung meint zum einen also Erziehung zum Vertrauen, zum anderen aber auch Erziehung im Vertrauen. Die dialogisch ausgerichtete Erzieher*in kann vertrauen, denn sie hat einen spirituellen Ausgangspunkt. Sie spürt im tiefsten Inneren: „Ich bin anheimgegeben (...) und (...) es kommt auf mich an."[342] Weil sie eine Richtung hat, die nicht von ihr ausgeht, kann sie vom Kinde aus erziehen, denn sie hat prinzipielles Vertrauen in den werdenden Menschen, sie glaubt an das Kind in seiner individuellen Einzigartigkeit, sie kann das Kind existenziell wahrnehmen in seiner Potenzialität. Projektionen und Konkurrenzkämpfe werden überflüssig, Ängste und Verunsicherung können kleiner werden, das Kind in seiner Einmaligkeit kann so wachsen, wie es seinem Wesen entspricht.

1.9 Liebende Erziehung

Begegnung geschieht innerhalb von Ich-Du-Beziehungen. Zum Du wird ein Gegenüber dann, wenn ein Ich es wesenhaft erfasst. Das ist die Wesenstat, durch die sich der Mensch zu jeder Zeit und an jedem Ort rückbinden kann, an den eigentlichen Sinn seines Daseins. Hierin erfüllt sich sein Menschsein. Durch das Du wird er zum Ich. Wie die Begegnung, so geschieht auch die Liebe. Man kann sich auf sie ausrichten, sich ihr öffnen, aber niemals kann man sie erzwingen. Für Buber ist Liebe kein Gefühl, sondern vielmehr ein Geschehen, das sich im Raum des Zwischen ereignet.

> „Gefühle begleiten das metaphysische und metapsychische Faktum der Liebe, aber sie machen es nicht aus; und die Gefühle, die es begleiten, können sehr verschiedener Art sein. (...) Gefühle werden „gehabt"; die Liebe geschieht. Gefühle wohnen im Menschen, aber der Mensch wohnt in der Liebe. Das ist keine Metapher, sondern die Wirklichkeit: Liebe haftet dem Ich nicht an, so daß sie das Du nur zum „Inhalt", zum Gegenstand hätte, sie ist *zwischen* Ich und Du. Wer dies nicht weiß, mit dem Wesen weiß, kennt die Liebe nicht, ob er auch die Gefühle, die er erlebt, erfährt, genießt und äußert, ihr zurechnen mag."[343]

Erneut macht Buber auf den fundamentalen Unterschied zwischen innerpsychischer Wahrnehmung und wesenhafter Begegnung aufmerksam. Nicht die Gefühle, die ein Mensch hat, führen zur Erlösung, sondern die Kraft der Liebe, in der ein Mensch steht und aus der heraus er sein Leben gestaltet. In dieser Liebe stehend, wird es ihm möglich, jedes Gegenüber als Du wahrzunehmen „und so kann er wirken, kann helfen, heilen, erziehen, erheben, erlösen. Liebe ist Verantwortung eines Ich für ein Du (...)".[344]

Dialogisches Leben bedeutet, ein auf Liebe ausgerichtetes Leben. Sie geht weit über den Menschen hinaus, deshalb kann man sie nicht haben, sondern kann sich ihr nur anvertrauen. Sie unterliegt keiner Kontrolle, darum ist jeder Kampf um Liebe, jedes Erflehen, jede Anstrengung, jedes sich Verleugnen oder sich Verbessernwollen um einer Liebe willen, ein aussichtsloses Unterfangen. Egal ob in einer Eltern-Kind-Beziehung oder Liebesbeziehung, in einer Freundschaft oder in der Beziehung zu Gott. Weil Liebe im Sinne Bubers kein Gefühl ist, sondern im Raum des Zwischen geschieht, kann es nur darum gehen, sich ihr zu öffnen. Das ist der einzige Beitrag, den der Mensch leisten kann, um ihrer teilhaftig zu werden. Sonst nichts.

1.10 Entwicklung durch die Erfahrung von Krisen

Im Denken Bubers stellt die Erfahrung von Krisen ein zentrales Phänomen innerhalb menschlichen Lebens dar, das den Einzelnen, ganze Völker, die Menschheit betrifft. Wenn Buber aus anthropologisch-theologischer Perspektive von Krise als „Grund- und Schlüsselbegriff zur Bestimmung der Bedingungen menschlicher Existenz"[345] spricht, so benutzt er vorrangig das griechische Wort Krisis, das mit „Entscheidung/entscheidende Wendung"[346] übersetzt werden kann. Es handelt sich bei der Krisis also um eine sehr ernste, entscheidungsträchtige Situation, „in der es um die Verwirklichung oder Verfehlung letzter Werte geht".[347] In der Krisis ringt der Mensch um seine Existenz, es geht um Leben oder Tod, um Heilung oder Verfall, um Rettung oder Untergang, um Anfang oder Ende. An diesem Punkt entscheidet sich, wie bzw. ob ein Entwicklungsprozess weitergeht und es liegt in der Verantwortung jedes Einzelnen, sich an dieser Stelle zu bewähren. Das in der Krisis stehende Individuum sieht sich radikal in Frage gestellt, sein Verhältnis zur Wirklichkeit, die bisherige Sicherheit innerhalb seiner Welt und Beziehungen verlieren an Gültigkeit, das Vertrauen erfährt eine tiefe Erschütterung, welche den Menschen an den Rand des Erträglichen bringt. So spricht Buber auch von Krisis als „Randerfahrung"[348], in der dem Menschen ein Zugang zu Urkräften gewährt wird, die ihn dazu befähigen, sich in dieser existentiellen Situation zu bewähren und eine Umkehr des Wesens zu vollziehen. Die ungeheure Chance, welche der Krise demnach inhärent ist, drückt sich in dem ganz kurzen Satz Bubers aus, wenn er mit Hölderlin sagt: „Wo aber Gefahr ist, wächst das Rettende auch."[349] Umkehr darf jedoch nicht als Rückkehr zu einem früheren Seinszustand missverstanden, sondern muss vielmehr als „Wesensumschwung"[350] begriffen werden, der sich im Menschen vollzieht. Wenn wir das ins Heute übersetzen würde das in Bezug auf die Pandemie heißen: Nicht Rückkehr zum Zustand vor Corona ist gefragt, sondern Wesensumschwung. Sonst wird das Rettende nicht wachsen.

Diesen Prozess bezeichnet Buber als Durchbruch. In der Krise zeigt sich, wer der Mensch wirklich ist. Sie umfasst den ganzen Menschen und birgt in sich das Potenzial, den Sinn des menschlichen Seins (wieder) zu erkennen.

Neben unvermeidbaren Krisen, die zwingend zum menschlichen Leben gehören (z. B. Krankheit/Trennung/Tod), hält Buber zwei Faktoren fest, die er als bestimmend für die moderne Krisis wahrnimmt und die für die Pädagogik auch heute noch von hoher Relevanz sind: Erstens können soziologisch sichere Beziehungsgefüge, wie z. B. Familie und Gemeinden nicht mehr als verbindlich bestehende Gemeinschaften vorausgesetzt werden. Dies hat eine steigende menschliche Vereinsamung zur Folge, welche nach Buber den Preis darstellt, den das Individuum für seine scheinbare Freiheit innerhalb der bürgerlichen Gesellschaft zahlt.

Zweitens krankt auch die Beziehung des Menschen zu der von ihm hervorgebrachten dinglichen Umwelt. Der Mensch bleibt, laut Buber, hinter seinen Werken – besonders in den Bereichen Technik, Wirtschaft, Politik – zurück.

> „Der Mensch vermag die durch ihn selbst entstandene Welt nicht mehr zu bewältigen, sie wird stärker als er, sie macht sich von ihm frei, sie steht ihm in einer elementaren Unabhängigkeit gegenüber und er weiß das Wort nicht mehr, das den Golem, den er geschaffen hat, bannen und unschädlich machen könnte."[351]

Besser ist die aktuelle Situation, in die sich die Menschen innerhalb der digitalen Revolution gerade bringen, kaum zu beschreiben.

Zwischenmenschliche Beziehungen gehen zurück – an anderer Stelle spricht Buber ganz explizit von „der Krisis des Zwischenmenschlichen"[352] – die Gefahr eines dauerhaften Kreisens um die eigene Mitte, als Folge der Einsamkeit, erhöht sich. Das Individuum wird sich selbst zum Gegenstand seiner Aufmerksamkeit, der Zwischenraum, in dem wahres Menschsein sich entfaltet, wird dadurch immer kleiner, es findet keine Ausrichtung auf ein Du mehr statt. Ein Teufelskreis entsteht.[G]

Ebenso verfährt der Mensch mit der Welt. Auch sie macht er sich immer mehr zum Gegenstand, den er beherrschen will, den er für sich nutzen will, den er besitzen will, zu dem er aber nicht mehr in Beziehung tritt.

Krise als Phänomen hat wie Begegnung paradoxen Charakter. Einerseits kann man sich – nun wieder bezogen auf das Individuum – diesem erschütternden Geschehen nicht durch planvolles Handeln entziehen, man kann es nicht verhindern, indem man sich nur entsprechend anstrengt, andererseits gibt es offensichtlich Bedingungen, die das Hereinbrechen einer Krise begünstigen bzw. den Umgang mit dieser Situation erschweren, und es stellt sich die Frage nach dem Umgang mit diesen Faktoren.
Festzuhalten ist: Je weniger Begegnung gelebt wird (und dies gilt für Individuum und Gesellschaft gleichermaßen), desto wahrscheinlicher kommt es zur Krise. In der Krise selbst besteht dann die Möglichkeit, jenen verschütteten Zugang zu den Urkräften (wieder) zu entdecken, so dass ein Wesensumschwung geschehen und in der Folge ein dialogischer Weltzugang verlebendigt werden kann. Die Entscheidung für diese Möglichkeit allerdings, muss in absoluter Eigenverantwortung von jedem Einzelnen selbst in der entsprechenden Situation getroffen werden.
Die Aufgabe von Bildung und Erziehung besteht darin, den Menschen zu befähigen, einer Krise standzuhalten, sie zu überwinden, sich in ihr zu bewähren und eine existentielle Entscheidung treffen zu können. „Gegenüber dem Bedrohenden, Erschütternden, Zermürbenden, Verunsichernden und Grundstürzenden, gilt es einen Zugang zu Kräften zu finden, die unerschütterlichen Halt verleihen.“[353]

Den Umgang mit krisenhaften Situationen zu lernen, ist also eine zentrale Frage von Erziehung und Bildung. Nur – so wie die Dinge liegen – evozieren wir gerade, in der Art unseres willkürlich-monologischen Weltzuganges, zutiefst

---

G Dieses Kreisen um sich selbst beschreibt Viktor Frankl als Hyperreflexion, die er auch für gefährlich hält. Vgl.: 2. Teil/Kapitel 2.4.3: Das Menschenbild Frankls/Die Dimensionsontologie

bedrohliche Krisen auf unterschiedlichsten Ebenen. Unter anderem wohl auch deshalb, weil wir sie krampfhaft zu vermeiden suchen, oder schlicht verleugnen bzw. verdrängen. Leider erzeugen wir genau dadurch viel von dem Leid, vor dem wir zu fliehen versuchen.

1.11 Die dialogische Erzieher*in

Wenn für Buber „Kontakt (...) das Grundwort von Erziehung"[354] ist, wird es zur ersten Aufgabe des Pädagogen, sich selbst als eine Art Mittler zur Verfügung zu stellen. Er ist das Du, an dem das Kind zum Ich werden kann.

> „Der gute Lehrer erzieht mit seiner Rede und mit seinem Schweigen, in den Lehrstunden und in den Pausen, im beiläufigen Gespräch, und durch sein bloßes Dasein, er muß nur ein wirklich existenter Mensch sein und er muß bei seinen Schülern wirklich gegenwärtig sein; er erzieht durch Kontakt."[355]

Auf diese Weise wird der Erziehungsauftrag ein existenzieller, der weit über das Erlernen von Fachwissen und speziellen Techniken hinausgeht[H], denn um mit dem Gegenüber in eine solch dialogische Beziehung treten zu können, ist es notwendig, dass Erziehende selbst zu jener personenhaften Einheit gefunden haben, auf die hin sie das Kind erschließen möchten. Die Erziehenden sollten in ihrer Ganzheit auf die Ganzheit des Kindes eingehen.[356] Sie selbst verantworten ihr Leben und können so zur Verantwortung hinführen. Sie agieren vom Sein und nicht vom Schein aus und können so auf das Sein des Kindes einwirken und es auch durch krisenhafte Situationen in hilfreicher Weise begleiten.
Auf existentieller Ebene ist die Pädagog*in dem Kind gleichgestellt. Beide

H Krone weist in diesem Zusammenhang auf die aus dialogischer Sicht mangelnden Ausbildung von Pädagog*innen hin, welche nach wie vor ihren Schwerpunkt in kognitiver Wissensvermittlung sieht (den Buber als durchaus wichtigen Teil innerhalb der Ausbildung anerkennt, jedoch nicht als den einzigen). Der Dialogfähigkeit in ihrem existentiellen Ausmaß wird jedoch wenig Bedeutung beigemessen. Natürlich stellt sich hier genauso das Problem, dass diese nicht lehrbar ist, aber auch hier gilt, dass das Fehlen bestimmter Bedingungen, sicherstellt, dass keine Entwicklung in eine solche Richtung stattfinden kann. (Vgl. Krone, Wolfgang: Martin Buber – Erziehung unter dem Radikalanspruch mitmenschlicher Verantwortung, a. a. O., S. 152/152) wachsen an der Begegnung und können durch diese immer mehr zu den Menschen werden, die sie sind bzw. sein könnten.[357] Beide sind Lernende, beide sind Werdende und beide unterstehen dem ewigen Du. Darin sind sie gleich. So wird ein dialogischer Erzieher weniger an der Quantität eines bis ins Detail ausgereiften Fachwissens gemessen, auch wird seine intellektuelle Reflektiertheit nicht zum Maß aller pädagogischen Dinge. Vielmehr kommt es auf seinen dialogischen Weltzugang an. Dabei muss er in keinster Weise perfekt sein, aber

> „er muß ein ganzer lebendiger Mensch sein, der sich seinen Mitmenschen unmittelbar mitteilt: seine Lebendigkeit strahlt auf sie aus und beeinflußt sie gerade dann am stärksten und reinsten, wenn er gar nicht daran denkt, sie beeinflussen zu wollen".[358]

Wieder wird hier die ständige Paradoxie, mit der Erziehende konfrontiert sind, ganz deutlich. Das, was die Erzieher*in will, erreicht sie am ehesten in Momenten, in denen sie vergisst, dass sie es wollte. Wenn nicht mehr die Pädagog*in mit ihrem Ich bewirken will, sondern das Du durch sie seine Wirkung entfaltet, dann wird die Erziehende ihrer Funktion als Mittlerin wesenhaft gerecht.

Auch das Problem der Erreichbarkeit des Kindes wird von Buber angesprochen. Die Erzieher*in verkörpert eines unter unzähligen Elementen, die auf das Kind erzieherisch Einfluss nehmen, entsprechend gering ist ihr Einwirkungspotenzial, was ihr eine gewisse Demut abverlangen sollte. Dennoch bleibt die Erzieher*in letztlich die einzig wollende Instanz im pädagogischen Einwirkungskreis, worüber sie ein klares Bewusstsein zu entwickeln hat.[359] Gewusste und gewollte Erziehung bedeutet dabei nichts anderes, als „Auslese der wirkenden Welt durch einen Menschen".[360] Dieser Mensch wird zum Filter, der entscheidet, welche „Auswahl des Seins"[361] er dem werdenden Menschen gegenüber repräsentiert und er verantwortet diese Entscheidung mit seiner Person.

Dialogische Erziehung ist also durchaus wollende Erziehung, welche jedoch um die Paradoxie, die in diesem Wollen liegt weiß und deshalb ihre Grenzen kennt und respektiert. Aus diesem Grund ist die dialogische Erzieher*in weniger gefährdet, eine Haltung pädagogischer Willkür einzunehmen. Willkürlich Erziehende erleben sich als richtunggebend, ohne dabei einer höheren Instanz zu unterstehen. Sie haben also keinen transzendenten Bezugsrahmen, keinen spirituellen Ausgangspunkt. Wo aber der persönliche Wille im Vordergrund steht, ist Buber zufolge der Blick auf das Du verschleiert. Es besteht dann die

Gefahr, dass pädagogischer Wille in erzieherische Willkür umschlägt. Wer willkürlich erzieht, kann in keiner dialogischen Beziehung zum Kind stehen, denn die Idee erzieherischer Einwirkung nimmt ihren Ausgang bei sich selbst und nicht beim Kind, in dessen Individualität und Potenzialität.

Es liegt die Frage nahe, ob sich der Erziehungsprozess permanent auf dialogischem Niveau halten lässt, oder ob dies nicht eher einem Ideal entspricht, dem man sich nur annähern kann. Die Antwort hierauf liegt nach Buber im Wesen des Menschen begründet. Weil Ich-Du-Beziehungen zwingend immer wieder zu Ich-Es-Verhältnissen[1] werden, kann naturgemäß auch innerhalb der Erziehung keine dauerhafte Ich-Du-Beziehung aufrechterhalten werden. Aber latent muss sie da sein, um sich jederzeit verwirklichen zu können. Buber spricht in diesem Kontext von einer „unterirdischen Dialogik"[362], von einer „potentiellen Gegenwärtigkeit des einen für den anderen"[363], die dem Kind die Gewissheit vermittelt: „Da ist jemand da für mich, wann und wo immer ich ihn brauche."[364]

Buber listet in seinem Erziehungskonzept keine konkreten Mittel und Methoden auf. Klar sollte geworden sein, dass es innerhalb dialogischer Erziehung keinen Raum geben kann für Vorurteile, Stereotype, Missachtung, Geringschätzung, Diskriminierung, Ausgrenzung, Gewalt, Beschämung und ähnliches mehr. Vielmehr ist dialogische Erziehung liebend, verantwortungsvoll, wertschätzend, einfühlsam, bejahend, authentisch, seiend, umfassend, vertrauend, schauend, anspruchsvoll.

1.12 Die pädagogische Rezeption Bubers heute

Nach dieser Analyse einer dialogischen Pädagogik stellt sich die Frage, ob die von Buber vorgeschlagene Ausrichtung auf eine den Menschen übersteigende, religiöse Sphäre tatsächlich eine Antwort auf die Herausforderungen liefert, vor die sich die Pädagogik heute gestellt sieht. Die Ideen Bubers scheinen ja geradezu „aus der Zeit gefallen". Die Erziehungssituation hat sich in vielen Aspekten grundlegend verändert. Jede*r hat, so scheint es zumindest, die Möglichkeit in dem pluralen Spektrum an Lebensmöglichkeiten einen individuellen Weg zu suchen, wo auch immer dieser zu finden ist. Traditionelle Sicherheiten ha-

1 Hier wird das DU objektiviert und nicht wesenhaft erfasst.

ben ihre Gültigkeit verloren, die Zuverlässigkeit geltender Normen und Werte ist brüchig geworden. Lebensläufe sind nicht mehr absehbar, unhinterfragbare Orientierungspunkte aus dem überschaubaren Blickfeld des Menschen verschwunden. Alles scheint möglich, aber was davon hat Sinn?
Bubers Pädagogik liefert keine allgemeingültigen Antworten darauf. Keine methodischen Ansatzpunkte, keinen ausgearbeiteten Plan, der sich gut evaluieren ließe. Dafür aber eine Art *tragenden Grund*. Auf diese Weise nimmt er der Diversität und Komplexität menschlichen Seins die bedrohliche Komponente, denn diese kann durch die Ausrichtung des Menschen auf das *ewige Du* ausgehalten werden. Dennoch setzt Buber der anthropologisch begründeten prinzipiellen Unsicherheit des Menschen damit keine heilige Sicherheit entgegen. Vielmehr zeigt er einen Weg auf, mit der Unsicherheit konstruktiv umzugehen, sich ihr im Vertrauen zu stellen, sich vor ihr zu verantworten, und das in jeder Situation neu.

Aber ist diese spirituelle Ausrichtung, die dem dialogischen Weg zugrunde liegt, nicht dennoch weltfremd? Geht Bubers dialogisches Prinzip nicht völlig an der Lebenswirklichkeit unserer heutigen Gesellschaft vorbei? Ist es nicht vielmehr ein intellektuelles, theoretisches Konstrukt, das im pädagogischen Alltagswahnsinn keinem Praxistest standhalten wird? Kann in einer immer stärker säkularisierten und digitalisierten Welt Begegnung im Sinne Bubers überhaupt noch passieren? Oder anders gewendet: Kann es – in Anlehnung an Adorno – ein dialogisches Leben im Falschen geben?

Buber stellt sich (zu seiner Zeit bereits) ähnlich kritischen Fragen in einer fiktiven Diskussion, in der er selbst auch die Gegenseite einnimmt[365] und seine Antwort erfolgt erneut aus anthropologischer Richtung:

> „Zwiesprache ist keine Angelegenheit des geistigen Luxus (...), sie ist eine Sache der Schöpfung, des Geschöpfs, und das ist er, der Mensch von dem ich rede, der Mensch von dem wir reden, Geschöpf, triviale Unersetzlichkeit."[366]

Egal wo, egal wann Menschen aufeinandertreffen, zu jeder Zeit und in jedem Raum besteht das grundsätzliche Potenzial zur dialogischen Begegnung. Und: Weil wir Menschen sind, haben wir dadurch auch immer die Möglichkeit, den „Status der dumpftemperierten Widerwärtigkeit, Widerwilligkeit und Widersinnigkeit"[367] zu durchbrechen. Um diesen not-wendigen Durchbruch geht es Buber und der kann überall durch einen einzigen „geschöpfliche(n) Blick“[368], der den anderen in seiner ganzen Person meint, geschehen.

Buber vertritt keine Theorie, die auf das Erlernen von Techniken abzielt, die menschliche Vollkommenheit zum Ziel haben. Damit spricht er ein ganz zentrales Thema unserer Zeit an. Er warnt ausdrücklich davor, eine dialogische Haltung aus utilitaristischen Gründen zur Technik, zu einem anwendbaren Verfahren machen zu wollen. Vielmehr macht er sich zum Anwalt einer existentiellen Wahrhaftigkeit, die mit dem täglichen Leben verwirklicht werden kann.
Wieder wird deutlich: Begegnungserfahrungen sind im Sinne Bubers nicht (re-)produzierbar. Wer es trotzdem versucht, läuft in die Irre. Bubers Antworten sind damit freilich sperriger Natur. Sie entmachten den Menschen, kratzen an Omnipotenzillusionen, zwingen ihn, sich mit sich und ggf. seinem Scheitern auseinanderzusetzen, versprechen kein sicheres Gelingen, wenn man sich nur peinlich genau an entsprechende Vorgaben hält. Stattdessen fordert er zum persönlichen Ringen auf, zur Auseinandersetzung, zum existenziellen Dialog. Er lockt auf eine Gratwanderung, die immer ein Geheimnis in sich birgt, dessen Chiffren für jede*n andere sind. Es ist kein bequemer Weg und trotzdem ist es einer der Freude! Einer, der das Leben bejaht, einer, der eine Antwort gibt auf die Sinnfrage, einer, der Vertrauen und Liebe ermöglicht, einer, der zu mehr Frieden und gegenseitigem Respekt führen könnte.

Das Potenzial dieses Weges erkennend, hat es sich die im Februar 2000 in Heidelberg gegründete Martin-Buber-Gesellschaft zur Aufgabe gemacht, Bubers Gedankengut in die aktuelle Diskussion vieler Forschungsgebiete einzubringen, wovon die Pädagogik eines darstellt. Die Martin-Buber-Gesellschaft[369] versteht sich dabei nicht als „gelehrte Gesellschaft“ sondern vielmehr als eine, die das dialogische Prinzip umsetzend, Raum eröffnet für Begegnung zwischen Forscherinnen, Kennern und Freunden aus den verschiedensten Bereichen. Es finden Kolloquien und Tagungen statt. Einmal im Jahr erscheint die Fachzeitschrift *Im Gespräch*, darin enthalten sind Berichte, Hinweise und Aufsätze zu ethischen, gesellschaftlichen, psychologischen, pädagogischen Fragestellungen, sowie Buchrezensionen, und Neuerscheinungen. Bubers Denken findet also aktuell einen Niederschlag auch innerhalb der Pädagogik.

Bubers Weg mag abstrakt erscheinen, denn er liefert kaum konkrete Anhaltspunkte. Er mag überholt anmuten, weil er die Religion zum Ausgangspunkt hat, er mag undurchführbar klingen, weil er dem aktuellen scheinhaften Zeitgeist in seiner ontologischen Rückbesinnung diametral entgegensteht. Bubers Vorschlag kommt unter diesen Gesichtspunkten einer Provokation gleich, die aus meiner Sicht jedoch notwendig ist in einer Zeit, in der der Blick auf Sinn und Werte immer mehr verloren zu gehen droht. Diesen Sinn wieder zu entdecken ist eine Aufgabe, der sich die Pädagogik nicht entziehen darf. Buber hat eine mögliche Antwort darauf gefunden.

In der existenziellen Pädagogik, die auf dem Gedankengut Viktor Frankls beruht, finden wir weitere, spannende, anspruchsvolle Anhaltspunkte dafür, wie eine „Erziehung zum Sinn"[370] aussehen könnte.

2. Existenzielle Erziehung und Bildung

Dialogisch-existenzielle Pädagogik führt meiner Erfahrung nach eher ein Nischendasein in heutigen pädagogischen (Aus-)bildungskontexten.

Wenn ich an meine persönliche Bildungsbiographie denke, bin ich in der Ausbildung zur Erzieherin, auf theoretischer Ebene, gar nicht damit in Berührung gekommen[A] und in meinem Magisterstudium stieß ich auf Buber nur zufällig durch die Lektüre des im letzten Kapitel oft zitierten Buches von Wolfgang Krone: *Zur Erziehung des Erziehers*. Zu Frankls Logotherapie und Existenzanalyse hörte ich ein Referat an der Uni, fing Feuer und blieb dran. Das war möglich, weil ich glücklicherweise in einer Zeit studierte, die es erlaubte, sich über die Seminare und Vorlesungen hinaus in Themen zu vertiefen, die eine Resonanz erzeugten. Das funktionierte sogar innerhalb der Regelstudienzeit mit Job nebenbei. Heute kaum noch vorstellbar. Und es gab Dozenten, wie z. B. den wunderbaren, leider schon verstorbenen Professor für Entwicklungspsychologie Erhard Olbrich, der sich bereiterklärte, mich über Frankls Logotherapie und Existenzanalyse zu prüfen, obwohl das nie Inhalt seiner Vorlesung war und er sich selbst erst ins Thema einarbeiten musste. Was für ein Engagement! Ich bin überzeugt, so etwas geschieht nur, wenn zuvor eine tragende pädagogische Beziehung wachsen konnte. Im Unialltag kein leichtes Unterfangen, ohne feste Gruppen, mit meist sehr vielen Menschen in den Vorlesungen. Aber wo eine entsprechende Haltung ist, geht es auch unter widrigen Bedingungen. Und da dies auch mit meinen Prüfern in Pädagogik und Soziologie im Vorfeld gelungen war, wurde meine Abschlussprüfung zu einem tiefen, humorvollen Fachgespräch und einer wirklichen Begegnung im dialogischen Sinne.

A D. h. es wurde inhaltlich nicht gelehrt. Aber durch die Haltung vieler Dozent*innen war diese Art der Pädagogik dennoch für mich erfahrbar. Sowohl an der Fachakademie als auch an der Universität.

Trotz sehr gutem Magisterabschluss fand ich jedoch erst einmal keine Arbeit, was mich in eine tiefe Krise stürzte. Nach Halt suchend, beschloss ich wieder an die Uni zu gehen und weiterzulernen. Ich hoffte auf weitere Sinnerfahrung und hatte einmal mehr das Glück einer pädagogischen Begegnung. Mit einem neuen Dozenten an der pädagogischen Fakultät Erlangen, Prof. Dr. Jörg Zirfas. Seine erste Vorlesung begeisterte mich sehr (obwohl ich inhaltlich zugegebenermaßen wenig verstand), und ich merkte schnell, dass ich hier, mit meinen existenziellen Themen im Rucksack, bei dem richtigen Menschen gelandet war. Das wurde durch seine Auswahl der Inhalte für die Seminare und seine pädagogische Haltung sofort spürbar. Ich erzählte ihm von meinem wissenschaftlichen Interesse an Frankl und Buber und so entstand die Idee einer Doktorarbeit, die ich mir, ohne sein Vertrauen in mich, niemals selbst zugetraut hätte. Letztlich habe ich sie nicht fertiggeschrieben. Es fehlte ein Stipendium, Zeit, auch Ehrgeiz, und ebenso ein sicheres inneres Bild von mir als erfolgreicher Doktorandin bzw. Wissenschaftlerin. War es deshalb umsonst? Nein, natürlich nicht! Ich habe extrem viel gelernt in dieser Phase, vielleicht sogar mehr als im Hauptstudium. Frankl und Buber sind mir durch die intensive Auseinandersetzung mit ihrem Leben und Werk unverlierbar, ihr Menschen- und Weltbild prägen meine pädagogische Haltung bis heute maßgeblich, und ich versuche mein pädagogisches Wirken danach auszurichten. Ein hoher Anspruch, an dem ich natürlich auch immer wieder scheitere. Das macht den aber Anspruch nicht kleiner, im Gegenteil!

Außerdem „schmuggle“ ich das *Dialogische Prinzip* und die *Existenzanalyse* gelegentlich auch auf inhaltlicher Ebene in den Unterricht ein. Als ich das vor einigen Jahren das erste Mal tat, war das wirklich ein Wagnis für mich. Ein Scheitern an dieser Stelle hätte ich wohl nur schwer ausgehalten, gerade weil mir Frankls Theorie und die daraus resultierende Haltung so sehr am Herzen liegt. Gleichzeitig war ich mir (ähnlich wie bei dem beschriebenen Beispiel von Buber in Ethik[B]) unsicher, ob der Inhalt für die Studierenden nicht vielleicht überfordernden Charakter haben

---

[B] Vgl.: Übergang vom 1. Teil zum 2. Teil

würde. Ich überlegte, wie ich diesen komplexen Ansatz so aufbereiten könnte, dass er auf Resonanz stößt und entschied mich am Ende gegen jeglichen didaktischen Schnickschnack. Und erzählte stattdessen. Nicht monologisch, sondern dialogisch. In dem Bemühen, eine echte Begegnung mit dem Inhalt wahrscheinlich zu machen. Selten habe ich so gebündelte Aufmerksamkeit erlebt. Ein Studierender fragte während unseres Gespräches, warum er 27 Jahre alt werden musste, um von diesem Konzept zu erfahren. Ich weiß nicht, ob es ihn beruhigt hat, als ich ihm sagte, dass ich ähnlich lange darauf habe warten müssen.

Ich hoffe, Sie sind neugierig geworden und freuen sich nun auf die Begegnung mit Viktor Frankl und auf die Chancen, welche die Logotherapie und Existenzanalyse für die Pädagogik heute bereithält.

Frankls anthropologischer Blick lotet den Raum des Menschseins und der Menschwerdung aus. Sein Ansatz stellt einen ebenso radikalen Gegenentwurf zu manch aktuellen Tendenzen in Pädagogik und Psychologie dar wie der Martin Bubers. Frankls Konzept beinhaltet jedoch keine explizit pädagogischen Anhaltspunkte, sondern hält vor allem anthropologische Zugänge zum Leben bereit. Diese haben die Kraft zur Öffnung, sowohl in die Höhe als auch in die Tiefe. Und sie vermögen Antwort zu geben auf die Sehnsucht nach Sinn und auf den Umgang mit Leid, Schuld und Tod. Das heißt, auch die Begegnung mit Frankl hält die Möglichkeit zu einer neuen oder erweiterten Haltung dem Leben, den Menschen, der Welt, sich selbst gegenüber, bereit. Es geht (genau wie bei Buber) allem voran um Persönlichkeitsbildung, aus der ein verändertes, lebensbejahendes, pädagogisches (Selbst-)verständnis erwächst. Ein Beispiel dafür, wie die Logotherapie und Existenzanalyse für die Pädagogik fruchtbar gemacht werden kann zeigt uns Eva Maria Waibels Konzept einer existenziellen Pädagogik, auf das ich im letzten Punkt dieses Kapitels in vertiefter Form eingehen werde.

Frankl ist gelungen, was wenigen großen Denkern so vorbehaltlos nachgesagt werden kann – er hat mit seinem Leben verwirklicht, was er theoretisch gedacht und gelehrt hat. So begleiten wir ihn zunächst auf einigen zentralen Punkten seines Lebensweges, bevor wir in seine Theorie tiefer einsteigen.

2.1 Viktor E. Frankl – Leben und Werk

Viktor Emil Frankl wird am Todestag Beethovens, dem 26. März 1905, als Sohn des Staatsbeamten Gabriel Frankl aus Südmähren und Mutter Elsa Lion, welche aus einem alten Prager Patriziergeschlecht stammt, in Wien, Czerningasse 6 geboren. Hier lebt die jüdische Familie bis zum Tage ihrer Deportation. Die Verhältnisse im Hause Frankl sind bescheiden. Hunger ist ein Thema, welches das ganze Leben des Vaters immer wieder durchzieht und von dem auch Frankl bereits in seiner Kindheit eine Ahnung bekommt.[371] Geprägt von diesen Erfahrungen wird auch sein späterer Lebensstil schlicht bleiben, jedoch weniger im Sinne einer Konditionierung, sondern vielmehr als Folge einer Entscheidung für eine bescheidene Lebensform. Die Eltern Frankls sind sehr unterschiedlich. Sein Verhältnis zur Mutter beschreibt er als eng und liebevoll, geprägt von einer tiefen Emotionalität. Er empfindet sie als „einen seelenguten und herzensfrommen Menschen"[372] während der rationale, tief religiöse Vater eher das Gegenteil dazu markiert. Trotz dessen Jähzorn, welcher innerhalb der Erziehung auch zu Stockschlägen führte, hat Frankl das Gefühl der Gerechtigkeit und tiefer Geborgenheit durch ihn erfahren.[373]

> „Ich muß fünf Jahre gewesen sein, als ich – und ich halte diese Kindheitserfahrung für paradigmatisch – an einem sonnigen Morgen in der sommerfrische Hainfeld erwachte. Während ich die Augen noch geschlossen hielt, wurde ich von dem unsäglich beglückenden und beseligenden Gefühl durchflutet, geborgen, bewacht und behütet zu sein. Als ich die Augen öffnete, stand mein Vater über mich gebeugt."[374]

Hier hat Frankl offenbar erfahren, was Buber beschreibt, wenn er über das Vertrauen spricht, das zur Welt entsteht, „weil es diesen Menschen gibt".[375] Sowohl der Vater als auch die Mutter haben es in ihrer jeweils ganz individuellen Art geschafft, ihrem Sohn Viktor eine solch existenzielle Form des Vertrauens zu vermitteln, getragen von einer tiefen elterlichen Liebe.

Schon sehr früh, laut Frankl bereits im Alter von vier Jahren, trifft ihn eines abends vor dem Einschlafen die existenzielle Erkenntnis, „dass auch er eines Tages sterben müsse".[376] In diesem Moment könnte man sagen, beginnt sich Frankls Lebensthema – die Frage nach dem Sinn angesichts der prinzipiellen Vergänglichkeit des Lebens – in ihm zu entfalten. Mit 14 Jahren wird er wütend, als sein Lehrer in Naturgeschichte menschliches Leben auf einen Verbrennungsprozess reduziert, und so fragt er ganz aufgebracht: „Ja, was hat denn das ganze Leben dann für einen Sinn?"[377]

Diese Frage wird Frankl nicht mehr loslassen und ihn später mit seiner Grundannahme des „Willens zum Sinn" eine starke Gegenposition zu Sigmund Freud[C] (Wille zur Lust) und Alfred Adler, dem Begründer der Individualpsychologie (Wille zur Macht), einnehmen lassen.

Mit Freud verbindet den jungen Frankl ein langjähriger Briefkontakt, aus dem 1924 eine erste Publikation in der internationalen Zeitschrift für Psychoanalyse hervorgeht, ein Jahr später erscheint ein weiterer Artikel mit dem Titel *Die Aufhellung des Grenzgebiets, das sich zwischen Psychotherapie und Philosophie erstreckt, unter besonderer Berücksichtigung der Sinn- und Wertproblematik der Psychotherapie.* Dieser wird von Adler herausgebracht, in dessen Verein für Individualpsychologie Frankl Mitglied ist, aus dem er aber 1927 wegen seiner unorthodoxen Annahmen von Adler verstoßen wird. Ein Jahr zuvor spricht Frankl innerhalb eines Referates auf dem 3. Internationalen Kongress für Individualpsychologie in Düsseldorf erstmals von Logotherapie, welche zusammen mit dem Begriff der Existenzanalyse 1933 seine Prägung erhält.[378] Drei Jahre zuvor promoviert er zum Doktor der Medizin und beginnt seine Tätigkeit als Arzt in der Nervenanstalt „Am Rosenhügel" und später in der Psychiatrischen Klinik „Am Steinhof", wo er den so genannten „Selbstmörderinnenpavillon" leitet.[379] Parallel dazu ruft er eine Jugendberatungsstelle ins Leben, die es sich mit einem Mitarbeiterstab von zwei Dutzend ehrenamtlichen Berater*innen (unter ihnen z. B. Charlotte Bühler) zur Aufgabe macht, unentgeltlich Ansprechpartner*in für Jugendliche in scheinbar ausweglosen Situationen zu sein. Diese Form der Krisenintervention stößt in In- und Ausland auf großes Interesse und entsprechend wird Frankl zu vielen Vorträgen darüber eingeladen.

In den Jahren 1937/38 etabliert er eine Privatpraxis in seinem Elternhaus, die durch den Einmarsch Hitlers in Österreich nicht weitergeführt werden kann. Frankl bekommt das Angebot, die Leitung der Neurologischen Station des jüdischen Rothschildspitals zu übernehmen, was ihm und seinen Eltern bis 1942 Deportationsschutz gewährt. Trotz seines Visums, auf das er jahrelang gewartet hat, um in die USA ausreisen zu können, bleibt Frankl – nach existenziellem Ringen um eine richtige Entscheidung – in Wien. Kurz darauf, am 17. Dezem-

C Vgl.: 1. Teil/ Kapitel 3: Mensch sein/Psychoanalytisches Menschenbild

ber 1941 heiratet er die 21-jährige Krankenschwester Tilly Grosser. Sie sind das letzte jüdische Paar, das in Wien getraut wird, bevor die Nationalsozialisten das jüdische Standesamt auflösen. Eine Ehe, zu der es nicht hätte kommen können, wäre er in die USA gegangen.[380] 1942 wird er mit seiner Ehefrau und seinen Eltern nach Theresienstadt deportiert. Zuvor hatte man dem jungen Ehepaar das gemeinsame ungeborene Kind durch Zwangsabtreibung genommen. Stella, Frankls vier Jahre jüngere Schwester, wandert vor dem Krieg nach Mexiko aus und zieht später weiter nach Australien, der Bruder Walter versucht mit seiner Frau über Italien zu fliehen. Dieser Fluchtversuch scheitert jedoch und endet mit der Deportation nach Auschwitz durch die SS.[381] In Theresienstadt stirbt der 81-jährige Vater halb verhungert an einem Lungenödem, wobei ihn Frankl ganz bewusst begleiten kann.[382] Die schlimmsten Schmerzen nimmt er ihm durch eine Ampulle Morphium, die er ins Lager geschmuggelt hat. Damit kann er dem Vater unnötige Todesqualen ersparen und somit den Sinn verwirklichen, um dessen Willen er nicht in die USA gegangen war. Als er sich in Theresienstadt von seiner Mutter verbschiedet (ein Abschied von dem beide ahnten, dass es ihr letzter sein würde), erbittet er von ihr den Segen. „Und nie werde ich vergessen wie sie mit einem Schrei, der ganz aus der Tiefe kam und den ich nur als inbrünstig bezeichnen kann, gesagt hat: Ja, ja, ich segne dich – und dann gab sie mir den Segen."[383]
Im Oktober 1944 wird Frankl gemeinsam mit seiner Ehefrau nach Auschwitz deportiert. Diese hatte sich für den Transport freiwillig gemeldet, um bei ihm bleiben zu können. Eine Woche später vergast man die Mutter Frankls kurz nach deren Ankunft im selben Lager. Tilly stirbt schließlich in Bergen-Belsen, tragischerweise erst nach der Befreiung durch die Engländer.
Bis Auschwitz kann Frankl sein noch nicht publiziertes Manuskript der *Ärztlichen Seelsorge*, in seinem Mantelfutter eingenäht, retten, dort allerdings wird es konfisziert. Mit einer heimlichen Rekonstruktion auf kleinen Zetteln beginnt er im letzten der vier überlebten Lager, im bayerischen Lager Türkheim. Aus diesem wird er am 27. April 1945 von amerikanischen Truppen befreit, erst im August 1945 kann er wieder nach Wien zurückkehren. Dort erfährt er zunächst vom Tod seiner Frau, Tage später von dem der Mutter, des Bruders Walter und seines guten Freundes Hubert Gsur. Diese erschütternden Nachrichten lassen ihn seelisch zusammenbrechen, Freunde befürchten suizidale Absichten. Mit Hilfe jener Freunde findet Frankl jedoch einen Weg, sich trotz all seiner Verluste neu auf das Leben einzulassen. Seine Erlebnisse im Konzentrationslager verarbeitet er aus der Perspektive des Wissenschaftlers in seinem Buch *... trotzdem Ja zum Leben sagen. Ein Psychologe erlebt das Konzentrationslager*, welches er inner-

halb von neun Tagen auf einer Schreibmaschine schreibt, die ihm der spätere Vizekanzler Österreichs, Bruno Pittermann organisiert und ihn zu eben dieser Aufgabe drängt.[384] Im Laufe der Zeit verkauft sich dieser Erfahrungsbericht allein in den USA über neun Millionen Mal, fünf Mal wird es zum Buch des Jahres gewählt. Der Philosoph Karl Jaspers zählt dieses Buch „zu den wenigen großen Büchern der Menschheit."[385]

Außerdem sorgt Pittermann dafür, dass Frankl 1945 eine Stelle als Primararzt an der neurologischen Abteilung der Wiener Polyklinik antritt. 1946 bringt Frankl seine Habilitationsschrift *Ärztliche Seelsorge* heraus, in der die Grundprinzipien der Logotherapie verankert sind. Die erste systematische Darstellung erfolgt jedoch erst 1959 unter dem Titel *Grundriss der Existenzanalyse und Logotherapie.* Im selben Jahr lernt er seine spätere zweite Frau, die Krankenschwester Eleonore Katharina Schwindt kennen. Diese Begegnung stellt einen Wendepunkt für sein Leben nach der Befreiung aus dem KZ für ihn dar.[386]

In den Nachkriegsjahren widerspricht Frankl vehement der Idee einer Kollektivschuld. Anständige und unanständige Menschen habe es auf beiden Seiten gegeben.[387] In Vorträgen und Publikationen spricht er sich vielmehr für die individuelle Eigenverantworlichkeit eines jeden Menschen aus und erzählt von Beispielen, welche ihm aus beiden Richtungen widerfahren sind. Ähnlich wie Buber, machte sich Frankl durch diese differenzierte Haltung in der jüdischen Gemeinde Feinde, was ihn sehr erschütterte.[388]

1947 heiratet Frankl erneut, eine liebende Verbindung, die bis zu seinem Tod andauern wird. 1949 kommt Gabriele, das erste und einzige Kind der Frankls zur Welt. Sie wird später Psychologie studieren, einen Professor der Physik heiraten und zwei Kinder, Katja und Alexander, bekommen. Im Jahr ihrer Geburt widmet Frankl ihr sein Buch *Der unbedingte Mensch. Metaklinische Vorlesungen.*[389]

Insgesamt publiziert Frankl 31 Bücher, welche in 24 Sprachen übersetzt werden. 1970 wird er Professor am ersten Universitätsinstitut für Logotherapie an der International University in Kalifornien. Zudem tritt er Professuren an der Harvard University, an der Stanford University und an Universitäten in Dallas und Pittsburgh an. Weltweit zeichnet man Frankl mit 27 Ehrendoktoraten aus. 25 Jahre ist er Vorstand der Wiener neurologischen Polyklinik und Präsident der Österreichischen Ärztegesellschaft für Psychotherapie. 1987 verleiht man ihm den „Life Time Achivement Award". Schon fast erblindet hält Frankl seine letzte Vorlesung *Einführung in die Logotherapie und Existenzanalyse* im Wintersemester 1991/92 in Wien, wo er fünf Jahre später, am 2. September 1997 im Alter von 92 Jahren stirbt. „Wie von einem letzten Heimweh beseelt war es sein Wunsch, im Familiengrab zu liegen“[390], und so wird er im engsten Familienkreis auf dem Wiener Zentralfriedhof beigesetzt.

Eine tief berührende Lebensgeschichte, die ich nur sehr kurz skizziert habe, weil alles andere den Rahmen an dieser Stelle sprengen würde.[D]

2.2 Was bedeutet Logotherapie und Existenzanalyse?[391]

Was meint „Logotherapie“ eigentlich? Viele verwechseln den Begriff zunächst mal mit Logopädie, denken also an die Therapie von Sprach- und Sprechauffälligkeiten. Darum jedoch geht es bei Frankl nicht.
Der Wortstamm enthält das griechische Wort *Logos*, was auf die *Sinn*zentrierung dieser Therapieform hinweist. Damit ist Frankl ein Pionier der so genannten Salutogenese-Forschung, dem Forschungszweig innerhalb der Psychologie, der sich damit beschäftigt, was Menschen psychisch gesund bleiben lässt und nicht, was sie krankmacht. Resilienz ist heute der gängige Fachbegriff dafür.
Die anthropologische Grundlage der Logotherapie ist die Existenzanalyse, oder umgekehrt, Logotherapie kann als die klinische Anwendung der Existenzanalyse begriffen werden. Es geht Frankl um die Untersuchung der Suche des Menschen nach dem Sinn. Wenn Sinn gefunden wird, dann strebt der Mensch nach Sinnerfüllung, welche nur ganz konkret im gegenwärtigen Augenblick, in der jeweiligen Situation stattfinden kann. Wird dauerhaft kein Sinn gefunden, leidet der Mensch in der Folge an Sinnlosigkeit. Frankl spricht in diesem Zusammenhang auch von einem „existenziellen Vakuum“. Dies darf jedoch nicht von vornherein pathologisiert werden. Es ist nach Frankl vielmehr das Privileg des Menschen, nach dem Sinn des Daseins zu fragen. In diesem Ringen nach dem Sinn gelingt im besten Fall irgendwann eine „kopernikanische Wende“ im Denken: Der Suchende lernt zu erkennen, dass nicht er der Sinnfragende ist, sondern vielmehr der vom Leben *Befragte*. Das Leben fordert ihm einen Sinn ab und das heißt, *er* muss sich gegenüber dem Leben verantworten und keinesfalls umgekehrt.[392] Wenn ein solches Umdenken erfolgt, was eine Hinwendung

---

D Falls Sie tiefer einsteigen möchten, empfehle ich das Buch *Viktor Frankl. Eine Begegnung* von Alfried Längle. Oder von Frankl selbst: *Was nicht in meinen Büchern steht. Lebenserinnerungen*.

zur Transzendenz impliziert, wird jede Situation zur Aufgabe und enthält damit ausnahmslos Sinn.

Aus existenzanalytischer Perspektive ist es also die Aufgabe des Menschen, zu verstehen, dass Leben immer Antwort ist auf die Fragen, die es *uns* stellt. Und dass gerade in dieser Antwort auf die Fragen des Lebens Sinn verwirklicht werden kann. Somit können wir sagen, gelungenes Leben ist ver- und beantwortetes Leben.
Anliegen der Existenzanalyse ist es, den Sinn bewusst zu machen und von der Sinnsuche her den Heilungs- bzw. Entwicklungsprozess anzuregen. Das bedeutet die Essenz der Existenz zu charakterisieren und zu qualifizieren. Existenz im Sinne Frankls versteht sich als Sein, welches ein „immer-auch-anders-werden-können" als Potenzial in sich birgt. Veränderung ist also jederzeit möglich. Existieren wird im Kontext der Logotherapie als ein „sich-selbst-gegenübertreten-können" begriffen, wobei der Mensch dabei aus dem leiblich-seelischen Bereich herausgeht und durch die Dimension des Geistigen zu sich selbst kommt.[393] Existenzanalyse meint jedoch nicht die Analyse der Existenz, denn diese ist für Frankl ein „unanalysierbares, unreduzierbares Urphänomen"[394], es geht vielmehr um die „Analyse auf Existenz hin".[395]

So *hat* die menschliche Existenz keinen Sinn, sondern sie *ist* selber Sinn.[396]

Was aber soll das heißen, der Mensch tritt aus dem leiblich-seelischen Bereich heraus um über die Dimension des Geistigen zu sich selbst zu kommen? Einer Antwort darauf können wir uns über die Dimensionsontologie nähern, welche den Kernpunkt seines Menschenbildes ausmacht.

2.3 Das Menschenbild Frankls/Die Dimensionsontologie

Der Mensch bewegt sich aus der Sicht Frankls in drei Dimensionen, die sich gegenseitig durchdringen. Einer biologisch-physiologischen auf der ersten Stufe, dem folgt die psychologisch-soziologische Dimension, welche die Fähigkeit zu Gefühlen, zum Denken und zum Austausch mit anderen beinhaltet, und zuletzt – in der Dimensionshierarchie an höchster Stelle – die geistig-noetische Dimension, welche nur wenig mit Rationalität oder Intelligenz gemein hat, sondern vielmehr das Tor des Menschen zur Transzendenz markiert. Es handelt sich um eine Art von Intuition. Diese letzte Dimension des Geistigen (welches auch unbewusst sein kann) konstituiert den Raum des Menschlichen.[397] Das bedeutet, dass erst diese geistige Dimension den Menschen zum Menschen macht. Sie ist sein anthropologisches Alleinstellungsmerkmal. Und sie kann, laut Frankl, niemals krank werden. Deshalb ist sie für ihn der Ausgangspunkt für den therapeutischen Heilungsprozess.

Es gilt den Menschen also dimensional zu betrachten und ihn nicht auf nur eine oder zwei Ebenen zu reduzieren. Wer dies tut, ignoriert, dass der Mensch ein nach oben hin offenes Wesen ist. Offen für „die Aufnahme von Sinnhaftem"[398] und nicht Gefangener eines geschlossenen Systems kausaler Bedingtheiten, aus dem es kein Entrinnen gibt. Vielmehr hat der Mensch durch die Dimension des Geistigen die Freiheit

> „in Selbstdistanzierung Stellung zu beziehen, in Offenheit über sich selbst hinauszuweisen und in Selbsttranszendenz aus sich herauszutreten und als geistige Existenz neue, unrealisierte Möglichkeiten des Sein-Könnens und Sein-Sollens zu entdecken".[399]

Dennoch hören wir nicht auf Mensch zu sein, wenn man uns auf eine Dimension reduziert.[400] Nichts anderes tut beispielsweise stark konditionierende Erziehung. Diese kann unser Menschsein demnach nicht verhindern, unsere Menschwerdung aber durchaus sehr erschweren! Eben weil sie menschliches Sein auf reine Reiz-Reaktionsmechanismen reduziert[E]. Das Ergebnis einer solcher Reduktion ist eine geist-lose Pädagogik, denn das Kind bzw. der Mensch an sich wird hier weder in seiner geistigen Dimension geschaut, noch erkannt. Frankl räumt jedoch ein, dass in wissenschaftlichen Zusammenhängen ein reduktives Vorgehen oft unumgänglich ist. Dies sollte aber in vollem Methodenbewusstsein geschehen. So kann Wissenschaft als „obligates Rückgängigmachen der volldimensionalen Struktur der Wirklichkeit"[401] aufgefasst werden. Sie muss häufig ausklammern, bestimmte Aspekte ausblenden, um dem einen zu erforschenden Gegenstand gerecht zu werden. Aber „sie soll auch wissen, was sie tut. Sie soll niemandem vormachen, dass nicht sie es sei, die da fingiert".[402]

E Vgl.: 1. Teil/Kapitel 3: Mensch sein/Behavioristisches Menschenbild

Kritik übt Frankl, wenn eine Reduktion vorgenommen wird, obwohl sie nicht nötig ist. Diesen Vorwurf muss sich auch die Freudsche Psychoanalyse[F] immer wieder von ihm gefallen lassen, welche den Menschen aus logotherapeutischer Perspektive auf Triebkonflikte und deren Ausbalancierung reduziert. Auf diese Weise wird der Mensch objektiviert und auf eine subhumane Ebene degradiert, der es an „Höhe“ fehlt.[403]
Heute könnten wir Ähnliches über manche verhaltenstherapeutische bzw. psychiatrische Heilungsideen sagen. Hier werden Patient*innen häufig auf die biologisch-physiologische und/oder psychologisch-soziologische Ebene reduziert, indem sie die Menschen zum Teil ausschließlich medikamentös behandeln oder konditionieren. Oder sie lehren destruktive Gedanken zu erkennen und auf dieser Basis zu kontrollieren. Die geistig-noetische Dimension spielt in solchen Therapiekonzepten keine Rolle.
Frankl bezeichnet diesen Reduktionismus in seiner Zeit bereits als „Nihilismus von heute“[404], weil durch ihn die Möglichkeit zur Selbsttranszendenz verloren geht. Und damit die Chance der Bezugnahme auf die äußere Welt mit ihren Sinnmöglichkeiten und in ihrer „Lebenswürdigkeit“[405]. Mit anderen Worten: Wo die Geistigkeit des Menschen negiert wird, verhindert man einen dialogischen Weltzugang. Dieser jedoch würde Entwicklung bzw. Heilung in einem ganzheitlichen Sinn ermöglichen.

2.4 Grundaxiome der Logotherapie und Existenzanalyse

Bisher ist klargeworden – es macht den Menschen zum Menschen, dass er die Frage nach dem Sinn stellt. Dies ist ihm durch die Dimension des Geistigen möglich. Erst durch diese Dimension kann der Mensch seine anthropologischen Potenziale wirklich entfalten. Erst durch sie wird die eigentliche Menschwerdung möglich.

2.4.1 Die Geistigkeit des Menschen

„Geist“, schreibt der Logotherapeut Christoph Schlick, „ist der offene Punkt in unserem tiefsten Innern, an dem der Himmel hineinschaut. Es ist der Ort in

---

F Vgl.: 1. Teil/Kapitel 3: Mensch sein/Psychoanalytisches Menschenbild

uns, der den Himmel immer sehen kann, weil er immer aufmerksam schauend ist."[406] Leben aus der Dimension des Geistigen heraus heißt, sich nach oben zu öffnen und auf den Sinn auszurichten. Geist-volle Pädagogik richtet den Fokus auf die Potenzialität aller am Prozess beteiligten Personen. Sie unterstützt bei der Menschwerdung und markiert damit einen Gegenpol zur Selbstoptimierung. Es geht nicht darum, das Beste aus sich oder dem Kind zu *machen*, sondern darum zu erahnen, was dessen Seinsauftrag ist, um es mit Buber zu sagen.

Die Geistigkeit des Menschen beschreibt Frankl als Trias aus Ethos, Eros und Pathischem.

Ethos: Der Geist ist getragen vom Unbewussten, in dem Frankl das Gewissen ansiedelt. Christoph Schlick beschreibt „Geist (als) dialogisches Sein"[407] und Frankl selbst spricht vom Gewissen als „Stimme der Transzendenz"[408], welche das Bindeglied zwischen der geistigen und der natürlichen Welt darstellt. Das Gewissen, das Ethos, übernimmt eine intuitive Funktion und lässt sich nicht nachträglich rationalisieren. Das Gewissen ist also nicht vernünftig, es folgt keinen naturwissenschaftlich bestätigten Kausalitäten und es hat auch nichts mit der Konstruktion des Über-Ichs von Freud gemein. Demzufolge ist im Gewissen, aus existenzieller Perspektive, also kein Regelkanon *erlernter* Werte und Normen verankert. Vielmehr *spüren* wir mit Hilfe des Gewissens, was sinnvoll und angezeigt ist und was nicht. Wir treten in einen gewissenhaften Dialog mit der Welt und sind dadurch in der Lage, universale Werte im Sinne Gabriels zu erkennen. Oder Hannah Arendt folgend, die innere Grenze wahrzunehmen, die uns qua unseres Menschseins ermöglicht, das Gute vom Bösen zu unterscheiden.[G]

Eros: Mit dem Eros taucht die Liebe als existenzielle Dimension im Konzept Frankls auf. Der Eros stellt die dritte Stufe der Liebe dar, welche ein restloses „Aneinander-hingegeben-sein" bedeutet. Damit ist das liebende Erfassen des Anderen in seiner Einmaligkeit und seiner Einzigartigkeit gemeint. Dieser dritten Stufe geht erstens die Stufe des „Subhumanen" voraus, hier wird die Partner*in objektiviert, im Sinne der Psychoanalyse zur eigenen Bedürfnisbefriedigung benutzt. Auf einer zweiten Stufe wird die Partner*in als menschliches Subjekt bereits wahrgenommen, kann aber noch nicht in ihrer grundsätz-

G Vgl.: 1.Teil/Kapitel 5: Werte, Normen, Moral

lichen Andersheit erfasst werden. Die völlige Hingabe wird erst durch die Dimension des Geistigen möglich. Nur durch sie kann sich der Mensch transzendieren und über sich hinaus auf den anderen zugehen. Die Liebe ist, wie das Gewissen, intuitiv.

> „(A)uch sie erschaut nämlich ein noch nicht Seiendes (...) und erschließt (...) Wertmöglichkeiten am geliebten Du. Auch sie nimmt also in ihrer geistigen Schau etwas vorweg; das nämlich, was ein konkreter, eben der geliebte Mensch an noch unverwirklichten persönlichen Möglichkeiten in sich bergen mag."[409]

Liebe bedeutet, sich von einem Du in der Tiefe berühren zu lassen und auf diese Berührung zu antworten. „Liebe ist eine Kunst des Wahrnehmens und des zur Entfaltung-Bringens".[410] Der bedingungslos liebende Blick auf andere Menschen und auf die Welt ermöglicht Begegnung, Vertrauen, Grund. Liebe ist Gnade, ist Wunder, ist Gabe[411]. Lieben bedeutet, „den Anderen in seiner Eigenheit (zu) belassen (...) den Anderen (zu) verstehen, (...), den Anderen in seinen (noch) nicht gelebten Möglichkeiten (zu) erkennen".[412] Das gilt für die partnerschaftliche Liebe genauso wie für die pädagogische Liebe.

Pathisches: Mit dem Pathischen beschreibt Frankl die völlige Hingabe an eine Aufgabe, eine Idee, einen Dienst. In dieser Hingabe wird der Mensch zum Schöpfer. Der Mensch ist in der Welt, um sich ihr auszuliefern, preiszugeben, liebend und erkennend hinzugeben. Erst in seiner Gerichtetheit auf etwas, das nicht er selbst ist und im Vergessen seiner selbst, wird er Mensch. Genau dies meint Selbsttranszendenz (welche den Gegenpol zur Hyperreflexion, also dem krankhaften Kreisen um sich selbst, markiert). Analog dazu das Auge: Dieses kann seiner ihm genuin anhaftenden Funktion visueller Wahrnehmung nur entsprechen, wenn es sich selbst nicht sieht. Nur ein krankes Auge nimmt sich selbst wahr und ist damit in seiner Aufgabe eingeschränkt.[413]

2.4.2 Die Freiheit des Menschen

Die Dimension des Geistigen konstituiert auch den Raum der Freiheit des Menschen. Jeder Mensch ist für Frankl zumindest seiner Möglichkeit nach willensfrei. Auch diese Freiheit erfährt eine Dreiteilung. Frankl unterscheidet zwischen

der Freiheit den eigenen Trieben, der Freiheit dem Erbe (Gene) und der Freiheit der Umwelt gegenüber.
Die Triebe sind von der Person „gesteuert, getönt, durchklungen"[414] und damit personalisiert. Der Mensch ist ihnen weder ausgeliefert, noch steht er ihnen ohnmächtig gegenüber. Auch seiner Anlage gegenüber besitzt der Mensch Wahlmöglichkeiten und ist nicht determiniert. Genauso wenig, wie durch die Umwelt, denn auch ihr gegenüber können wir entscheiden, *wie* wir mit dem Gegebenen umgehen. Das heißt nicht, dass Frankl die Gebundenheit an das Faktische leugnet. Aber er stellt gleichermaßen klar, dass wir frei darin sind, *wie* wir uns zum Faktischen positionieren, welche *Einstellung* wir dazu finden. Wir sind gebunden und offen zugleich. Innerhalb unseres Psychophysikums (Seele/Körper) haben wir die Möglichkeit, uns auszurichten auf Werte- und Sinnmöglichkeiten, die außerhalb von uns zu finden sind.

All diese Formen der Freiheit erfasst Frankl auch, wenn er von der „Trotzmacht des Geistes" spricht, die es dem Menschen ermöglicht, „sich von sich selbst nicht alles gefallen zu lassen"[415]. Und so hat er das Bergsteigen schon in jungen Jahren nicht nur trotz, sondern wegen seiner Höhenangst begonnen, wie er in einem Interview erzählt[416] und im Alter von 70 Jahren macht er noch seinen Flugschein.

Dieser sehr eindrückliche Hinweis darauf, sich von sich selbst nicht alles gefallen lassen zu müssen, lässt mich an meine Angst vor dem „System Fliegen" denken. Ich setze mich dem immer wieder aus, weil ich mir von mir selbst eben nicht alles gefallen lassen möchte. Ich möchte die Welt sehen, trotz meiner Angst in ihr verloren zu gehen. Und die ganz fernen Länder machen das Fliegen unumgänglich, zumindest dann, wenn ein bestimmter Zeitrahmen nicht überschritten werden kann.[H] Leider wird

H Mir ist natürlich klar, dass Urlaubsreisen in ferne Länder keine existenzielle Notwendigkeit sind und dass es moralisch radikal böse ist (Vgl. 1. Teil/Kapitel 5: Werte, Noemen, Moral), den individuellen Wunsch fremde Kulturen kennenzulernen, vor die Belastung zu stellen, die das Fliegen für die Umwelt bedeutet. Ich weiß das, aber ca. alle zwei Jahre übertrete ich diese moralische Grenze trotzdem. Und dass, obwohl (oder weil) ich dafür meine Angst überwinden muss, wie das Beispiel zeigen wird.

bei mir der Widerwille und die Angst trotz relativ häufigen Fliegens nicht kleiner, beides nimmt eher zu. Der Widerwille hängt, wie gesagt, auch mit der Umweltproblematik zusammen, die durch das Fliegen entsteht. Gleichzeitig würde sich diese Tatsache auch ganz wunderbar als Ausrede eignen, um mich meiner Angst nicht mehr stellen zu müssen. Sie sehen, es ist sogar möglich, das moralisch Richtige zu tun, und sich gleichzeitig dabei selbst zu belügen. Aber das ist ein anderes Thema. Kommen wir zurück zur Trotzmacht des Geistes.

Wenn ich ehrlich mit mir selbst bin, dann ist ein Grund für meinen angstvollen Widerwillen, dass mein Handeln, für das ich mich in Freiheit entscheide – mich fliegend von A nach B zu bewegen – für mich gleichbedeutend ist mit der Aufgabe von Freiheit und Autonomie. So zumindest fühlt es sich für mich an. In meiner Wahrnehmung liefere ich mich einem System aus, dessen Regeln ich anzuerkennen habe, oder ich muss es lassen. Allein in dieser Entscheidung liegt meine Freiheit: machen oder lassen. Nur dieses Schwarz-Weiß. Da ist kein Grauton mehr für mich erkennbar, von Farbe ganz zu Schweigen. Und so bin ich nicht in der Lage, die Freiheiten, die innerhalb des Systems trotzdem noch vorhanden sind, zu spüren. Ich weiß um sie, aber ich fühle sie nicht. Und ich fliege trotzdem!

Am Flughafen zeichnet sich der aktuelle Zustand der Welt gut ab. Es ist ein Zwischenraum, der eindeutige Regeln zur Grenzüberschreitung vorgibt. Je unsicherer die Welt, je größer beispielsweise die terroristische oder virale Bedrohung, desto umfangreicher die Sicherheitskontrollen. Körperliche Grenzen werden abgetastet, medizinische Testergebnisse überprüft, demnächst braucht es neben dem Reisepass vielleicht auch den Impfpass, Gepäck wird gescannt und ggf. durchwühlt, Kleidungsstücke müssen ausgezogen werden etc. Um in der Welt Grenzen überfliegen zu dürfen, muss ich bereit sein, dass meine persönlichen Grenzen bis in die Intimsphäre hinein überschritten werden.
Und auch hier gilt, je größer das Bedürfnis nach Sicherheit, desto mehr Kontrolle wird nötig und desto kleiner ist der Raum der Freiheit.
Meine Angst und mein Widerwillen gelten diesem System, nicht dem Fliegen selbst. Wenn ich erst mal im Flieger sitze, dann lässt die Anspannung nach. Bei Langstreckenflügen muss es allerdings ein Gangplatz sein. Turbulenzen machen mir nichts aus. Den Start mag ich sehr, die Lan-

dung an sich auch, aber meist wird diese durch die Antizipation der Einreisesituation mit ihren – je nach Land – ebenso an- und eingreifenden Reglements, überschattet.

Interessant wird es, wenn sich in solch angstgesättigten Situationen, die den persönlichen Handlungsspielraum maximal zu verkleinern scheinen, weitere Situationen ergeben, die etwas völlig anderes erfordern bzw. auch ermöglichen. Hierzu ein Beispiel:

Flug von Ho Chi Minh City nach Frankfurt: Müde und angespannt betrete ich mit meiner Freundin die Maschine. Bereits darauf gefasst, dass irgendetwas mal wieder nicht so laufen wird wie geplant, komme ich an meinen Platz. Und, wie soll es anders sein, da sitzt bereits jemand. Normalerweise, in Bus oder Zug, kein Problem, da würde ich halt einfach einen anderen Platz nehmen. Aber die Option habe ich im Angstmodus nicht. Also mache ich die Vietnamesin, die dort sitzt, darauf aufmerksam, dass dies mein Platz ist. Etwas widerwillig setzt sie sich nun ans Fenster, in der Mitte sitzt ihr Sohn. Auf meinem nun freigewordenen Platz fehlt das Kissen. Auch das sollte nicht sein. Die Dinge müssen so sein, wie sie zu sein haben, wenn ich mein Unbehagen im Griff behalten will. Ich frage meine Freundin, die immer im Gang neben mir sitzen muss (im Falle eines Kreislaufzusammenbruches, wie ich ihn schon zwei Mal im Flugzeug erlebt habe), wo wohl mein Kissen ist und sie wirkt beruhigend (wie auf eine Fünfjährige, die ich emotional in solchen Momenten auch bin) auf mich ein, verspricht, dass für alle Menschen hier ausreichend Kissen sind. Ich setze mich also auf meinen kissenlosen Platz, da strahlt mich der ca. 10-jährige vietnamesische Bub an und sagt im fließenden Hessisch, dass er ein Kissen habe. Ich schaue genauer hin und sehe, dass es „mein" Kissen ist, das er da hat und er auf seinem eigenen sitzt. Dies gebe ich zu bedenken und strahlend gibt er das Kissen an mich ab. Was ihn wahnsinnig erfreut, ist die Tatsache, dass ich Deutsch spreche und ich gebe zu, mir geht es genauso. Und so sprechen wir sofort auf einer sehr vertrauten Ebene miteinander. Der vietnamesischen Mutter ist dies zunächst peinlich, sie bittet ihren Sohn, mich nicht zu nerven. Er gibt ihr jedoch klar und unmissverständlich zu verstehen, dass es nun er ist, der Glück hat und eine Freundin neben sich sitzen hat, die Deutsch spricht und sie es nicht anders machen würde, wenn ein vietnamesisch sprechender Mensch neben ihr sitzen würde. Dem Argument kann sich die Mutter nicht verschließen, und so lässt sie der neu entstehenden Freundschaft ihren Lauf. Dies alles verläuft größtenteils nonverbal und klar verständlich. Ich denke, ich muss dem Jungen sagen, dass ich ab und zu im Flieger nahe an der Ohnmacht bin, ihn das aber nicht beunruhigen muss, weil meine Freundin dann weiß, was zu tun ist. Die denkt sich in diesem Moment, um Gottes Willen, was erzählt sie dem Jungen da, jetzt ist es gleich dahin mit der neuen Freundschaft. Wie kann sie nur. Aber genau das Gegenteil ist der Fall. Ich habe mich einerseits dem Jungen völlig authentisch anvertraut und andererseits darauf vertraut, dass diese Info für ihn gut aushaltbar ist. Und was passiert? Auch er vertraut sich mir an[1]. Er erzählt, dass er manchmal Dinge sieht und hört, die andere nicht wahrnehmen, dass er dann furchtbar erschreckt und zusammenzuckt und die Umwelt das dann nicht versteht. Die Lehrer sprächen – und er zitiert – von einer „überbordenden Phantasie". Ich frage interessiert nach, was er denn dann sieht und hört und er kommt ins Erzählen. Von sich, seinen Brüdern, seinem in zwei Tagen bevorstehenden Übertritt ins Gymnasium und seiner Angst davor, erzählt von der Familie in Vietnam. Irgendwann haben wir Lust Filme zu schauen, überlegen gemeinsam, was jetzt schön wäre. Die Wahl fällt schließlich auf *Der Zauberer von Oz* und er empfiehlt mir *Zoomania*[2]. Wir beraten uns in Sachen Essensauswahl, machen aus, wie er mich weckt, wenn er aufs Klo muss und irgendwann wird geschlafen und sein kleiner Kopf kuschelt sich an meine Schulter und es fühlt sich vertraut an und richtig und gut.

Und es gab keinen Raum für meine Angst oder Ohnmacht oder seine Stimmen oder Erscheinungen. Zwölf Stunden lang war die Zeit ausgefüllt mit dieser zauberhaften Begegnung, in der sich Werte verwirklichen

---

1 Vgl.: Kapitel 3/Mensch sein/Das personenzentrierte Menschenbild/Echtheit/Spiegelfunktion

2 Ein ganz wunderbarer Film, den ich auch gerne im Kontext meiner ressourcenorientierten Übung an der Fachakademie einsetze. Der Titelsong von Shakira *Try everything* ist zu einer Hymne für mich geworden.

und Sinn erfüllen konnte. Und das war nur möglich, weil ich trotz meiner Angst geflogen bin.

Wir haben vergessen einander zu fragen, wie wir heißen und so ist es bei der Einmaligkeit dieser Begegnung geblieben. Aber vergessen werde ich ihn nie, den kleinen Jungen, der sich unverlierbar in mein Gedächtnis eingeschrieben hat.

2.4.3 Die Verantwortlichkeit des Menschen

Durch die Freiheit des Willens ist es dem Menschen möglich, sich von sich selbst zu distanzieren. Die Kehrseite dieser Freiheit stellt die Verantwortlichkeit dar. Der Mensch ist verantwortlich für die Erfüllung von Sinn und die Verwirklichung von Werten in seinem Leben. So kommt es zur anthropologischen Grundformel: „Ich sein heißt bewusst sein und verantwortlich sein.“[417] Der Mensch ist also von der geistigen Dimension her voll verantwortlich und frei in seiner Handlung. Daraus folgen zwei Schlüsselfragen, welche eine zentrale Stellung innerhalb der Existenzanalyse einnehmen:

1) Vor wem/wovor fühlt sich der Mensch verantwortlich?
2) Wofür fühlt er sich verantwortlich?

Frage eins weist auf den transzendenten Bezugsrahmen der Logotherapie hin, Frage zwei richtet sich auf ganz konkrete Aufgaben und Werte, über die erst in der Handlung eine Sinnverwirklichung möglich wird. Frankl bringt es auf eine ganz kurze Formel:

> „Will ich werden, was ich kann, so muss ich tun, was ich soll.“[418]

Dieses „Sollen“ ist hier natürlich vom Geistigen her gedacht. Es bedeutet zu verstehen, was der individuelle Seinsauftrag in diesem Leben ist und dann das persönliche Verhalten dementsprechend danach auszurichten.

2.4.4 Die Wertstrebigkeit des Menschen

Über Werte ist der Mensch in der Lage an seine individuellen Sinnmöglichkeiten heranzukommen und in der Tat zu verwirklichen.
Otto Zsok, Leiter des Süddeutschen Institutes für Logotherapie und Existenzanalyse in Fürstenfeldbruck, unterscheidet zwischen Nützlichkeitswerten, welche empirisch messbar und so auf materieller Ebene zweifelsfrei nachvollziehbar sind, und jenen „ganz anderen Werten, denen sich Menschen widmen".[419] Gemeint ist damit die Suche nach Wahrheit (Philosophie/Wissenschaft), „die Förderung des *Guten*"[420] (Ethik), das Hervorbringen des erhaben Schönen (Ästhetik/Kunst), die Verkörperung des Heiligen (Religion). All diese Werte sind zwar empirisch nicht quantifizierbar, aber sie sind in ihrer Unfassbarkeit essentiell für menschliches Leben. Werte solcher Art können nicht auf kognitiver Ebene gelernt, sie müssen intuitiv erfasst und vor allem gefühlt werden, so dass in der Begegnung mit ihnen eine Erschütterung im tiefsten Innern geschieht. Diese höchsten Werte liegen im Bereich des unsichtbaren Geistigen,

> „sie müssen sich materialisieren, – eine Verbindung mit der *physisch*-sinnlich erfahrbaren, physikalisch meßbaren Materie eingehen und sie müssen zur *Form* werden, – damit sie von den einzelnen Menschen erfühlt, empfunden, erobert und angeeignet werden können".[421]

Geistige Werte befinden sich also, wie der Sinn, außerhalb des Menschen und gelten, egal ob der Wert anerkannt wird oder nicht. Sobald wir uns jedoch auf sie beziehen und sie erfühlen, werden sie zu personalen Werten und damit auch zu „*Gründe(n)* für sinnvolles Leben".[422] Werte „sind das Bewegende im Leben, sind das, was das Herz zu erwärmen vermag".[423] All dies lässt sich jedoch nur aus der Dimension des Geistigen nachvollziehen. Nur von hier aus ist der Mensch in der Lage, sich auf Werte auszurichten, sie zu erfahren und über sie den Sinn der konkreten Situation zu verwirklichen.
Es gibt (Ausnahme-)Situationen, in denen Sinn und allgemeine Werte im Gegensatz zueinanderstehen können. Frankl beschreibt dies anhand eines Beispiels, das er im KZ erlebt hat:

> „Im allgemeinen heißt es: *Du sollst nicht stehlen*. Aber es gibt Situationen, in denen das einzig Sinnvolle sein mag, zu stehlen. Ich denke an ganz konkrete Situationen, in Konzentrationslagern, in denen das Organisieren, wie es

im Krieg geheißen hat, das war, was nicht nur zum Überleben verholfen hat, sondern auch, wenn auch in einem Mikromaßstab, das Regime geschädigt hat. Also es gibt Situationen, in denen die allgemeinen Werte schon längst nicht mehr gelten.[424] Der konkrete Sinn aber, den gibt es immer. Denn Sinn muß man finden, und man kann ihn auch finden."[425]

Erneut gilt es zu betonen, dass die Lösung – nach logotherapeutischer Auffassung – auch innerhalb einer Wert-Konflikt-Situation nicht im Menschen gefunden werden kann, sondern nur außerhalb von ihm, im einmaligen Sinn der Situation. Für ihn soll sich der Mensch gleichsam als Medium zur Verfügung stellen.

Die personalen Werte unterteilt Frankl in drei Stufen. Er spricht von schöpferischen Werten, Erlebniswerten und Einstellungswerten.

Schöpferische Werte: In den schöpferischen Werten kommt kreatives Schaffen zum Ausdruck. Etwas wird mit Hingabe in die Welt hinein geschöpft und erhält dadurch Sinn. Das gebaute Haus, der gepflanzte Baum, das geschriebene Buch, das geliebte Kind, die lebendige Beziehung, der Beruf (welcher im besten Fall auch Berufung ist), die sportliche Leistung, wissenschaftliche Erkenntnisse, ein ästhetisches Kunstwerk. Etwas wird vom Menschen ins Leben gerufen.[426] Wir haben jedoch keinen Anspruch darauf, dass uns das Leben alle Optionen bereit hält, die wir uns wünschen. Darum geht es nicht. Vielmehr kommt es darauf an, dass wir die Sinnmöglichkeiten erspüren, auf die hin uns das Leben befragt. Was wir schöpfen, muss nicht spektakulär sein, es kommt auf die Verbindlichkeit und Ernsthaftigkeit an, mit der wir ans Werk gehen.[427] Es muss auch nicht immer lustvoll sein (bzw. bleiben) und Freude machen. Manchmal ist einfach Durchhaltevermögen gefragt, um einen Wert zu verwirklichen. Und wir können das, weil wir spüren, dass wir auf diese Weise Sinn erfahren. Haben wir diesen Zugang nicht, wird es ungleich schwerer. Diese schöpferischen Werte sind, was das Ergebnis betrifft, verlierbar. Sie können uns genommen werden.

Erlebniswerte: Das, was bleibt, ist das Erlebte, ist die Erinnerung an die Erfahrungen, die wir gemacht haben. Diese sind unverlierbar. Die Erlebniswerte geben den schöpferischen Werten ihre Qualität. Sie bestimmen darüber, *wie* wir das Schaffen erleben. Und auch das staunenden Erleben von Natur, die Berührung durch Musik, durch Kunst, die Faszination neuer Welten und Kulturen gehört in den Raum der Erlebniswerte. Über die Erlebniswerte erfährt der Mensch die Welt. Er transzendiert sich in der Ausrichtung auf diese Werte selbst und kann dadurch immer mehr werden, der er eigentlich ist (Selbsttranszendenz).

Einstellungswerte: Die Einstellungswerte setzt Frankl auf der „Sinnerfüllungsleiter" am höchsten an. Hier geht es um die Haltung, die wir gegenüber unvermeidlichem Leid, Schuld und Tod einnehmen (die tragische Trias). Dort, wo Menschen kein äußerer Handlungsspielraum mehr bleibt, wo ein unabänderliches Schicksal das Leben in ein Vorher und Nachher teilt, sei es eine unheilbare Krankheit, der Verlust geliebter Personen, die Erfahrung von Krieg, Flucht und Terror – selbst in solch existenziell bedrohlichen Situationen bleibt uns immer noch die Möglichkeit, in (innerer) Freiheit und Verantwortung zu dieser Situation Stellung zu beziehen und ihr einen Sinn abzuringen. Frankl selbst überlebte vier KZs und begleitete Menschen dort in seiner Funktion als Psychologe. Im Angesicht von Gewalt, Terror, Krankheit, Hunger, Entmenschlichung, kurz: dem grausamsten, unvorstellbarsten Verbrechen gegen die Menschheit, das nie hätte passieren dürfen[K], konnte er das innere Wissen um den bedingungslos vorhandenen (Über-)Sinn in sich bewahren. Er hat uns mit seinem Art des (Über-)lebens gezeigt, was es heißt, „eine Tragödie in einen persönlichen Triumph zu verwandeln"[428]. Und dieser bestand nach der Befreiung darin, an diesem Schicksal nicht zugrunde zu gehen, sondern dem Ruf des Lebens zu folgen.[L]

Einstellungswerte werden also erforderlich, wenn wir vor unabwendbaren krisenhaften Situationen in unserem Leben stehen. Über die geistige Dimension in uns sind wir dazu in der Lage, eine Perspektive einzunehmen, die in der Konfrontation mit dem Schicksal wahrhaft existenzielle Entwicklung ermöglicht. Das ist die größte Aufgabe, der sich ein Mensch stellen kann. Das heißt jedoch nicht, dass Frankl derartige Entwicklungschancen ausschließlich in der Erfahrung von Leid sieht. Leid darf keinesfalls glorifiziert werden. Solange es vermieden werden kann, muss alles dafür getan werden, um es zu verhindern oder zumindest zu reduzieren. Aber dort, wo nichts mehr dagegen zu tun möglich ist, verliert das Leben seinen Sinn trotzdem nicht. Vielmehr besteht darin die größte Chance zur Transformation.

K Vgl. 1. Teil/Kapitel 5: Werte/Hannah Arendt

L Vgl. 2. Teil/Kapitel 2.1: Viktor E. Frankl – Leben und Werk

Um in dieser Form Stellung beziehen zu können, gilt es zwei in uns angelegte Fähigkeiten zur Entfaltung bringen. Zum einen die Selbstdistanzierung, zum anderen die Selbsttranszendenz.

> „In der Selbstdistanzierung tritt der Mensch aus sich selbst heraus und bewertet seine Situation aus der Distanz. In der Selbsttranszendenz kann er sein Leiden in den Dienst eines Menschen oder einer Sache stellen."[429]

Christoph Schlick macht darauf aufmerksam, dass die Einstellungswerte unserem Leben prinzipiell eine Art Grundton bzw. Grundstimmung verleihen, aus der heraus wir wiederum unser Leben gestalten.[430] Das heißt, dass die verschiedenen Werte zwar hierarchisiert und in verlierbar und unverlierbar eingeteilt werden können, gleichzeitig jedoch immer in Abhängigkeit zueinander stehen.

2.5 Glück und Sinn

Sinn steht für Frankl immer über dem individuell erlebten Glück. Ein vom Geistigen her verstandenes Glück ist eines, dass sich durch Sinnverwirklichung einstellt. Keines, das aus einem „Habenwollen" dieses Glücks resultiert. Glück ist nicht das Ziel, sondern ein erfreulicher, aber verzichtbarer Nebeneffekt, dessen Ausbleiben den Boden unter den Füßen nicht wegreißt. Und genau dadurch werden wir freier.

Lassen Sie uns kurz innehalten. Was für ein Gedanke?! Wir werden freier, wenn wir uns *nicht* auf das Glück ausrichten, sondern auf den Sinn. Wir werden freier, wenn wir darauf vertrauen, dass der Sinn immer da ist und darauf wartet, von uns so verwirklicht zu werden, wie nur wir ihn, in unserer individuellen Einzigartigkeit, verwirklichen können. Und zwar unabhängig davon, ob uns das gerade glücklich macht oder nicht. Auch unabhängig davon, ob wir gesund sind oder krank, verliebt oder einsam, reich oder arm, gefangen oder frei. Der Sinn und die Werte sind trotzdem da. Darauf können wir uns verlassen. Und so können wir uns auch immer auf Werte und Sinn ausrichten. Das meint Frankl, wenn er vom *Willen zum Sinn* spricht. „Wo ein Wille ist, ist auch ein Wert"[431], betont Eva Maria Waibel, und „je größer der Wert einer Sache für den Menschen ist, desto stärker wird sein Wille, desto aktiver zeigt sich die eigene Lebenshaltung, desto zielgerichteter kann die Gestaltung des Lebens erfolgen."[432] Wenn uns etwas wirklich wichtig ist, finden wir einen Weg, es zu verwirklichen. Von der Intensität der Bedeutung, die der Wert für uns hat hängt es ab, wie stark unser Wille zur Verwirklichung ist. Damit unterscheidet sich der Wille vom Wunsch. Natürlich, wir können uns wünschen glücklich zu sein und darauf warten, dass es irgendwann kommt, das Glück. Aber es ist eine passive Haltung, die daraus resultiert. Wir verharren und hoffen, aber tun nichts. Der vom Wert her mobilisierte Wille jedoch setzt Energie frei, wir werden aktiv und erfahren in der Verwirklichung des Wertes Sinn. Und als Nebeneffekt manchmal auch Glück. Aber darauf sind wir in dieser Haltung nicht angewiesen. Und das macht uns innerlich freier.

2.6 Zwischenbilanz

Die Existenzanalyse kann als eine Art Höhenpsychologie begriffen werden, die den Menschen in seiner geistigen Not schaut. In seiner Spannung zwischen Sein und Sollen, zwischen Sinnlichkeit und Transzendenz, zwischen dem Leiblichen und dem Geistigen, zwischen dem Naturgesetz und dem geistigen Gesetz. Wobei gleichzeitig, wie wir gesehen haben, ein Bedingungsverhältnis zwischen diesen Polen auszumachen ist. Frankl bringt es auf den Punkt, wenn er sagt: „Das Leibliche ermöglicht die seelische Verwirklichung einer geistigen Forderung."[433]

Nach Susanne und Theodor Ritter kann folgende Einteilung als anthropologische Grundannahme gedacht werden: Das Mögliche ist dem Leiblichen zuzuordnen, das Wirkliche dem Seelischen und das Notwendige dem Geistigen.[434] Entscheidend ist dabei, dass die Quellen des Geistigen außerhalb des Menschen liegen. So geht es in der Logotherapie nicht um Vermittlung *von* etwas, sondern um die Ausrichtung *auf* etwas, das außerhalb des Menschen liegt und auf das der Mensch sich beziehen kann. Dazu muss innerhalb jedes Individuums ein Resonanzboden bestehen, welchen Frankl im Gewissen ausmacht. Körper und Seele werden gleichsam zum „Ausdrucks- und Nahrungsfeld"[435] des Geistigen. Dabei ist das Leibliche/Mögliche offen für das Seelische/Wirkliche und dieses wiederum für das Geistige/Notwendige[436].
Frankl selbst spricht von zwei Seiten im Wesen des Menschen, von der Existenz, die im geistigen Raum ihre Heimat findet und der Faktizität, welche alle körperlichen und seelischen Aspekte enthält.[437]
In der logotherapeutischen Praxis stand für Frankl vor allem die personale Begegnung als „Therapeutikum" im Zentrum seiner Arbeit. Angereichert durch

Methoden wie die *Paradoxe Intention*[M] und *Dereflexion*[N], ging es doch hauptsächlich darum, im therapeutischen Kontakt zum „Du" eine existenzielle Ausrichtungsänderung mit den Klient*innen zusammen einzuleiten. Frankls Schüler*innen haben auf dieser Basis die Logotherapie weiterentwickelt und das methodische „Repertoire" erweitert.

2.7 Weiterentwicklung der Logotherapie und Existenzanalyse

Frankls Einstellung zur Weiterentwicklung seiner Logotherapie und Existenzanalyse kann als ambivalent beschrieben werden. Einerseits signalisierte er schon früh seine Offenheit, sowohl für die Kooperation mit anderen Richtungen, als auch für die für die Weiterentwicklung der Logotherapie selbst. Andererseits ist für ihn Logotherapie das, was in seinen Büchern steht und insofern kann eine Fortführung dieser Lehre auch nur von ihm ausgehen.[438] Dennoch sind weltweit neue logotherapeutische Wege entwickelt worden, von denen manche den Raum der reinen Lehre nicht verlassen, andere den Schritt darüber hinaus gewagt haben.

In Deutschland war es die Wienerin Elisabeth Lukas, welche die Logotherapie einem breiten Publikum zugänglich machte. Sie ist eine der prominentesten Nachfolgerinnen Frankls und gründete 1986 zusammen mit ihrem Mann das Süddeutsche Institut für Logotherapie in Fürstenfeldbruck bei München. Sie entwickelte eine Methode zur „Einstellungsmodulation" und eine eigene Form der Gruppentherapie[439], bewegt sich bei all dem aber weiterhin im Feld der originären Logotherapie und Existenzanalyse, welche immer den *Willen zum Sinn* zum Ausgangspunkt therapeutischer Interventionen macht.[440] Insofern war Frankl einverstanden mit ihrer Fortführung seines Ansatzes.[441]

M Die Klient*in wird dazu aufgefordert genau das zu tun, wovor er/sie Angst hat. Nicht zu verwechseln mit der paradoxen Intervention. Beispiel: Wer einen Waschzwang hat bekommt nicht die Aufgabe sich mehr zu waschen (paradoxe Intervention), sondern soll Dinge tun, die bisher vermieden wurden, um sich nicht zu beschmutzen.

N Dereflexion meint, mit dem Ratsuchenden einen Weg zu finden, der herausführt aus sinnlosen Gedankenkarussellen, wie z. B. „ich denke, dass Du denkest, dass ich ..." Es ist die Gegenbewegung zur Hyperreflexion, die aus einem krankhaften Kreisen um sich selbst entsteht.

Auf der anderen Seite Alfried Längle. Auch er war ein Schüler und darüber hinaus enger Vertrauter Viktor Frankls. Elf Jahre lang (1982–1991) arbeiteten sie intensiv miteinander und hatten auch freundschaftlichen Kontakt. Sie sprachen oder trafen sich fast täglich. Frankl bezeichnete Längle als seine „rechte Hand".[442] Anders als Elisabeth Lukas hat Alfried Längle „die Grundkonzepte Frankls phänomenologisch weiterentwickelt und die Existenzanalyse als umfassendes, eigenständiges Psychotherapieverfahren ausgebaut und begründet".[443] Längle entwickelte die Methode der *personalen Existenzanalyse*, was ein „Abrücken von der Logotherapie und ein Hingehen in ihr Vorfeld"[444] bedeutete. Ausgehend von drei fundamentalen anthropologischen Grundmotivationen, welche dem *Willen zum Sinn* vorgelagert sind, etablierte Längle ein entsprechendes Modell, auf das ich an späterer Stelle noch intensiver eingehen werde, da es für die existenzielle Pädagogik von zentraler Bedeutung ist. Die *personale Existenzanalyse* nimmt die lebensgeschichtlichen Zusammenhänge der Klient*innen mit in den Blick und richtet damit den Fokus auch auf den biographischen Kontext, aus dem heraus das Leid entstanden ist. Diese Erweiterung, welche ein erhöhtes Ausmaß an Selbsterfahrung auch innerhalb psychotherapeutischer Ausbildung notwendig macht, beinhaltete für Frankl jedoch die Gefahr einer rückwärtsgewandten „geistigen Nabelschau", die „antilogotherapeutisch" sei und so lehnte er sie entschieden ab.[445] Längle jedoch hat in seiner jahrelangen Arbeit als Psychotherapeut und Logotherapeut beobachtet, dass es vielen Menschen nicht möglich ist, den Willen zum Sinn direkt zu erspüren, eben weil die ersten drei Grundmotivationen nicht in ausreichender Weise in ihrem Leben erfüllt waren. Vor diesem Hintergrund kam es 1991 zum Bruch zwischen den beiden und Frankl zog seinen Ehrenvorsitz der Gesellschaft für Logotherapie und Existenzanalyse zurück, „um diese Arbeit von seinem Namen getrennt zu halten".[446]

Auch der Hamburger Theologe und Logotherapeut Uwe Böschemeyer entfernt sich mit der „Integrativen Logotherapie" nach eigenen Worten von der „Reinheit der Lehre"[447]. Er etablierte einen „dritten" Weg neben Therapie und Beratung, den der „Wertorientierten Persönlichkeitsbildung" (WOP). Diese ist ein Angebot für Menschen, die ihre Persönlichkeit weiterentwickeln möchten. Neben dem wertorientierten Gespräch und der Arbeit mit dem Enneagramm arbeitet Böschemeyer insbesondere mit der von ihm entwickelten Methode der Wertimagination, welche beispielsweise auch in den Logotherapeutischen Instituten in Fürstenfeldbruck und Nürnberg praktiziert und gelehrt wird.

2.7.1 Wertorientierte Persönlichkeitsbildung nach Uwe Böschemeyer

Die anthropologische Grundlage der Wertimagination verortet Uwe Böschemeyer im Menschenbild Frankls, wobei hier die bereits skizzierte Geistigkeit des Menschen von entscheidender Bedeutung ist. Frankl unterscheidet zwischen „triebhaft Unbewusstem" und „geistig Unbewusstem".[448] Der bewusste Geist hat im unbewussten Geist seinen Grund und meint „das jedem Menschen potenziell zugängliche Wissen von den großen und kleinen Zusammenhängen des eigenen und des großen Lebens."[449] Der unbewusste Geist stellt für Frankl das Zentrum dar, er ist die „Basis menschlichen Daseins überhaupt"[450] und so wird der unbewusste Geist auch „der Grund, die Mitte und das Ziel der Wertimagination"[451]. In der Wertimagination wird die Begegnung – nicht die Beobachtung – mit dem geistig Unbewussten möglich. „Begegnung heißt, dass durch Wertimagination eine kognitive und emotionale Annäherung an den unbewussten Geist möglich ist, keinesfalls aber, dass dadurch sein numinoser Charakter verloren geht."[452] Was das konkret bedeutet und wie sich dadurch die Bildung der eigenen Persönlichkeit in ungeahnter Tiefe ganzheitlich weiter entwickeln lässt, darauf werde ich im dritten Teil des Buches eingehen.

2.7.2 Die existenziellen Grundmotivationen des Menschen nach Alfried Längle

Längle setzt also Frankls Motivationskonzept des *Willen zum Sinn* fort und entwickelt ein Modell der personal-existenziellen Grundmotivationen des Menschen.[453] „Diese bilden jene existenziellen Beweggründe ab, aus denen der einzelne Menschen lebt."[454] Da diese auch für die existenzielle Pädagogik von grundlegender Bedeutung sind, werde ich sie im nun Folgenden vorstellen.[455]

Dem *Willen zu Sinn* gehen nach Längle drei personale Grundmotivationen voraus, die (zumindest teilweise) für einen Menschen erfüllt sein müssen, um offen zu sein für die vierte Grundmotivation, die Ausrichtung auf Sinn und Werte. Diese vier existenziellen Dimensionen bilden das Fundament menschlicher Existenz. Sie sind die Anfragen des Lebens an den Menschen vom Anbeginn seiner Zeit.[456] Das heißt ganz kurz gefasst: Haben wir das Gefühl als Personen, in unserem Menschsein wahrgenommen, geliebt und ernstgenommen zu werden, dann ist der Zugang zum Sinn gut bereitet.[457]

Erste personale Grundmotivation
Die Grundfrage des Daseins steht hier im Vordergrund. Wie sicher fühle ich mich in der Welt, wie viel Halt finde ich in ihr, um sein zu *können*. Es geht um *Grundvertrauen* und die Voraussetzungen für dessen Entwicklung. „Um in der Welt sein zu können, sich zurecht zu finden, braucht eine Person ‚Halt, Raum und Schutz.'“[458] So kann ein *Weltbezug* hergestellt werden. Es gilt, die Welt in all ihren positiven Aspekten anzunehmen und sie gleichzeitig in all ihren negativen Bedingtheiten auszuhalten. Eine solch existenzielle Basis zu schaffen ist natürlich ein grundlegender Erziehungsauftrag. Halt geben, z. B. durch Rituale, Regeln, Werteklarheit und auch Widerstand. Raum geben, die Welt sinnlich zu begreifen, sich in ihr bewegen zu können, sich zu ihr verhalten zu können. Schutz geben, vor Erfahrungen der Ausgrenzung, der Beschämung, der Bedrohung. Gelingt all dies, kann Grundvertrauen entstehen. Der (mündige) Mensch muss sich dieses Fundament auch immer wieder selbst erarbeiten. Wo er den Halt, Raum und Schutz nicht von außen bekommt oder bekommen hat, lautet die Aufforderung des Lebens, diesbezüglich für sich selbst zu sorgen. Sich den Raum zu nehmen, einen inneren Halt zu finden, sich selbst zu schützen.
Wer ein solches Grundvertrauen des „In-der-Welt-sein-Könnens“ nicht entwickelt hat, dem wird das „Ja zum Leben“ schwerfallen. Bleibt diese Grundmotivation unerfüllt, wird die Angst stattdessen zum Grundgefühl. Welt wird dann eher als Bedrohung empfunden.[459]

Zweite personale Grundmotivation
Für ein gelingendes Leben ist es zentral, leben zu *mögen*, ja mehr noch, das Leben lieben zu lernen und den Wert des eigenen Lebens über die Erfahrung der Mit-Welt zu erfühlen. Hierfür sind Nähe, Zeit, Beziehung und Liebe notwendig. So kann der Mensch einen *Grundwert* entwickeln, er ist in der Lage sich selbst als bedingungslos wertvoll zu erleben.

> „Denn der Grundwert, das Grundbedürfnis des Menschen, sich selbst als wertvoll zu erfahren, geht allen Werten voran. Alle Werte werden an ihm gemessen. Die eigene Antwort darauf hat Einfluss auf das ganze Leben des Menschen.“[460]

Es geht also in dieser zweiten Grundmotivation darum, einen *Lebensbezug* herzustellen und den Wert des Lebens zu *fühlen*.[461] Wenn das passiert, dann spüren wir, dass es gut ist, dass wir da sind. Wir bekommen eine Ahnung von unserer

Einmaligkeit und wissen intuitiv, es kommt (auch) auf uns an. Auf diese Weise kann ein tiefes Gefühl zum Wert des eigenen Lebens entstehen, was einen dialogischen Welt- und Lebensbezug zur Folge hat.
Wird diese Grundmotivation nicht erfüllt, steht der eigene Wert in Frage. Dann können wir uns nur schwer begeistern, es kann kein emotionaler Bezug zu den Erlebniswerten hergestellt werden, und auch ein Sich-selbst-an-die-Welt- abgeben in Form von Selbsttranszendenz ist kaum möglich.

Dritte personale Grundmotivation
Hier steht die Person des Menschen im Fokus. *Das Selbstsein-Dürfen*. Es geht darum, einen *Selbstwert* zu entwickeln. Dies kann geschehen, wenn der Mensch sich in seinem Sosein angenommen und gesehen fühlt und tief in sich sicher weiß, dass er sein darf, wer er ist. Es bedeutet, sich nicht verstellen zu müssen, sich nicht verstecken zu müssen, sondern in der eigenen Unverwechselbarkeit willkommen zu sein. „Der Mensch will verstanden sein und nicht nach den Vorstellungen von anderen leben müssen. Hat er dieses ‚So-sein-dürfen' an sich selbst erlebt, so kann er dieses auch anderen zugestehen."[462] Darf der Mensch der sein, der er ist, lernt er, auch zu sich selbst in ein solches Anerkennungsverhältnis zu treten. Dieses verwirklicht sich, wenn wir unser eigenes Handeln vor uns selbst rechtfertigen können. Wenn wir in innerer Zustimmung machen, was wir für richtig halten und lassen, was uns falsch erscheint.[463]
Wird diese Grundmotivation nicht erfüllt, kann Einsamkeit und Selbstentwertung die Folge sein.[464]

Vierte personale oder existenzielle Grundmotivation
Jetzt erst sind wir bei der *Sinn*ausrichtung des Menschen angekommen. Das *Handeln-Sollen* wird zum Ausgangspunkt. Es geht nun darum, „in eine Balance zwischen eigenen Werten und dem situativ Geforderten zu kommen".[465] Sind die ersten drei Grundmotivationen (mehr oder weniger) erfüllt, kann der Mensch sich als einen von der Welt Befragten erleben, der über das Gewissen als Sinnorgan spürt, „was das Richtige für ihn ist und worin die Anfrage der Welt an ihn besteht".[466] Es geht um das Sein *sollende*, das es vor allem vor dem Hintergrund der eigenen Vergänglichkeit zu verwirklichen gilt. Dieses kann über schöpferische Werte, Erfahrungswerte, oder Einstellungswerte geschehen. So kann der *Wille zum Sinn* erspürt und gelebt werden, das Leben wird als ein erfülltes Leben wahrgenommen. Wird diese Grundmotivation jedoch nicht erfüllt, kann das ein existenzielles Vakuum, eine innere Leere und Frustration zur Folge haben.[467]

Dieser Ansatz Längles hat Folgen für eine existenziell verstandene Pädagogik, denn natürlich leiten sich aus diesen Grundmotivationen Aufträge an die Erziehenden ab.

2.8 Existenzielle Pädagogik

Wie lassen sich nun die Erkenntnisse von Frankl und seinen Nachfolger*innen für die Pädagogik fruchtbar machen?
Die Professorin für Pädagogik Eva Maria Waibel zeigt in einem Vortrag an der evangelischen Hochschule in Nürnberg zwei Ansätze auf: die Logopädagogik und die existenzielle Pädagogik. Während die Logopädagogik ihren Fokus vor allem auf die Frage lenkt, *was* wir vermitteln können, um Kindern und Jugendlichen zu einem sinnerfüllten Leben zu verhelfen, legt die existenzielle Pädagogik ihren Schwerpunkt auf die Frage, *wie* wir mit Kindern und Jugendlichen umgehen, um dieses Ziel zu erreichen. Es geht um eine existenzielle Haltung in der pädagogischen Praxis.[468] Auf diesen Zweig werde ich im Folgenden den Schwerpunkt setzen. Beiden Ansätzen geht es um „die Befähigung zu einem Leben mit innerer Zustimmung".[469]

2.8.1 Merkmale existenzieller Pädagogik

Existenzielle Erziehung richtet sich konsequent an die am Erziehungsprozess beteiligten *Personen* aus. Das hat zur Folge, dass sie keine allgemeingültigen, einfachen Rezepte beinhaltet.[470]

Existenzielle Erziehung nimmt das Bezogensein der Menschen auf Dinge außerhalb ihrer selbst, also die Transzendenz zur Welt, stark in den Blick. Alfried Längle bezeichnet dies in Anlehnung an Buber als „dialogisches Atmen mit der Welt".[471] Das heißt, es geht auch immer darum, eine innere Beziehung zum dem Thema herzustellen, um das es in der pädagogischen Situation geht.

Existenzielle Erziehung gibt der Werteverwirklichung Vorrang vor der Selbstverwirklichung, wobei „dem Gewissen als Sinn-Organ bzw. als Integrationsinstanz eine Schlüsselrolle für das Spüren des Richtigen in der Situation"[472] beigemessen wird.

Existenzielle Erziehung verzweckt niemals eine am Erziehungsprozess beteiligte Person, „indem eine Beziehung oder Begegnung als Zweck für die eigene Entfaltung angesehen wird".[473]

Existenzielle Erziehung sieht den hohen Stellenwert, den Beziehung in der Erziehung hat, weist jedoch darüber hinaus, indem der gemeinsame Wertehorizont mit in den Fokus des pädagogischen Geschehens genommen wird.[474]

Existenzielle Erziehung misst der Selbstgestaltungskraft des Kindes eine hohe Bedeutung bei.[475]

Existenzielle Erziehung gibt keine konkreten Ziele unabhängig von der Person des Kindes und der Situation vor, denn es darf niemals über eine andere Person verfügt werden. „Kein Lehrplan und kein Ziel ist wichtiger als das Kind."[476] Auf der Ebene abstrakter Fernziele, welche das Welt- und Menschenbild allgemein widerspiegeln, ist die grundsätzliche Richtung natürlich schon formulierbar. Bei Buber ist diese die Dialogfähigkeit, in der existenziellen Pädagogik „die Entfaltung der Persönlichkeit in Freiheit und Verantwortung in Auseinandersetzung mit sich selbst und der Umwelt".[477] Wie sich diese Erziehungsleitlinien jedoch konkretisieren lassen, ist eine Frage, die sich sowohl an die Erziehenden richtet als auch an das Kind.

2.8.2 Existenzielle Bildung

Lenken wir kurz den Fokus noch einmal auf den Bildungsbegriff im Kontext existenzieller Pädagogik. Im zweiten Kapitel haben wir schon durch den Logotherapeuten Günter Funke eine Ahnung davon bekommen. Zur Erinnerung: „Bildung ist das Erarbeiten einer Haltung, die darüber Auskunft gibt, wofür ich alles Gelernte einsetzten will."[478]
Bildung bedeutet darüber hinaus, sich auf der Basis der Selbsttranszendenz, auf die Welt einzulassen, sich immer wieder an sie abzugeben in Form von Hingabe (nicht von Hergabe[479]) und so als veränderter, weiter entwickelter Mensch aus dieser Du-haften Weltbegegnung hervorzugehen. Es geht darum, Wissen, das aus der Erfahrung mit Welt gewonnen wird, „in sich selbst zur Einheit zu bringen, sich selbst damit neu zu schaffen".[480]
Der Logotherapeut und Dozent Otto Zsok versetzt sich in die Lage von Schüler*innen, wenn er Bildung folgendermaßen beschreibt:

„Bildung heißt: fühlend erkennen und erkennend fühlen, dass ich als Schüler einmalig und einzigartig bin und in einem großen Sinnzusammenhang meinen Weg in dieser Welt zu finden habe, woraufhin mich der Lehrer und die Schule insgesamt vorbereiten.“[481]

Ich wage die subjektive Annahme, dass Schüler*innen und Studierende in Deutschland ihre Erfahrungen in Schule, Ausbildung oder Studium mehrheitlich kaum so beschreiben würden. Sollte ich damit richtig liegen, besteht dringender Handlungsbedarf. Statt ständig nur von der Notwendigkeit einer Digitalisierung von Bildung zu sprechen, wäre es an der Zeit zu begreifen, dass Bildung vor allem existenziell werden sollte.

2.8.3 Das existenzielle Menschenbild

„Nichts prägt unseren Umgang mit anderen Menschen mehr als das Bild des Menschen, das wir in uns tragen. Dieses (innere) Bild, das wir vom Kind haben leitet unser pädagogisches Tun mehr als angelerntes Wissen und eingeübte Verhaltensweisen.“[482]

So kommt dem Menschenbild innerhalb existenzieller Erziehung und Bildung zentrale Bedeutung zu, denn es durchdringt unsere Wahrnehmung, unsere Gefühle, unsere Einstellungen. Das Menschenbild der existenziellen Pädagogik leitet sich aus der Dimensionsontologie Frankls ab.[o] So wird der Mensch in seiner Dreidimensionalität wahrgenommen, das Kind immer auch in seiner Geistigkeit geschaut.

2.8.4 Anspruchs- und Antworthaltung in der existenziellen Pädagogik

Die Anspruchs-/Wunschhaltung: Sie drückt sich in Forderungen und Erwartungen an die Welt und das Leben aus. Das Haus, das Auto, die Reise, der Job, Macht, Reichtum, Glück, Gesundheit, Kinder. Große Ansprüche einer westlichen Überflussgesellschaft und große Enttäuschung oder gar Empörung, wenn das Leben diese Ansprüche nicht erfüllt.[483]

---

o Vgl.: 2. Teil/ Kapitel 2.3: Frankls Menschenbild/Die Dimensionsontologie

Die Wunschhaltung macht uns innerlich unfrei. In ihr kommen unsere Bedürfnisse, manchmal auch unsere Hoffnungen zum Ausdruck. Beides dürfen wir selbstverständlich haben und es ist allzu menschlich, dass wir auf die Befriedigung unserer Bedürfnisse hoffen (wobei dabei immer zu klären ist, ob es sich um Grundbedürfnisse oder um „gemachte" Bedürfnisse handelt). Verharren wir jedoch in dieser Anspruchshaltung, werden wir davon abhängig, dass das Leben liefert.[484] Tut es das nicht, ist oft das Erleben von Frustration, Verzweiflung, Ohnmacht, Angst und Hilflosigkeit die Folge. Wir werden passiv und warten auf bessere Zeiten, von denen wir nicht glauben, sie selbst mitgestalten zu können. Wir verlieren unseren Zugang zu Werten, auf die wir uns ausrichten, die wir verwirklichen könnten. *Der Wille zum Sinn* ist nicht mehr spürbar. Das kann fatale Folgen haben. Individuell und gesellschaftlich.

> Wenn wir beispielsweise wider besseren Wissens hoffen, dass das Wachstum auf unserem Planten vielleicht doch grenzenlos ist und wir unser ausbeuterisches Verhalten deshalb nicht ändern müssen.[P] Oder wenn wir, wie im Sommer 2020, hoffen, die zweite Welle der Pandemie werde schon irgendwie ausbleiben. Dieses irrationale Wunschdenken hat einen konstruktiven Umgang mit der Situation, gerade auch in Bezug auf den Umgang mit Schulen, völlig verhindert.[Q] Beides entspricht einem Verharren in einer Anspruchshaltung, die in den genannten Beispielen konkret heißt: Alles möge doch bitte so bleiben wie es ist (grenzenloses Wachstum) oder wieder so werden wie es war (vor Corona).

Es gibt jedoch auch eine existenzielle Antworthaltung der Hoffnung. Nämlich dann, wenn wir ausweglosen Situationen, an denen wir selbst nichts mehr ändern können, mit Hoffnung entgegentreten, beispielsweise im Angesicht einer unheilbaren Krankheit. In diesem Fall ist Hoffnung der Ausdruck eines Einstellungswertes, der sowohl die Qualität, manchmal auch die Quantität der verbleibenden Zeit entscheidend beeinflussen kann.

P Vgl.: 1. Teil/Kapitel 6: Welt

Q Vgl.:1. Teil/Kapitel 5: Werte, Normen, Moral

Wie könnte nun die Anspruchshaltung im pädagogischen Kontext aussehen? Einen Wunsch, den sicherlich viele kennen: Die Klasse oder Gruppe möge bitte ohne belastete Kinder sein, deren Verhalten alles durcheinanderbringt. Wenn diese Kinder nicht wären, ja, dann könnte man die Pädagogik machen, die einem vorschwebt. Wenn die völlig überzogene Anspruchshaltung der Eltern nicht wäre, ja, dann könnte man eine ganz andere Vorschulerziehung machen, oder sie gar abschaffen. Wenn Eltern sich endlich mal an die vereinbarten Bring- und Abholzeiten halten würden, ja dann ... Und auch die schon erwähnten Strampelanzüge, auf denen der Abiturjahrgang des Säuglings steht, sind Ergebnis einer Anspruchshaltung. Es gibt unendlich viele Beispiele.
Wenn Sie mögen, machen Sie sich ein „Best of" Ihrer eigenen pädagogischen (und persönlichen) Wunsch-/Anspruchshaltungen. Wagen Sie diesen ggf. kritischen Blick und bleiben Sie gleichzeitig humorvoll sich selbst gegenüber. Wünschen ist ja erlaubt, nur dauerhaftes Verharren darin ist wenig hilfreich. Da sind wir mit der Antworthaltung deutlich besser beraten.

Die Antworthaltung: Wenn wir es schaffen diese einzunehmen, haben wir die *kopernikanische Wende* in unserem Welt- und Lebenszugang geschafft. Wir haben im tiefsten Innern verstanden, dass wir die vom Leben Befragten sind und mit unserem Leben auf diese Fragen antworten. Worin diese Antwort besteht, darin sind wir frei, aber unfrei sind wir in der Tatsache, dass wir antworten müssen.[485] Wenn es uns möglich ist, die Antworthaltung einzunehmen, haben wir den Sprung vom Dasein in die Existenz vollzogen.[486]

Aus eigener Erfahrung kann ich sagen, dass dieser Sprung (hat man ihn einmal gewagt und bejaht) irreversibel ist. Gleichzeitig spüre ich, dass ich mir diese Haltung trotzdem immer wieder innerlich neu erobern muss. Das ist gerade dann der Fall, wenn mir Situationen im Leben widerfahren, welche Erfahrungen der unerfüllten Grundmotivationen triggern. Es ist eine im wahrsten Sinne des Wortes anspruchsvolle Haltung, zu der es sich (spiralförmig – so empfinde ich es zumindest) immer weiter hinzuentwickeln gilt.

In dieser Antworthaltung versuchen wir also existenziell zu erspüren, was die Situation von uns fordert. Was der Sinn dieses Augenblickes ist. Welchen Wert es im Hier und Jetzt zu verwirklichen gilt. Übertragen auf pädagogische Situationen könnte das bedeuten, dialogischen Kontakt zu den Kindern aufzunehmen, denen es nicht möglich ist, sich an die vorgegebenen Regeln zu halten. Und zwar, indem wir sie als einzigartige Personen wahrnehmen und sie fragen, was ihnen im Zusammensein mit der Klasse, in Bezug auf den Unterricht oder den Morgenkreis in der Kita wichtig ist. Damit sprechen wir sie in ihrer Geistigkeit an. Und wir können sie das fragen, ohne zu versprechen, dass wir ihre Anliegen erfüllen werden. Allein das authentisch-wertschätzende Fragen und der echte Versuch die andere Perspektive einzunehmen, verändert die Situation. Sie fühlen sich auf diese Weise hoffentlich gesehen und können ggf. besser aushalten, wenn ihre Bedürfnisse im Moment nicht befriedigt werden können. Denn sie spüren, ihre Gefühle wie z. B. Wut oder Traurigkeit dürfen sein. Und so kann das möglicherweise aggressive Verhalten, welches diesen Gefühlen entsprungen ist, sich durch die Anerkennung der Person in ihrem Sosein wandeln.

In einem Seminar zum Thema Emotionscoaching habe ich eine solche Transformation von Gefühlen sehr eindrücklich erlebt. Eine Dozentin für diese Haltung und Methode (welche nicht in der existenziellen Pädagogik ihre theoretische „Heimat" hat, sich aber sehr gut in diese integrieren lässt) gab einen Einblick in diese Form der Arbeit mit Gefühlen an der Fachakademie. Es ging ihr vor allem darum, erfahrbar zu machen, wie Emotionen (und damit einhergehend Verhalten) sich wandeln können, wenn sie bedingungslos von einem anderen Menschen angenommen werden. Das dazu gehörende Motto, welches diese wunderbare Pädagogin uns an jenem Nachmittag nahebrachte, lautete: „Nur Gefühle, die sein dürfen, können auch wieder gehen." Um diese „Wahrheit" ganzheitlich erfassen zu können, arbeitete die Trainerin mit Rollenspielen. In einer Kleingruppe griffen wir dafür eine Situation auf, welche eine Studierende gerade in ihrem Praktikum erlebt hatte: Ein ca. 6-jähriger Junge, der im Heim lebt, geht dort an den Kühlschrank, um (s)ein Smartiejoghurt herauszunehmen und muss feststellen, dass dieses Joghurt nicht mehr da ist. Ein krasser Wutanfall ist die Folge. Pädagogische Standard-Reaktionen: Ach komm, jetzt stell dich halt nicht so an, es ist doch nur ein Joghurt. Iss halt was Anderes. Ist doch genug da. Oder: Hör bitte auf zu

schreien, deine Reaktion ist echt völlig überzogen. Wenn Du jetzt nicht aufhörst, kannst Du leider nicht mit am Tisch sitzen. So etwas in der Art hatte auch die Studierende in der Situation vor Ort erlebt.
Geht es anders? Und ob! Aber wie? (Wiedergabe des Rollenspiels leicht verkürzt)

Ich (in der Rolle des Kindes) schaue in den Kühlschrank, suche nach dem Joghurt und stelle wütend fest, dass es nicht mehr da ist: „Ey, das gibt es doch nicht, wo ist mein Joghurt – welcher Depp hat mir das weggenommen?"

Trainerin (empathisch, klar): „Du bist total wütend, weil dein Joghurt nicht mehr da ist?"

Ich (gepresst): „Jaaaaa, genau, irgendein Depp hat es mir weggenommen! Das ist so scheiße!!! Das war mein Joghurt!!!"

Trainerin: „Du würdest grad am liebsten was kaputt machen, so wütend bist Du ...?"

Ich: „Jaaaaaa, allerdings! Am liebsten würde ich alles aus dem Kühlschrank rausholen und wegschmeißen ..."

Trainerin: „Vielleicht hilft ja auch schon, wenn Du ordentlich aufstampfst und brüllst?"

Ich stampfe leicht, brülle aber noch nicht.

Trainerin: „Das soll Stampfen sein? Ich höre noch nix ..." (stampft selbst und brüllt.)

Ich stampfe nun etwas fester und beginne verhalten zu brüllen.

Trainerin: Stampft weiter und bietet mir Wutworte an, die ich dazu brüllen könnte.

Ich mache mit. Etwas wandelt sich. Tränen steigen in mir auf. Ich werde traurig. Eine existenzielle Smartie-Verlust-Traurigkeit.

Trainerin (leiser, einfühlsam): „Was passiert gerade? Etwas ändert sich ..."

Ich (weinend): „Ich will doch nur die Smarties haben ..."

Trainerin: „Ja, das kann ich verstehen, sie sind Dir wirklich wichtig die Smarties, gell?"

Ich: „Jaaaaaaa ..."

Trainerin: „Smarties sind auch toll. So bunt und süß ..."

Ich (schluchzend): „Jaaaa, genau und es waren meine und ich wollte sie haben ..."

Trainerin: „Das ist wirklich ganz, ganz doof für Dich. Ich kann verstehen, dass Du traurig bist. Sag mal, was würdest Du Dir wünschen, wenn Du Dir grad alles wünschen könntest, was Du willst, egal was?"

Ich (prompt): „Einen Smartieregen. Immer, immer soll es Smarties geben, jeden Tag, wann immer ich will."

Trainerin (lächelnd): „Ja, das wäre wirklich phantastisch, wenn es immer, immer Smarties gäbe."

Ich (lächelnd-versonnen): „Ja, das wäre toll."

Trainerin: „Ein Traum wäre das."

Ich: „Ja wirklich, das wäre es."

Trainerin: „Glaubst Du er wird sich genauso erfüllen?"

Ich (sicher): „Nein, das glaube ich nicht. Ich weiß doch, dass es keine Smarties regnen wird."

Trainerin: „Ja stimmt, das wird es nicht, aber es ist ein schöner Traum. Sag mal, was machen wir denn jetzt mit der Situation, was Dein Joghurt betrifft?"

Ich: „Ich kann mir vielleicht von meinem Taschengeld Smarties kaufen. Und wenn wieder so ein Joghurt da ist, dann sage ich allen, wie wichtig es mir ist, dass ich das haben möchte und ich schreibe meinen Namen darauf und dann nimmt es mir vielleicht keiner mehr weg."

Trainerin: „Na das ist doch eine super Lösung, so machst Du es."

Sie begegnete mir in meiner Wut und Traurigkeit empathisch und wertschätzend. Sie paraphrasierte zunächst, spiegelte, bot mir Wutausdrucksmöglichkeiten, fragte nach, hörte zu, lockte mich, die absolute Wunschlösung anzudenken. Und ich spürte mit meinem ganzen Wesen, wie sich die Situation für mich veränderte. In der Rolle des Kindes (das ich in dem Augenblick war und nicht mehr spielte) merkte ich, dass der Verlust der Smarties kaum aushaltbar war. Ich hatte mich so wahnsinnig darauf gefreut und nun hatte sie mir jemand weggenommen. Ich wollte diese Smarties haben, als hinge mein Leben davon ab. Und als ich in diesem Gefühl angenommen wurde, als ich die Wut haben durfte, da verwandelte sie sich. Auf einmal wurde eine große Traurigkeit und Verzweiflung daraus und auch darin wurde ich angenommen. Und dann durfte ich sogar sagen, was der größte Traum jetzt wäre, wohl wissend, dass er sich nicht erfüllen würde. Aber ich durfte ihn haben und sagen und auf dieser Basis konnte ich eine Lösung für die konkrete Situation erfühlen. Und aus der Wut und Traurigkeit war eine Art von Zuversicht geworden.

Ist es denn nicht doch etwas übertrieben, wenn wir jetzt anfangen, jedem entschwundenem Smartiejoghurt mit einer solchen Aufmerksamkeit zu begegnen? Das geht doch zu weit!

Das könnte ein kritischer Gegenweinwand sein … Andererseits, ist es nicht ganz wunderbar, wenn es gelingt, auf die Gefühle von Kindern einfühlsam einzugehen und sie so zu befähigen, eigene Lösungen für die konkrete Situation zu finden? Eva Maria Waibel spricht hier von doppelter Antworthaltung.

> „Zum einen erfordert sie eine dem Kind und der Situation entsprechende Antwort der Erziehenden. Zum anderen geht es darum, Kinder zur personalen Stellungnahme und zu ihrer höchstpersönlichen Antwort herauszufordern. In diesem Sinne verstanden heißt Erziehen Antworten."[487]

Klingt gut, aber ist im Alltag so doch nicht umsetzbar, das ist doch an der Praxis vorbei! Es ist unmöglich allen Kindern einer Gruppe in dieser Weise gerecht zu werden, gerade wenn mehrere mit besonderem Förderbedarf drin sind …

Ein weiteres oft gehörtes Gegenargument … Ich versichere Ihnen – es ist eine Frage der Haltung. In der Umsetzung dauert es nicht länger als die zermürbenden Standardkonflikte, aus denen niemand mit Lösungen und geklärten Gefühlen hervorgeht. Im Gegenteil! Die Konflikte bleiben, werden zu Dauerbrennern, wachsen, potenzieren sich und nehmen uns und den Kindern und Jugendlichen wertvolle Lebensenergie.

Existenzielle Pädagogik hingegen schafft eine Atmosphäre, in der alle wachsen können und ist gerade auch da möglich, wo Kinder mit schwierigen Biographien und hoher Belastung leben. Ein sehr eindrückliches Beispiel dafür können Sie sich auf YouTube ansehen.[R] Hier erzählen Mitarbeiter*innen des Elisabethenstiftes in Berlin-Brandenburg wie sich ihre Arbeit in der Einrichtung positiv verändert hat, seitdem sie die existenzielle Pädagogik verwirklichen. Die Grundhaltungen existenzieller Pädagogik, die Sie dort im gelebten pädagogischen Alltag beobachten können, fasst Eva Maria Waibel so zusammen. Es braucht den

> *„Respekt vor der Personalität des Anderen, das Sich-Einfühlen-Können (…), die Werteklarheit der Erziehenden (…), die Aufgeschlossenheit für die Person und die*

R https://www.youtube.com/watch?v=XmjnbqgMBjw: Existenzielle Pädagogik im Elisabethstift nach Eva Maria Waibel, basierend auf Viktor E. Frankl.

Situation im Hier und Jetzt (...), die Fähigkeit zur personalen Begegnung (...), die Auseinandersetzung mit existenziellen Lebensfragen (...), das Einbringen der eigenen Person und der reflektierte Umgang mit sich selbst (...) ,die Orientierung an der Potenzialität des Menschen (...), die Entschiedenheit (...) die Fähigkeit zur Antworthaltung (...), Fähigkeiten wie Vertrauen, Achtsamkeit, Mut, Demut (...)"[488]

Oder noch kürzer gefasst:

Respekt, Empathie, Weltanschauung, Offenheit, Warmherzigkeit, Leidenschaft, Optimismus, Authentizität, Selbstvertrauen/ Selbstwert, Gelassenheit, Achtsamkeit, Mut, Demut, Vertrauen. [489]

Lenken wir den Blick an dieser Stelle auf die Rolle des Vertrauens in der existenziellen Pädagogik. Man kann es ganz kurzfassen: ohne Vertrauen keine existenzielle Pädagogik. Vertrauen ist, existenzanalytisch gesehen, eine Grundhaltung im menschlichen Leben. Es hilft die „immer gegebenen Unsicherheiten der menschlichen Existenz zu bewältigen".[490] Die vertrauende Pädagogin fühlt einen inneren und äußeren Halt, „auf dessen Stabilität (sie) sich verlassen kann"[491] und der es ihr ermöglicht, dem Gegenüber dialogisch zu begegnen. Sie vermag Antwort zu geben, auf das, was die Grundmotivationen erforderlich machen, und kann so den Kindern einen Zugang zum Sinn ermöglichen. Ein Vertrauensraum entsteht, in den sich das Kind vorbehaltlos fallen lassen kann. Wer in einen solch unbedingten Raum ein- und ausatmen kann, wer darin verwurzelt ist und dort das Fliegen lernt, dessen Spektrum im Umgang mit Leben und Menschen und Grenzen und Welt ist weiter, farbenfroher, kreativer, respekt- und sinnvoller. Wer mit wenig Angst und viel Neugier der Welt begegnen kann, wer sein „Geworfen sein" (Heidegger) in die Welt akzeptieren kann, weil er spürt, dass sein freier Fall Teil eines großen Fluges ist, wer fühlt, dass er einzigartiger Teil des großen Spiels ist, dessen Ausgang auch in der eigenen Verantwortung liegt, der hat eher die Kraft und den Mut, über Grenzen zu gehen, die behindern, Grenzen zu akzeptieren, die Raum geben und Grenzen aufzuheben, die überflüssig sind. Eine Pädagogik des Vertrauens eröffnet einen Raum für Erfahrungen dieser Art, sie ist Einladung zum Mensch sein und Mensch werden.

Ich persönlich träume bis heute davon,
öfter das Netz unter der Welt zu spüren,
im freien Fall den großen Flug zu erahnen,
um meine Wurzeln und Flügel zu wissen,
die mich im Sein verankern und leichtmachen.
Ich träume davon „das Leben zu tanzen“ (Nietzsche),
mich den großen Regeln (so es sie gibt) zu nähern,
sie interpretieren zu lernen,
um sie am Ende vielleicht ganz aufgeben zu können.

Teil 3
Persönlichkeitsbildung

Wie versprochen werde ich nach dem rein theoretisch ausgerichteten zweiten Teil des Buches, nun wieder in den Dialog mit Ihnen einsteigen, bzw. Sie zum Dialog mit sich selbst einladen. So stelle ich diesem Kapitel thematisch gebündelte dialogisch-wertorientierte Fragen voran[492], die Ihnen einerseits die Möglichkeit geben, einige Inhalte aus dem zweiten Teil aus einer ganz persönlichen Perspektive zu reflektieren und die Sie gleichzeitig zu Ihrer eigenen Persönlichkeitsbildung anregen. Dabei gilt es nicht, diese Fragen systematisch abzuarbeiten. Schauen Sie einfach, welches der Themen Sie spontan anspricht, und dann fangen Sie damit an.

Thema: Selbstbestimmung vs. Fremdbestimmung

1) Wissen Sie, was Sie wirklich wollen? Wenn ja, was ist das? Wenn nein, warum nicht?

2) Wie wichtig ist Ihnen, was die anderen von Ihnen denken? In welchen Situationen richten Sie Ihr Verhalten danach aus? In welchen nicht?

3) Selbstbestimmung steht in direktem Zusammenhang zum Thema Freiheit. Welche Freiheiten nehmen Sie sich? Welche nicht?

4) Wovon fühlen Sie sich in Ihrem (alltäglichen) Leben fremdbestimmt?

5) Glauben Sie an Schicksal oder Freiheit oder beides?

Thema: Kognition vs. Intuition

6) Welche „Bauchentscheidungen“, die Sie in ihrem Leben getroffen haben, fallen Ihnen spontan ein? Welche haben sich als stimmig erwiesen, welche nicht?

7) Welche Erfahrungen haben Sie mit dem Vertrauen in die eigene Herzensweisheit gemacht?

Thema Angst

8) Wovor haben Sie Angst? Wie gehen Sie mit dieser Angst um? Weichen Sie aus? Konfrontieren Sie sich? Gehen Sie in Kontakt mit der Angst?

9) In welchen Situationen Ihres Lebens konnten Sie die *Trotzmacht des Geistes* aktivieren?

Thema Liebe

10) Liebe ist kein Gefühl, sondern ein Ereignis, das im Raum des Zwischen geschieht, sagt Martin Buber. Können Sie dem zustimmen?

11) Wie verändert sich Ihre Wahrnehmung, wenn Sie eine liebende Haltung zum Leben einnehmen?

12) Was meinen Sie – ist es schlimmer nicht lieben zu können, oder nicht geliebt zu werden?

13) Welchen Aspekt Ihrer beruflichen Tätigkeit lieben Sie besonders? Woran merken Sie das? Woran merken es Ihre Kolleg*innen, die Kinder, Schüler*innen, Studierende?

Thema Lebensfreude

14) Woher kommt die Lebensfreude?

15) Was macht Sie froh?

16) Was fehlt Ihnen zu Ihrer Freude?

17) Was möchten Sie tun/lassen/wagen/üben?

18) Wenn die Lebensfreude mehr Raum in Ihrem Alltag hätte, dann ...

Thema Werte

19) Wo ein Wille ist, ist auch ein Wert, sagt Eva Maria Waibel. Welche Episode Ihres Lebens fällt Ihnen dazu ein?

20) Durch welche Erlebniswerte begegnet Ihnen die Welt?

21) Welche schöpferischen Werte sind Ihnen wichtig zu verwirklichen?

22) Welche Einstellung haben Sie zu Leid, Schuld und Tod?

Thema Vertrauen

23) Vertrauen Sie sich selbst?

24) Welchem/welchen Menschen vertrauen Sie? Welchem/welchen nicht (mehr)?

25) Welche der beschriebenen Grundmotivationen nach Alfried Längle hat in Ihnen besonders hohe Resonanz erzeugt? Warum?

26) Wann haben Sie zuletzt das *Netz unter der Welt* gespürt? Und wie fühlte es sich an?

Sie merken vielleicht schon anhand der Fragenauswahl – Persönlichkeitsbildung ist ein tiefgehender Prozess. Wer sich darauf einlässt, begibt sich auf eine Art Lebens-Reise, lernt sich selbst und die Welt dabei immer besser kennen und kann auf diese Weise auch Kinder und Jugendliche auf ihrem Weg ins Leben gut begleiten. Diese Begleitung ist ein wesenhafter Vorgang, der nur von der Existenz hergegangen werden kann und der einen selbst auch immer wieder auf Existenzielles zurückwirft.
Die Erzieherin, der Lehrer, die Sozialpädagogin, der Heilpädagoge, die Erziehungsberaterin wird in ihrem Menschsein zum Hauptmedium ihrer Arbeit. Sie bringt sich als ganze Person in den Prozess ein. Auf diese Weise kann sie dem Kind zu seiner Existenz verhelfen.[493] So wird sie sich selbst zum wichtigsten Gut und zum zentralsten Arbeitsinstrument. Dieses Instrument will gut gestimmt sein. Nur wer es kennt, wer um die Qualität der einzelnen Saiten weiß, wer die innere Musik hört, den richtigen Ton vom falschen zu unterscheiden gelernt hat, kann dieses Instrument zum Klingen und in Einklang mit anderen bringen. Dazu gehört es auch wahrzunehmen, wann die Saiten verstimmt sind und was die Verstimmung auslöst.[494] Um also vertrauend erziehen, lehren, begleiten zu können, um eine persönliche und in der Konsequenz auch pädagogische Antworthaltung zum Leben entwickeln zu können, wird der Pädagog*in/Lehrer*in/Berater*in ihre fortwährende Persönlichkeitsentwicklung und Bildung zur inneren und äußeren Notwendigkeit.

Das Potenzial dafür besteht in gewissem Sinne natürlich in jedem Augenblick. Von einem ganzheitlich-existenziellen Bildungsbegriff ausgehend, kann das Leben an sich als eine einzige große Bildungschance begriffen werden, die wir bekommen haben, um uns zu dem Menschen zu entwickeln, der wir sein können bzw. vom Geistigen her sein sollen. Das gelingt aus existenzieller Perspektive, wenn wir schöpferische Werte, Erlebniswerte und Einstellungswerte verwirklichen. Dann, wenn wir über uns selbst hinauswachsen und uns dabei an das, was wir tun, ganz abgeben. Selbsterfahrung wird hier zur Sinnerfahrung durch Selbsttranszendenz! Zum Beispiel durch künstlerische Entfaltung oder berufliche Erfüllung, durch Tanz oder Meditation, durch Yoga oder Naturerfahrungen, durch selbstvergessenes Spiel oder im Gebet, durch Liebe und Freundschaft, durch Krankheit und Krise, durch Geburt und Tod.[A] Ein speziell auf Per-

---

A Vgl.: 2. Teil/Kapitel 2.7: Die Wertstrebigkeit des Menschen

sönlichkeitsbildung zugeschnittenes psychologisches oder pädagogisches Angebot ist somit ein spezifischer und sehr wertvoller Teil dieses umfassenden Lebens-Bildungs-Anspruchs.

Berufliche Persönlichkeitsbildung kann in ganz unterschiedlichen Settings stattfinden. Innerhalb von Aus- und Weiterbildung, ebenso wie von gelingender Teamarbeit, Supervision, Beratung, Coaching oder Therapie, wobei die Ausgangspunkte und Zielsetzungen unterschiedlich sind, weshalb ich nun eine kurze Beschreibung und Differenzierung dieser Möglichkeitsräume vornehmen werde.

1. Aus-/Fort-/Weiterbildung ...

... welche vor allem auch Selbsterfahrung ermöglicht.

Im existenziell-dialogischen Kontext ist Selbsterfahrung niemals Selbstzweck oder egozentrische Nabelschau (auch wenn Frankl diese Gefahr gesehen hat). Selbsterfahrung hat auch nichts mit Selbstoptimierung zu tun. Es geht zu keinem Zeitpunkt darum, perfekt zu werden, sondern vielmehr um ein achtsames Kennenlernen des eigenen Instrumentes. Auf diese Weise wird es wahrscheinlicher, mit dem eigenen Sein auf das Sein eines anderen Menschen wirken zu können und stimmige Melodien miteinander zu finden.
Allein die Auseinandersetzung mit den Inhalten existenzieller Pädagogik führt, wenn sie in dialogischer Form geschieht, zur individuellen Weiter-Entwicklung und Bildung. So können Sie auch dieses Buch als eine Einladung zur Selbsterfahrung verstehen.
Persönlichkeitsbildung kann demzufolge schon durch die Lektüre von Fachbüchern geschehen ebenso wie durch die Begegnung mit Literatur und Poesie[B]. So können sich Erziehende, Lehrende, Begleitende einerseits selbst als Person weiterbilden[C], andererseits aber auch eine „Auslese der Welt“ (Buber) durch die eigene Person geschehen lassen. Das heißt, sie stellen sich für das Du als eine Art Filter zur Verfügung. Ich mache das, wie Sie bereits gemerkt haben,

---

B Genau damit arbeitet beispielsweise die Bibliotherapie.

C Vgl.: Teil 1/Kapitel 2: Bildung/Peter Bieri

mit großer Leidenschaft und bin umgekehrt auch immer sehr dankbar, wenn mir zur richtigen Zeit das richtige Buch zufällt oder durch Freund*innen oder Kolleg*innen empfohlen wird. Mariele Diekhof macht in ihrem *12-Punkte-Werte-Programm* auf den Wert der Belesenheit ganz explizit aufmerksam. Belesene Erzieher, Lehrerinnen, Sozialpädagogen, Dozentinnen sind ein wahrer Segen für Kinder und Jugendliche. Nicht nur, weil sie eine vielfältige Buch-Auswahl für die ihnen anvertrauten Menschen treffen können, sondern weil sich darin ihre Neugier, ihr Wissensdurst, ihre Leidenschaft und ihre Begeisterungsfähigkeit widerspiegelt.[495]

2. Teamarbeit ...

... welche auf gegenseitigem Vertrauen, respektvollem, wertschätzendem und authentischem Umgang miteinander beruht.

Was braucht es außerdem? Transparenz, Verlässlichkeit, Möglichkeiten der Partizipation, Werteklarheit, gemeinsame Visionen, gelingende Kooperation und Kommunikation, Ausrichtung auf die individuellen Potenziale im Team, einen konstruktiven Umgang mit Konflikten, die Möglichkeit und Offenheit für interkollegiale Beratung, Platz für Humor, Raum für Privates, konstruktiven Umgang mit Krankheit und Gesundheit, eine Kultur im Umgang mit Fehlern und eine Verständigung darüber, welche passieren dürfen und welche nicht. Manchmal ist die Qualität der Teamarbeit bereits an der (Nicht-)Gestaltung oder auch der (Nicht-)Nutzung des Mitarbeiter*innenzimmers ablesbar. Genauso kann die zeitliche und strukturelle Organisation von Teamsitzungen Auskunft darüber geben, ob beispielsweise eine Ausgewogenheit zwischen formalen und inhaltlichen Fragen berücksichtigt wird. Oder ob genug Raum zur gemeinsamen Reflexion der Arbeit eingeplant wird oder ob es Zeitfenster für Visionen gibt.[D]
Und gelingende Teamarbeit in der Schule? Das Wort *Team* taucht im Kontext Schule interessanterweise fast überhaupt nicht auf. Es gibt Lehrerkollegien und kein Lehrerinnenteam. Es gibt Konferenzen und keine Teamsitzungen. Es gibt

D Ein konkretes Beispiel für gelingende Teamarbeit in Kindertagestätten ist wunderbar in dem schon mehrfach erwähnten Buch *Kita KITOPIA* nachzulesen.

Lehrerzimmer und selten Teamzimmer. Mit etwas Glück gibt es Teamteaching. Dann unterrichten zwei Lehrkräfte miteinander in der Klasse. Aber das ist in Regelschulen eher die Ausnahme. Und so ist es vielleicht gar nicht so verwunderlich, dass viele Lehrer*innen sich eher als Einzelkämper*innen wahrnehmen, denn als Teil eines Teams, das eine gemeinsame Vision zusammen mit den Schüler*innen zu verwirklichen sucht.

3. Supervision (lat. Überblick) ...

... ist ein sehr hilfreiches Instrument, um als Team oder Einzelperson die berufliche Tätigkeit mit einer außenstehenden Supervisor*in fachlich zu reflektieren und damit die Qualität professioneller Arbeit zu sichern.

Sie kann genutzt werden, um einzelne „Fälle“ zu besprechen, so dass sich neue Wege und Lösungen auftun. Sie kann Hilfe bei der Bewältigung von Konflikten im Team sein. Sie bietet Möglichkeiten, den eigenen Verstehens- und Handlungsspielraum zu erweitern. In Kindertagestätten und Beratungseinrichtungen ist sie oft selbstverständlicher Bestandteil professionellen Arbeitens, in Lehrer*innenkollegien stellt sie auch im Jahre 2021 noch eher eine Ausnahme dar. Obwohl sie auch im schulischen Kontext dringend notwendig wäre. Supervision ist natürlich kein Garant für die Persönlichkeitsentwicklung einzelner, aber sie kann den Boden dafür bereiten. Inge Patsch, die zusammen mit Günter Funke 2002 das Tiroler Institut für Logotherapie gegründet hat, entwickelte die Logovision. Sie richtet sich unter anderem an Menschen, welche die explizite Sinnausrichtung in ihr bestehendes Berufsfeld praktisch integrieren wollen.[496]

4. Coaching ...

... ist eine Form der Beratung, die sich hauptsächlich auf den beruflichen Kontext bezieht.

Es geht um Fragen der Führung, der Kooperation, aber auch darum eigene fachliche Potenziale herauszuarbeiten, sich selbst einzuschätzen, neue berufliche Wege anzudenken und Chancen zu erkennen. Coaching ist ein ungenauer Sammelbegriff, der aus einer Klient*in einen Coachee und aus der Beraterin oder dem Supervisor einen Coach macht. Diese Begrifflichkeiten sind für manche Menschen besser annehmbar, die Grenzen zu Beratung oder Supervision sind jedoch fließend.

5. Beratung ...

... wird in der Regel ganz gezielt aufgesucht, weil ein mehr oder weniger konkretes Problem das Leben des/der Ratsuchenden beeinträchtigt und dafür noch keine hilfreiche Lösung gefunden werden konnte.
Es ist meist ein individueller, zeitlich begrenzter Prozess, der sich zunächst ausschließlich auf den Ist-Zustand der Klient*in konzentriert, mit der Absicht, diesen zu verbessern. Der Auftrag geht in der Regel von der Klient*in aus, nicht von einer gesellschaftlichen Institution oder dem Arbeitgeber.

6. Therapie ...

... ist angezeigt, wenn das Leid seelisch krankmachenden Charakter angenommen hat. Dann steht die Heilung der Patient*in im Fokus. Gerade Lehrende und Erziehende sind sehr stark von seelischen Krankheiten, wie Burnout, Depression und psychosomatischen Krankheitsbildern betroffen.[497] Das mag unter anderem daran liegen, dass die anderen aufgezeigten Möglichkeiten der Persönlichkeitsbildung und Entwicklung nicht wahrgenommen werden konnten.

Das theoretische und methodische Spektrum all dieser Wege ist vielfältig und hängt von der spezifischen Ausbildung der jeweiligen Begleiter*innen ab. Insofern ist es wichtig zu Beginn einer gemeinsamen Arbeit auch diesen Aspekt abzuklären. Welche fachliche Disziplin bildet die Basis für die Arbeit des Supervisors, die Beraterin, des Coachs, der Therapeutin? Und passt diese Richtung, zu dem, was ich oder was das Team sucht und braucht? Wäre der systemische Blick hilfreich oder eher der existenzanalytische, der gestalttherapeutische oder der transaktionsanalytische, oder, oder, oder – wie gesagt, das Spektrum ist groß.

Dazu kommt, dass natürlich auch zwischen den Professionen an sich unterschieden werden muss. So hat beispielsweise ein Erzieher, Sozialpädagoge oder Dozent keinen Therapieauftrag und eine Beraterin, Supervisorin oder Therapeutin keinen Erziehungsauftrag. Weil die Grenzen manchmal fließend sind, ist eine Auftragsklärung am Anfang umso wichtiger, um professionelle Wegbegleitung gewährleisten und ggf. an eine andere, zuständige Stelle weiter vermitteln zu können.

7. Zwei methodische Wege ...

... die – eine entsprechende fachliche Ausbildung vorausgesetzt – innerhalb von fast jedem der beschriebenen Settings zur Anwendung kommen können.

Als systemische Pädagogin und glühende Anhängerin der existenziellen Pädagogik habe ich zwei theoretische und praktische Heimaten, die sich ganz wunderbar ergänzen. Und so schildere ich nun aus beiden Feldern Methoden, die einen guten Boden für Persönlichkeitsbildung bereiten. Ich erzähle dabei sowohl aus der Perspektive der Lernenden als auch aus der der Dozentin, wobei der Lernprozess natürlich immer ein reziproker bleibt. Nur die jeweilige Verantwortlichkeit ist anders verteilt.

7.1 Wertimagination nach Uwe Böschemeyer

Der Logotherapeut Uwe Böschemeyer hat, wie bereits erwähnt, einen „dritten" Weg neben Therapie und Beratung etabliert, den der „Wertorientierten Persönlichkeitsbildung" (WOP). Dabei arbeitet er vor allem mit Wertimaginationen. Diese ermöglichen es, in einen existenziellen Kontakt mit den geistigen Werten zu kommen, was eine neue oder erweiterte Fokussierung in Richtung Werteverwirklichung und Sinnerfahrung zur Folge haben kann. Neue Impulse suchen sich oft auf diese Weise ihren Weg in das Leben der jeweiligen Person und eröffnen damit manchmal eine bis dahin unbekannte Dimension im Umgang mit sich selbst und der Welt.
Ich werde dies nicht nur aufgrund theoretischer Lektüre beschreiben, sondern auch auf der Basis persönlicher Erfahrung. Dabei werde ich das *Wie* der Methode nur soweit aufzeigen, wie es für das Verständnis notwendig ist. Wer thematisch tiefer einsteigen möchte, dem empfehle ich die Lektüre der Bücher von Uwe Böschemeyer. Ich möchte Ihnen an dieser Stelle vor allem deutlich machen, *was* durch Wertimaginationen ganzheitlich erfahrbar ist und wie diese Erfahrungen das ganz konkrete Leben bereichern und verändern können. Es geht um innere Bilder, die eine Berührung mit dem geistig Unbewussten ermöglichen. Dadurch wird eine Ebene menschlichen Seins angesprochen, die jenseits naturwissenschaftlicher Logik liegt. Eine Ebene also, die nicht beweisbar, aber erlebbar und erzählbar ist. Wertimaginationen ermöglichen im besten Fall eine neue oder auch verloren geglaubte Verbindung mit Sich und der Welt, mit Sehnsüchten und Träumen, mit Werten und Sinn.

„Wie soll das gehen?“, fragen Sie sich möglicherweise. Das klingt doch alles sehr abstrakt. Stimmt, aber keine Sorge, es wird gleich ganz konkret. Stellen Sie sich eine innere Landkarte vor. Auf dieser Landkarte gibt es „Orte“, zu denen wir aufbrechen können. So ist es möglich, sich auf den Weg zur *Lebensbejahung*, zum *Raum der Entscheidung*, zum *Inneren Tanz*, zu den *guten Mächten*, zur *Trotzmacht des Geistes*, zur *Quelle des Glücks*, zur *Inneren Musik*, oder zum *Netz unter der Welt* zu machen, um nur ein paar Optionen zu nennen. Begleitet bzw. geführt werden diese Reisen im Außen von z. B. einer Logotherapeut*in und im Innen von so genannten Wertgestalten. Diese sind autonom und überpersönlich[498], denn sie sind Gestalt gewordene (universale) Werte. Gleichzeitig treten sie jedoch in personifizierter Form auf. Nehmen wir z. B. die Lebenskunst als Wert, dann ist die innere Lebenskünstler*in die Wertgestalt dazu. In welcher Form sie uns begegnet, ist bei jedem Menschen unterschiedlich. Sinnstiftende Wertgestalten sind also personifizierte Gefühlskräfte in ihrer Potenzialität. Sie helfen uns, problematischen Situationen besser begegnen zu können, denn durch sie fließen uns Kräfte zu, die uns behüten und beschützen. Weitere Beispiele sind: *die innere Verbündete, der Mutige, die Freie* u.v.m.

Auf der anderen Seite gibt es auch sinnverweigernde Wertgestalten. Destruktive Gefühlskräfte also, die in personifizierter Form auftreten, z. B. *der innere Gegenspieler, die Zwanghafte* u. v. m.

Wertimaginationen sind sowohl im Rahmen einer individuellen Beratung möglich, als auch in der Gruppe. Wohin die Reise geht und mit wem, steht in Abhängigkeit zu der Frage oder dem Problem, mit dem die Klient*in in die Beratung kommt bzw. unter welchem Thema sich eine Gruppe zusammen findet.

Eine Erfahrung, die ich während einer Gruppenimagination machte, beschreibe ich nun in gekürzter Form, um Ihnen so einen Eindruck von dieser Methode zur Persönlichkeitsbildung und Entwicklung zu vermitteln.

Ort: Zur größeren Übereinstimmung mit mir selbst
Begleitende Wertgestalt: Die Freie

Aufrecht sitzend mit geschlossenen Augen atmet jede*r in der Gruppe ruhig und entspannt ein und aus. Nach ein paar Atemzügen werden wir aufgefordert, uns gedanklich zu unserer inneren Mitte zu begeben. Dort angekommen, nehme ich (im Bild) eine aufrechte Haltung mit entspre-

chender Körperspannung ein, ohne dabei starr zu sein. Da tanzt *die Freie* in Form einer Ballerina herbei und fordert mich zum gemeinsamen Tanzen auf. Irgendwann lockt sie mich zum Aufbruch. Unser Weg führt zunächst an einen See, dann durch ein dunkles Bergmassiv und schließlich stehen wir vor einem Atelier. Ich weiß sofort, das ist mein Lebenskunstatelier. Ein warmer Raum voller Licht, Farbe, Bilder und Leinwände. Die Freie motiviert mich, damit umzugehen, und ich tauche meine Hände tief in die rote Farbe und klatsche diese auf die Mitte einer großen Leinwand. Ich fühle die Farbe an den Händen, Blau und Weiß kommen nun hinzu, aber ich kann mit dem Ergebnis auf der Leinwand nichts anfangen. *Die Freie* schlägt vor ins Bild zu gehen. Ich stelle mich mit dem Rücken zum Bild, lege mich hinein, male mit dem ganzen Körper, eine Schmetterlingsform entsteht und Wandlung geschieht. Dies ist auf allen Ebenen für mich spürbar. Weiter geht es mit den Füßen, auch der Boden wird nun mit bunten Fußspuren in Farbe getaucht (…)
Nach dieser sinnlichen Erfahrung führt der Weg weiter in Kornblumenfelder, ins Reich der Feen, wieder an den See zurück, der ein See meiner Kindheit ist, und zu guter Letzt in mein jetziges Zuhause. Und ich spüre, dass ich in weiten Teilen in Übereinstimmung mit mir lebe, dass ich das Leben lebe, das ich leben möchte, von wenigen Ausnahmen abgesehen. Diese Ausnahmen jedoch führen zu der Frage, was passiert, wenn die Übereinstimmung fehlt.

Meine Erkenntnis: Wenn die Übereinstimmung mit dem eigenen Leben fehlt, wittert die Angst ihre Chance und ich kann meine innere Freiheit nicht mehr spüren. Dennoch ist sie da. Und ich habe immer die Wahl, meine Aufmerksamkeit und mein weiteres Handeln wieder auf sie auszurichten. Diese Möglichkeit ist unverlierbar.

Drei Tage später bin ich auf dem Heimweg. Ich gehe bewusst eine andere Strecke, um dem Altvertrauten eine neue Wegmöglichkeit hinzuzufügen. Da sehe ich ein Schild, das auf ein *Atelier der Lebensfreude* hinweist. Meinen Augen kaum trauend schaue ich mir die Sache näher an und stoße auf einen Flyer der Künstlerin dieses Ateliers. Darauf ein Foto, auf dem sie mit den Händen aus Farbeimern auftauchend zu erkennen ist. Eine E-Mail, einen Anruf und einen Tag später finde ich mich mit den Händen in rote Farbe getaucht vor einer großen Leinwand wieder. Ich male ohne äußeren Plan, dafür mit innerer Ausrichtung ein sprühendes Bild voll Energie und Lebensfreude.

Es sind offensichtlich Synchronizitäten, welche durch Wertimaginationen ausgelöst werden können. Durch diese intensive Begegnung mit dem unbewussten Geist, öffnet sich die Tür zur Transzendenz und das Leben kommt einem mit offenen Armen und schöpferischer Energie entgegen. Die Methode der Wertimagination ist *einer von vielen* Wegen, sich selbst und dem Leben in einer dialogischen Form anzunähern. Und wie alle Begegnungen, ist auch sie nicht machbar, nicht erzwingbar. Die Methode bereitet den Boden, der Rest kann nur geschehen.

Auch innerhalb von systemischer Persönlichkeitsbildung sind innere Begegnungen dieser Qualität möglich. Zwar fehlt der explizit transzendente Bezugsrahmen in den theoretischen Grundannahmen, aber er wird auch nicht ausgeschlossen. Und so wechsle ich nun in meine andere theoretisch-methodische Heimat und stelle Ihnen eine (von vielen) systemischen Methoden und ihre Anwendungsmöglichkeiten an zwei konkreten Beispielen vor.

7.2 Das Münchner Lebensflussmodell nach Peter Nemetschek

Allem voran: Im systemischen Kontext wird prinzipiell sehr gerne mit Symbolen gearbeitet. Es geht darum, den Menschen ganzheitlich anzusprechen. Alle Sinne werden über das VAKOG-Prinzip (**V**isuell **A**uditiv **K**inästhetisch **O**lfaktorisch **G**ustatorisch) einbezogen, so dass Lösungen auf unterschiedlichsten Ebenen erspürt werden können.
Das so genannte Münchner Lebensfluss-Modell entwickelte Peter Nemetschek, zusammen mit dem Trainer*innenteam des vft München (Verein für Familientherapie). Dort machte ich meine Ausbildung zur systemischen Beraterin und Pädagogin, weshalb ich mit dieser Methode in vielen verschiedenen Varianten sehr vertraut bin.

Ziel dieser Arbeit mit dem Lebensfluss ist es, Ressourcen zu entdecken, ein Gespür für mögliche gute Zukunftsvisionen zu entwickeln und von der Lösung her, das Problem von heute anzugehen.[E]

Im Vorfeld ist das Problem und die angestrebte Lösung im Gespräch zwischen Berater*in (Person A) und der Ratsuchenden (Person B) klar herauszuarbeiten. Also – wo steht Person B jetzt und wo will sie hin? Erst wenn dies geklärt ist, kann es methodisch losgehen. Person B legt nun ein langes Seil auf den Boden, dessen Anfang den Zeitpunkt der Geburt markiert und dessen Ende offen ist. Im günstigsten Fall in Ausrichtung auf ein Fenster, so dass es echte Aussichten gibt und die Zukunft nicht vor einer Wand endet. Die Hochs und Tiefs im Leben können bereits durch entsprechende Legung des Seils angedeutet werden. Je nach Fragestellung gilt es für Person B nun verschiedene Punkte mit Symbolen, Bildkarten oder zur Not auch einfach nur mit Zetteln, auf dem Lebensfluss zu markieren. In jedem Fall einen *Jetzt-Punkt*, also der heutige Ausgangspunkt und einen *Geschafft-Punkt*, an dem das Problem gelöst sein wird. Manchmal auch noch einen *Schmunzelpunkt*. Dieser liegt sehr weit in der Zukunft, wie weit entscheidet Person B. Die große Distanz macht manchmal ein Schmunzeln für Person B möglich, weil das Problem nun so weit weg ist und deshalb die Brisanz des gegenwärtigen Augenblickes kaum mehr nachzuvollziehen ist. Auf diese Weise kann die heutige Situation in einen größeren Sinnzusammenhang gestellt werden, was dem Problem oft die Schärfe nimmt.

Das weitere Vorgehen veranschauliche ich an konkreten Beispielen.

Zunächst eine Situation, die ich oft in meiner Funktion als Beratungslehrerin erlebt habe. Und zwar vor allem dann, wenn die Abschlussprüfungen vor der Tür standen.

Eine Studierende kam in meine Beratungsstunde und bat um Hilfe im Umgang mit ihrer Prüfungsangst. Das Ziel war schnell geklärt, sie wollte die Prüfung (so gut wie möglich) bestehen, aber die Angst davor lähm-

---

E Eine Technik, die auch in der Logotherapie ihre Anwendung findet. Allerdings ohne Symbole, sondern rein gedanklich. Mit ihrer Hilfe rettete sich Frankl im KZ, als er fast weinend vor Schmerzen mit offenen Schuhen bei eisiger Kälte in einer Kolonne vom Lager zum Arbeitsplatz humpelte. Er stellte sich vor, wie er irgendwann, in einer möglichen Zukunft vor einem großen Fachpublikum über die „Psychologie des Konzentrationslagers" sprechen würde. Diese Vision ließ ihn die kaum aushaltbare KZ-Gegenwart überstehen. Vgl.: Frankl, Viktor: *… trotzdem Ja zum Leben sagen. Ein Psychologe erlebt das Konzentrationslager*, a. a. O., S. 112/113.

te sie, was an ihrer Köperhaltung während des Gesprächeinstiegs schon gut erkennbar war. Ich fragte sie zunächst nach all den Prüfungen, die sie offensichtlich bis zu diesem Zeitpunkt ihres Lebens schon gemeistert hatte (Ausrichtung auf Potenziale). Das verschaffte ihr eine erste innere Erleichterung. Die Angst wurde etwas weniger. Auf dieser Basis konnte sie nun gut ihren Lebensfluss legen. Sie markierte den *Jetzt-Punkt*, dann den *Geschafft-Punkt* (also der Zeitpunkt, an dem sie die Prüfung geschafft hat) und zuletzt den *Schmunzelpunkt*. Als alles lag, machten wir uns zusammen auf ihren Weg. Zunächst stellte sie sich auf den *Jetzt-Punkt* und schilderte *kurz* noch einmal ihr Problem. An diesem Ausgangspunkt gilt es prinzipiell nicht lange zu verweilen, da er im Gespräch zuvor schon genug Platz bekommen hat. Schnell forderte ich sie deshalb zum bewussten Schritt auf den *Geschafft-Punkt* auf.

Was an dieser Stelle des Prozesses geschieht, ist oft sehr erstaunlich. Die ganze Körpersprache verändert sich, die Haltung, die Spannung, der Blick, der Atem. Es ist Aufgabe der Begleiter*in, diese Veränderung zu spiegeln und über das VAKOG-Prinzip ganzheitlich erlebbar zu machen. Also zu fragen, wie es sich hier an diesem Platz anfühlt, wie der Stand ist, wohin der Blick geht, ob das Gefühl eine Farbe oder eine Form hat, wo im Körper es am meisten spürbar ist. Diese Lösungshaltung gilt es auszukosten und mit allen Sinnen erlebbar zu machen. Oft reicht das schon, manchmal ist noch mehr Distanz hilfreich, dann geht die Reise weiter zum Schmunzelpunkt.

Nach dem sie auf dem *Geschafft-Punkt* das Gefühl der bestandenen Prüfung voll ausgekostet hatte, erschien es mir wichtig für sie auch noch in den Schmunzelpunkt zu gehen. Also ließ ich sie an einen von ihr gewählten Zeitpunkt springen, zu dem sie bereits Erzieherin sein und viel Berufserfahrung gesammelt haben wird. Noch befreiter fühlte es sich an diesem Punkt für sie an. Lächelnd, neugierig und offen konnte sie von hier aus dem Leben entgegengeblicken. Stolz wurde spürbar auf alles, was sie schon geschafft hat. Ich bat sie, sich umzudrehen und Kontakt zu ihrem imaginären Ich auf dem Jetztpunkt aufzunehmen. Ich fragte, ob dieses zukünftige Ich vielleicht eine Botschaft für das heutige Ich hat und da sprudelte es nur so aus ihr heraus: *Du schaffst das! Du kannst das! Hab Vertrauen! Alles wird gut!* Diese Sätze aus der Zukunft, welche gleichzeitig aus der zeitlosen Tiefe ihres Herzens kamen, schrieb ich für sie auf und gab sie ihr. Dann ging es zurück ins Heute auf den Jetzt-Punkt plus 5 cm (denn dieser hat sich ja inzwischen einen Minischritt in die Zukunft verschoben). Hier war es noch immer unangenehm für sie, aber trotzdem leichter und aushaltbarer. Schlussendlich bestand sie alle Prüfungen. Sie hatte offenbar ein hinreichend sicheres Gefühl für die eigene Potenzialität entwickeln können.

Und noch ein zweites Beispiel für eine Lebensflussarbeit, nun mit der sogenannten „Zwei-Wege-Technik", welche besonders hilfreich in Entscheidungsfragen ist.

Die Teilnehmerin einer Fortbildungsgruppe stand vor der Frage, ob sie berufsbegleitend ein Masterstudium in Angriff nehmen sollte, oder ob es besser für sie wäre, sich weiter voll und ganz ihrer Arbeit zu widmen und dem Privatleben mehr Raum zu geben. Sie legte zwei Seile, eines für den Weg mit Studium und eines für den Weg mit mehr Privatleben. Der Geschafft-Punkt stand im ersten Fall für die Anmeldung zum Studiengang, der Schmunzelpunkt für den erfolgreichen Abschluss. Sie ging diesen Weg, und es fühlte sich bei jedem Schritt für sie und alle anderen im Raum so an, als sei das genau der richtige. Es wirkte rundum stimmig. Zur Absicherung ließ ich sie trotzdem noch den zweiten Weg gehen. Der Geschafft-Punkt stand jetzt für mehr Freiheit und mehr Zeit für die Partnerschaft, der Schmunzelpunkt für die ganz große Offenheit der Zukunft gegenüber. Was dann geschah berührt mich bis heute zutiefst, denn obwohl sich der erste Weg stimmig angefühlt hatte, hielt der zweite einen dimensionalen Unterschied bereit. Ihr ganzes Wesen blühte in geradezu magischer Weise auf. Es war so viel Freiheit und Lebensfreude spürbar, und so war für sie nach wenigen Sekunden im Geschafft-Punkt klar, dass sie nicht noch einmal studieren würde, zumindest nicht zu diesem Zeitpunkt. Diese tiefe, innere Sicherheit erlebten alle Anwesenden. Nichts, was man kognitiv hätte fassen können, sondern eine Intuition, die ihr den Weg klar gezeigt hat. Und dieser Weg führte in ein ganz neues Leben, voller Abenteuer, Freiheit und Verbundenheit.

Persönlichkeitsbildung, das wird aus den beschriebenen Beispielen hoffentlich deutlich, hat das Potenzial *wesen*tlich mehr zu sein als „nur" berufliche Weiterqualifizierung. Es kann ein tiefer Dialog mit dem Leben daraus entstehen, der neue Richtungen aufzeigt, Potenziale freilegt und dem Sein mit offenen Armen entgegenkommt.

Teil 4
Das Ende

An dieser Stelle des Buches angekommen, sehen wir uns auf vielen Ebenen mit unterschiedlichen Enden konfrontiert. So befinden wir uns beispielsweise im letzten Kapitel, das vorläufige Ende unseres Dialogs steht bevor. Darum lassen Sie uns zunächst einen Blick zurückwerfen.

Es gab kein Kapitel in diesem Buch, in dem das Thema der Endlichkeit nicht angeklungen ist. Zusammen haben wir im ersten Teil angefangen, uns mit der Frage auseinanderzusetzen, was Erziehung ist und wann sie *endet*. Was Bildung ist und wann sie *endet*. Wir haben über das Menschsein an sich nachgedacht und darüber, was ein gelungenes Leben ist und was wir in der *Stunde unseres Todes* darüber sagen können wollen. Wir haben Weltbilder kennengelernt, welche die menschliche Natalität und *Endlichkeit* sehr unterschiedlich bewerten und daraus völlig verschiedene Haltungen dem Leben und dem *Tod* gegenüber entwickeln. Wir haben über Zeitgrenzen hinweg auch über Werte nachgedacht, die *universale* Gültigkeit besitzen und weit über unser Sein hinausreichen. Und wir haben im zweiten Teil eine pädagogische Richtung entdeckt, die den Menschen in seiner existenziellen Spannung zwischen Sein und Sollen, zwischen Leben und Tod anerkennt, und dies explizit in die Erziehung und Bildung einbezieht.

Weil wir Menschen sind, bildet die Zeit den Rahmen, in den sich unser Leben hinein entfaltet. Auch wenn Transhumanisten diesen sprengen wollen[A] bleibt die Idee der Unsterblichkeit – je nach Weltanschauung – eine Utopie bzw. Dystopie. Weil wir Menschen sind, leben, denken und fühlen wir in der Zeit. Wir sind geburtliche und sterbliche Wesen. Dieser Rhythmus ist garantiert. Wir können ihn ablehnen oder akzeptieren, es ändert nichts an der Tatsache. Oder um es mit John M. Keynes zu sagen: „Auf lange Sicht sind wir alle tot."[499] Weil wir Menschen sind, können wir immer wieder neu anfangen. Weil wir Menschen sind, müssen wir jeden Tag das Sterben lernen. Ob wir das wollen oder nicht. Mit jeder Nacht, die einbricht, mit jedem Abschied, jedem Verlust, jedem Übergang, den das Leben mit sich bringt.

Eine Pädagogik des Vertrauens blendet diese existenziellen Themen und Fragen nicht aus, sondern greift sie bewusst auf und integriert sie in den pädagogischen Alltag. Dazu gehört auch die Frage nach der Sterblichkeit, nach dem

---

A Vgl.: 1. Teil/Kapitel 6: Welt/Transhumanismus

Tod und was danach kommt oder nicht kommt. Damit wird das Sterben-Lernen zum selbstverständlichen Bestandteil einer dialogisch-existenziellen Erziehung und Bildung. Dies ist kein neues Ziel, sondern galt über Jahrhunderte in der abendländischen Pädagogik. Ebenso stand es in der Antike und im Mittelalter außer Frage, dass zum Leben-Lernen auch das Sterben-Lernen gehört und damit einhergehend die Akzeptanz von Leid, Schmerz, Einsamkeit und Angst.[500]

In einer kontrollierten, säkularisierten Welt wird der Tod zum Skandal. Er bedeutet das definitive Ende, es gibt keine Hoffnung auf ein wie auch immer geartetes „Danach". Ohne transzendente Anbindung und Ausrichtung wird er für viele Menschen zu einem Feind, den es mit allen zur Verfügung stehenden Mitteln zu bekämpfen gilt, auch wenn das in manchen Fällen zu einem unerfüllten Sterben führt.

Seit dem Frühjahr 2020 steht die Welt Kopf. Eine Pandemie stellt uns vor Fragen, die viele Menschen bis dahin gedanklich ausgeblendet haben. Das Leben lief. Scheinbar sicher, planbar, berechenbar, kalkulierbar. Eine Illusion. Auch ohne Corona. Aber eine, an die Viele vor Covid-19 geglaubt haben. Das funktioniert jetzt nicht mehr. Das Leben belehrt uns eines Besseren. Und wir müssen das irgendwie aushalten. Aber genau das haben wir nicht gelernt. Eine ungeheuerliche Ohnmacht und Hilflosigkeit ist die Folge, auch Angst und Wut, bis hin zur Flucht in absurde Verschwörungstheorien. Vielleicht wäre das anders, wenn wir das Leben-Lernen und damit auch das Sterben-Lernen als Bildungsziel nicht aus den Augen verloren hätten, wer weiß.

An dieser Stelle ein vorerst letztes Mal einige Fragen an Sie:

1) Wenn Sie sich wünschen könnten, wie und wann Sie sterben, wie sähe dieser Wunsch aus? Wo wollen Sie sterben? Wer sollte dabei sein?

2) Wie stellen Sie sich Ihre Beerdigung vor?

3) Wer weiß von diesen Vorstellungen?

4) Haben Sie ein Testament?

5) In wessen Leben wollen Sie welche Spuren hinterlassen?

6) Was wollen Sie vor Ihrem Tod auf jeden Fall noch erlebt haben?

7) Haben Sie eine Patient*innenverfügung?

8) Wie ist Ihre Haltung zum Thema Sterbehilfe?

9) Haben Sie einen Organspendeausweis?

10) Wenn ja, warum? Wenn nein, warum nicht?

11) Falls Sie einen haben, passen die Angaben in diesem Ausweis zu denen Ihrer Patient*innenverfügung?

12) Auf einer Skala von 0 bis 10 (0 ist tot und 10 strahlende Lebendigkeit) – wo würden Sie sich im Moment einordnen?

Der Philosoph Byung-Chul Han, dem wir schon im Bildungskapitel des ersten Teils begegnet sind, stellt mit einem Blick auf unsere heutige Gesellschaft fest: „Wir sind zu lebendig, um zu sterben und zu tot, um zu leben."[501]

Das lässt mich an Michael Endes *Momo* denken. Unglaublich, mit welcher Präzision der Autor genau dieses Phänomen beschrieben hat. Ein graues, abgezähltes, eingefrorenes Leben. Kontrolliert, abgesichert, unfrei. Ohne Farben, ohne Freude, ohne Werte, ohne Sinn. Wenn da nicht Momo, Meister Hora, Beppo Straßenkehrer, Gigi Fremdenführer und Kassiopeia, die Schildkröte wären. Eine wunderbare, zeitvolle Geschichte, die mich bis heute begleitet. So finden sich in meinen Wertimaginationen immer wieder Bilder von Stundenblumen, die darauf warten, befreit zu werden. Leben, das darauf wartet, gelebt zu werden. Und auch in der *Unendlichen Geschichte* beschreibt Michael Ende, was passiert, wenn wir uns vom Lebendigen, von unseren Phantasien und Visionen, von dem, was wir wirklich wollen, was uns als Menschen ausmacht, immer mehr entfernen. Existenzanalytisch gelesen, sind Michael Endes Bücher Geschichten von Wertgestalten. Mir haben sie in einer bedrohlichen Zeit meines Lebens einen wertvollen Zugang zu meinen Gefühlen und zur Geistigen Dimension ermöglicht.[B]

Wenn ich über das Sterben und den Tod nachdenke, dann wird es sehr persönlich für mich, denn ich kenne kein Leben, in dem der Tod nicht ständig anwesend wäre. Das begann in der Kindheit mit dem Sterben meines Vaters und setzte sich immer weiter fort. Dies hat in meiner Familie allerdings leider nicht zu intensiverem Leben geführt. Im Gegenteil. Es hatte Erstarrung und Verdrängung zur Folge. Eingefrorene Stundenblumen.

Während der Erzieher*innenausbildung begann ich mich intensiv damit auseinanderzusetzen. Innerhalb meines ersten Vorpraktikums im schon erwähnten Dorfkindergarten[C] bot mir das Leben sofort eine Fülle von existenziellen Resonanzpunkten hierfür.
Es war ein Jahr des Wandels, der permanenten Veränderung und des Abschieds. Einer davon war endgültig, denn es starb eine junge Kollegin ganz plötzlich an einer sehr kurz verlaufenden Krankheit. Uns allen zog es den Boden unter den Füßen weg. Wir konnten kaum fassen, was geschehen war und mussten es doch. So viele Fragen, die sich stellten: Wie mit der eigenen Bestürzung und Trauer umgehen? Wie der Familie der verstorbenen Kollegin beistehen? Wie es den Kindern ihrer Gruppe erklären? Wie die Eltern der Kinder informieren? Und es gelang. Wie? Alle Gefühle durften sein, wir hielten uns, stützten uns, weinten miteinander, erinnerten uns zusammen. Ich erlebte erstmals in meinem Leben, dass man sich solchen Fragen gemeinsam stellen kann, dass man zusammen trauern kann und dass genau darin die Chance besteht, den Boden wieder zu erahnen. Und als die Frage danach im Raum stand, wer sich vorstellen könnte, den Beileidsbrief an ihre Familie zu formulieren, da meldete ich mich intuitiv. Und die Kolleginnen waren nicht entsetzt ob die-

---

B Vgl.: 1. Teil/Kapitel 2: Bildung

C Vgl.: 1. Teil/Kapitel 4: Leben

ser möglicherweise gnadenlosen Selbstüberschätzung. Sie waren sehr erstaunt, ein wenig erleichtert vielleicht, dass sofort jemand bereit dazu war und sie ließen mich machen. Ich schrieb diesen Brief. Es wurde kein genormter Beileidsbrief. Vielmehr war es der Versuch eines empathischen Mittragens des Unfassbaren. Bei gleichzeitiger (erlebter) Gewissheit darüber, dass der Tod etwas so radikal Unverstehbares in sich trägt, dass jedes Wort des Mitfühlens auch nicht mehr sein kann, als eben das, ein Versuch. Der Brief, so scheint es mir heute im Rückblick, war auch ein Beileidsbrief an mich selbst. Einer, den ich gerne bekommen hätte, als mein Vater starb. Vielleicht fand ich deshalb eine Sprache, die Nähe schaffte, die mit aushielt, die keine Floskeln enthielt. Und das konnte nur gelingen, weil mir das Team das zugetraut hat und damit einen Raum für existenziellen Dialog in viele Richtungen öffnete. Noch heute bin ich voller Dankbarkeit, wenn ich daran zurückdenke.

Mein Professor in Entwicklungspsychologie sagte einmal in seiner Vorlesung, die gefühlte Lebensmitte sei dann erreicht, wenn wir die Blickrichtung ändern. Wenn wir nicht mehr fragen, was habe ich alles schon erlebt, sondern wie viel Zeit bleibt mir noch, um das zu erleben, was mir wichtig ist, um das zu verwirklichen, was mir als Aufgabe mitgegeben ist. Oder – in Anlehnung an C. G. Jung – um schlicht und ergreifend ganz zu werden. Auf einmal wird die Endlichkeit als unumgängliche Tatsache mehr oder weniger bewusst. Für manche geht diese Erfahrung mit einer tiefen Krise einher, der sogenannten Midlife Crisis. Es wird klar, dass sich der individuelle Möglichkeitsraum der Lebensgestaltung definitiv verkleinert hat, dass getroffene Entscheidungen ihre Wirkung entfaltet haben und dazu führen, dass bestimmte Wege nicht mehr offenstehen, andere dafür gut vorbereitet sind. Wir fragen uns, ob die Pfade, die wir eingeschlagen haben, die für uns richtigen waren: Die Begegnungen, die wir möglich oder unmöglich gemacht haben, die Liebe(n), die wir gelebt oder auch nicht gelebt haben, das Vertrauen, das wir hatten oder nicht wagten, die Werte, die wir verwirklicht haben oder es ließen. Ob all das sinnerfüllt war und ist. Ob wir in unserem Leben, bei uns, gut angekommen sind oder ob uns die Beantwortung dieser Fragen mit einem Gefühl der Verbitterung zurücklassen. Vielleicht stellen wir fest, wir hätten vieles gerne gelebt, aber wir haben nicht gewusst, wie. Nicht gewusst, wie das geht, Begegnung geschehen zu lassen, sich der Liebe zu öffnen und auf das Leben zu vertrauen, trotz größter Sehnsucht danach.

Wir können nicht nach dem Leben fragen, ohne den Tod mitzudenken. Wir können uns innerlich dem Tod nicht nähern, ohne uns dem Leben zu widmen. Und trotz meiner tiefen Auseinandersetzung mit dem Tod, trotz der intensiven Annäherung auf ganz vielen Ebenen, würde ich lügen, ich sagte, der Gedanke an das Sterben mache mir keine Angst.

Eine ehemalige Studierende von mir arbeitet inzwischen als Erzieherin mit sterbenden Kindern. Wenn sie davon erzählt, wird mit jedem Wort deutlich, wie sehr diese Aufgabe sie erfüllt. Wie sehr sie täglich daran wächst. Wie wertvoll ihr das eigene Leben und das der Kinder ist. Hier und jetzt und heute. Auch wenn die Kinder morgen gegangen sein werden. Niemand muss anders sein, als er ist. Jede Form der Verstellung hat im besten Falle aufgehört. Ein Leben vom Sein aus kann verwirklicht werden. Es geht mehr als jemals sonst darum, den Sinn des Augenblicks zu spüren und voll und ganz zu leben. Wenn ich dem lausche, dann bebt mein Herz und ich glaube zu wissen, dass ich die Kraft für diese tägliche Begegnung mit dem Sterben nicht hätte. Und dennoch verstehe ich durch und durch, wie erfüllend sie sein kann, wie viel Leben in genau dieser Begegnung steckt.

Auf einem logotherapeutischen Seminar lernte ich zwei Pflegekräfte kennen, die in einem Hospiz arbeiteten, und es rührte mich unheimlich, was sie von ihrer Arbeit zu berichten wussten. Nicht wenige Menschen, so erzählten sie, erführen in ihren letzten Tagen bei ihnen im Hospiz eine Wertschätzung, ein Mitgefühl und eine Akzeptanz, wie noch nie zuvor in ihrem Leben. Das empfinde ich als tröstlich und schrecklich traurig zugleich. Sie berichteten außerdem, dass ihre Arbeit zwar einerseits belastend ist, sie aber andererseits niemals wieder in den Klinikalltag zurückkehren wollten. Im Hospiz könnten sie die Menschen so behandeln, wie sie das in ihrer Ausbildung einmal gelernt und in der Klinik gerne umgesetzt hätten: Nämlich schlicht und ergreifend als Menschen in ihrer individuellen Einzigartigkeit. Und auch sie selbst wären durch diese Arbeit im Hospiz wieder zu den Krankenschwestern geworden, die sie sein wollten. Zugewandt, empathisch, ohne Zeitdruck, einfach da. Nicht funktionierend, sondern seiend.

Aus all dem wird deutlich, wer Ja zum Leben sagt, kann nicht gleichzeitig Nein zum Sterben sagen. Wer das tut, verfehlt den Sinn. Und zwar nicht nur den Sinn des Sterbens, sondern möglicherweise auch den des Lebens. Und des Liebens.

Damit ein Mensch werden kann, der er ist, bzw. vom Geistigen her sein soll, muss er Liebe erfahren. Liebe, die vertraut. Liebe, die umfasst. Liebe, die wachsen lässt (den geliebten Menschen genauso wie den Liebenden) und Liebe, die loslassen kann. Wenn wir aber zu tot geworden sind, um zu leben und damit auch zu tot, um zu lieben, wie wollen wir dann dazu beitragen, Leben zur Entfaltung zu bringen? Und wenn wir das nicht mehr können, was geschieht dann mit unserem Menschsein?

Eine Pädagogik des Vertrauens ist eine Form der Begleitung, die sich liebend auf das Leben als Ganzes einzulassen bereit ist und so einen tiefen Zugang zum Sein erfahrbar macht. Kraft dieser Liebe wird es uns möglich, in dialogische Verbindung mit uns selbst und der Welt zu treten und zu vertrauen.
Und dieses Vertrauen ist, dem Psychologen und Mediziner Wilhelm Reich folgend, „die eigentliche fundamentale Verbindung zur Wirklichkeit. Es ist der Anteil der Wirklichkeit in uns selbst und deshalb ist es unsterblich“.[502]

> „Das schweigende, sanfte Strahlen lebendigen Lebens, kann mit keinem Mittel je zerstört werden. Denn dieses Strahlen ist die Energie selbst, die das Universum seine Bahn nehmen lässt. Ihr Leuchten zeigt sich im dunklen Nachthimmel, und es liegt in den Augen eines vertrauenden Kindes.“[503]

Der Abschied

Unser Dialog neigt sich nun wirklich dem Ende zu. Zumindest in dieser Form. Der Abschied fällt mir nicht leicht. Aber wer weiß, vielleicht begegnen wir uns ja wieder. Wenn Sie möchten, besuchen Sie mich doch auf meiner Homepage www.irina-pendorf.de. Es würde mich sehr freuen.

Zuletzt bleibt mir noch, mich bei all jenen zu bedanken, die diesen Vertrauens-Dialog möglich gemacht haben.

So gilt mein Dank meiner Lektorin Brigitte Balke-Schmidt, die sich auf dieses Wagnis jenseits des pädagogischen Mainstreams eingelassen hat.

Ich danke Mariele Diekhof für ihr Vorwort und den Mut, den sie mir gemacht hat, das Buch zu veröffentlichen.

Ich danke Prof. Dr. Jörg Zirfas für sein Vorwort und das Vertrauen in mich, das 2002 den Grundstein für dieses Buch ermöglicht hat.

Ich danke Norbert Goldhammer für die Bild gewordene Einladung, welche das Cover dieses Buches zu etwas ganz Besonderem macht.

Ich danke Andrea Hartmann für ihre Freundschaft und die vielen guten Tipps, die sie mir mit auf den Weg des Schreibens gegeben hat.

Ich danke Karin Schulze-Rosteck für die tiefe inhaltliche Auseinandersetzung, die mein Schreiben unterstützt hat.

Ich danke Inge Sauer für ihre immerwährende Einladung zu ihr und damit auch zu mir zu kommen.

Ich danke Susanne Ziegler für ihren kritischen, humorvollen Blick und unseren wunderbaren Lebens-Dialog.

Ich danke allen Begleiter*innen und Freund*innen auf meinem Weg, die mir (immer wieder) einen dialogischen Zugang zum Leben, zur Welt und zu mir selbst ermöglichen.

Anmerkungen

Teil 1 Grundfragen und erste Antworten – ein Überblick

1. Erziehung

1 In Anlehnung an eine Unterrichtsidee/Material von Johannes Zenk

2 Waibel, Eva Maria: Erziehung zum Sinn. Sinn der Erziehung. Weinheim/Basel 2017, S. 176

3 Ebd., S. 195

4 Hagemann (Hrsg.): Pädagogik/Psychologie für die sozialpädagogische Erstausbildung. Köln, 4. Auflg. 2014, S. 130

2. Bildung

5 Bieri, Peter: Aufsatz: Wie es wäre gebildet zu sein. https://www.youtube.com/results?search_query=wie+w%C3%A4re+es+gebildet+zu+sein+peter+bieri (aufgerufen am 29.07.2020)

6 Buber Martin: Werke. Erster Band. Schriften zur Philosophie. München, Heidelberg 1962, S. 804

7 Liesmann, Konrad P.: Menschenbilder-Menschbildung. Vortrag. https://www.youtube.com/watch?v=5kH-4ssedXo (aufgerufen am 30.07.2020)

8 Vgl.: Ebd.

9 Buber, Martin in Schulz, H. J. (Hrsg.): Sie werden lachen – die Bibel, München 1985, S. 9

10 Steiger-Ronner A. in: Logotherapie in Aktion. München 2002, S. 224

11 Vgl.: Liesmann, Konrad P.: Menschenbilder-Menschbildung, a. a. O.

12 Ebd.

13 Vgl.: Ebd.

14 Funke, Günter: Wert-volle Bildung. Vortrag. https://www.youtube.com/watch?v=58Knpc1_7Xg (aufgerufen am 03.08.2020)

15 Ebd.

16 Ebd.

17 Precht, Richard David in Sternstunden Philosophie/ philosophischer Stammtisch: Zankapfel Bildung, https://www.youtube.com/watch?v=G6e2Nxv1JLQ (aufgerufen am 08.08.2020)

18 Vgl.: Funke, Günter: Wert-volle Bildung, a. a. O.

19 Andersch, Alfred zitiert nach Bieri, Peter: Aufsatz: Wie es wäre gebildet zu sein, a. a. O.

20 Bonhoeffer, Dietrich zitiert nach Funke, Günter: Personale Pädagogik. Vortrag. https://www.youtube.com/watch?v=dH9MFOhZfFo (aufgerufen am 03.08.2020)

21 Funke, Günter: Ebd.

22 Ebd.

23 Vgl.: Bieri, Peter: Wie es wäre gebildet zu sein, a. a. O.

24 Ebd.

25 Ebd.

26 Ebd.

27 Ebd.

28 Ebd.

29 Ebd.

30 Wen das interessiert – einfach mal auf die Homepage www.barlach-goyoung.de schauen.

31 www.barlach-goyoung.de (aufgerufen am 20.08.2019)

32 Vgl.: Waibel, Eva Maria: Erziehung zum Sinn. Sinn der Erziehung, a. a. O., S. 12

33 Bieri, Peter: Wie es wäre gebildet zu sein, a. a. O.

34 Ebd.

35 Funke, Günter: Wert-volle Bildung, a. a. O.

36 Bieri, Peter: Wie es wäre gebildet zu sein, a. a. O.

37 Ebd.

38 Vgl.: Spitzer, Manfred: Digitale Demenz. Wie wir uns und unsere Kinder um den Verstand bringen. München 2013

39 Han, Byung-Chul: Im Schwarm. Ansichten des Digitalen. Berlin 2017, 4. Auflg., S. 15

40 Ebd.: S. 16

41 Ebd.: S. 17

42 Vgl.: Ebd., S. 22

43 Ebd., S. 19

44 Vgl.: Ebd., S. 21

45 Ebd., S. 34

46 Ebd., S. 34, 35

47 Vgl.: Wittmer, Donna S. und Clauson, Deanna W.: Von Kratzbürsten und Schmusebären. Die sozial-emotionale Entwicklung von Kleinst- und Kleinkindern verstehen und fördern. Dortmund 2019, S. 195 ff.

48 Han, Byung-Chul: Im Schwarm. Ansichten des Digitalen, a. a. O., 2017, S. 50

49 Ebd.

50 Ebd., S. 91

51 Ebd.

52 Vgl.: Bindungstheoretische Erkenntnisse des Ehepaares Grossmann aus Regensburg oder die Forschung von Mary Ainthworth und John Bowlby, den Pionieren auf dem Gebiet der Bindungsforschung.

3. Mensch sein

53 Längle, Alfried: Sinnvoll leben. Eine praktische Anleitung der Logotherapie. 3. Auflg., St. Pölten-Salzburg-Wien 2007, S. 74

54 Vgl.: Frankl, V. E.: Einführung in die Logotherapie und Existenzanalyse. Live-Mitschnitt der letzten Vorlesung im WS 1991/1992 in Wien. Vier-Türme-Verlag Münsterschwarzach. Auditorium Netzwerk.

55 Watson, J. B.: Behaviorismus. Frankfurt/M. 2. Auflg. 1974, S. 266

56 Skinner, B. F.: Wissenschaft und menschliches Verhalten. München 1973, S. 368

57 Vgl. hierzu insgesamt.: Seligmann, Martin: Pessimisten küsst man nicht. Optimismus kann man lernen. München 1993

58 Vgl. Frankl, V. E.: Einführung in die Logotherapie und Existenzanalyse. Live-Mitschnitt der letzten Vorlesung, a. a. O.

59 Vgl.: Krone, Wolfgang: Zur Erziehung des Erziehers, Behaviorismus-Psychoanalyse-Humanistische Psychologie. Frankfurt/M. 1992, S. 33–46

60 Ebd., S. 48

61 Bernfeld, S.: Sisyphos, oder die Grenze der Erziehung. Frankfurt/M. 1981, 4. Auflg., S. 32

62 Jung, C. G.: Archetypen. München 1999, 8. Auflg., S. 45

63 Brumlik, Micha: C. G. Jung zur Einführung. Hamburg 1993, S. 51

64 Vgl.: oe1.orf.at artikel Sigmund- Freud-und-die-Religion (aufgerufen am 09.08.2020)

65 Vgl.: Jung, C. G.: Gegenwart und Zukunft. In: ders.; Zivilisation und Umgang, Gesammelte Werke. Zürich/Olten 1958–1981, Bd. 10, S. 523

66 Brumlik, Micha: C. G. Jung zur Einführung, a. a. O., S. 51

67 Ebd.

68 Guggenbühl-Craig, A.: Macht als Gefahr beim Helfer. Bonn 1987, 5. Auflg., S. 104

69 Brumlik, Micha: C. G. Jung zur Einführung, a. a. O., S. 68

70 Guggenbühl-Craig, A.: Macht als Gefahr beim Helfer, a. a. O., S. 8

71 Ebd., S. 33

72 Im Bayerischen Erziehungs- und Bildungsplan wird vom „kompetenten Säugling" ausgegangen und davon, dass Kinder „ihre Bildung und Entwicklung von Geburt an aktiv mit (gestalten) und dabei (...) entwicklungsangemessen Verantwortung (übernehmen), denn der Mensch ist auf Selbstbestimmung und Selbsttätigkeit hin angelegt." Bayerisches Staatsministerium für Arbeit und Sozialordnung, Familie und Frauen; Staatsinstitut für Frühpädagogik in München: Der Bayerischer Bildungs- und Erziehungsplan für Kinder in Tageseinrichtungen bis zur Einschulung, Weinheim/Basel, 2006, S. 23. Im Weiteren wird festgestellt, dass Kinder kreativ sind, wissbegierig, neugierig, individuell einzigartig. Man könnte auch noch schöpferisch und sinnorientiert hinzufügen. Kurzum, es liegt hier das humanistische Menschenbild zugrunde.

73 https://de.wikipedia.org/wiki/Virginia_Satir (aufgerufen am 10.08.2020)

74 Knohl, G.: Humanistische Psychologie in der Gemeinde, in: Völker, U.(Hrsg.), Humanistische Psychologie, Weinheim-Basel, 1980, S. 274

75 Ebd.

76 Petzhold, H. zitiert nach: Krone Wolfgang: Zur Erziehung des Erziehers, a. a. O., S. 75

77 Ebd.

78 Völker, U.: Grundlagen der Humanistischen Psychologie, in: Völker, U. (Hrsg.): Humanistische Psychologie, Weinheim-Basel, 1980, S. 17

79 Ebd., S. 19

80 Krone Wolfgang: Zur Erziehung des Erziehers, a. a. O., S. 81

81 Rogers, Carl: Die Kraft des Guten; ein Appell zur Selbstverwirklichung. New York 1977

82 Krone, Wolfgang: Zur Erziehung des Erziehers, a. a. O., S. 84

83 Vgl. hierzu insgesamt: Ebd., S. 83 ff.

84 Ebd., S. 92

85 Vgl.:Tausch /Tausch: Erziehungspsychologie. Göttingen 1991, 10. Auflg., S. 19/20

86 Hobmair (Hrsg.): Pädagogik. Troisdorf, 2008, S. 219

87 Tausch /Tausch: Erziehungspsychologie, a. a. O., S. 118 ff.

88 Rogers, Carl, R.: Die Klientenzentrierte Gesprächspsychotherapie. München 1978, 3. Auflg., S. 36 Anm. 6

89 Vgl.: Tausch /Tausch: Erziehungspsychologie, a. a. O., S. 178 ff.

90 Rogers, Carl R.: Die Klientenzentrierte Gesprächspsychotherapie, a. a. O., S. 43

91 Ein Begriff der in gestalttherapeutischen Zusammenhängen bzw. dem NLP immer wieder fällt.

92 Tausch /Tausch: Erziehungspsychologie, a. a. O., S. 214

93 Ebd.

94 Rogers, Carl: Entwicklung der Persönlichkeit. Stuttgart 1979, 3. Auflg., S. 53

95 Ebd.

96 Krone, Wolfgang: Zur Erziehung des Erziehers, a. a. O., S. 107

97 Ebd.

98 Ebd.: S. 119

99 Rogers, Carl: Entwicklung der Persönlichkeit, a. a. O., S. 70

100 Vgl.: Hobmair (Hrsg.): Pädagogik. Troisdorf, 2008, S. 219 ff.

101 Vgl.: Schmidt, Gunter: Systemische und hypnotherapeutische Konzepte für Organisationsentwicklung, Coaching und Persönlichkeitsentwicklung. Vortrag im CD-Format. Mühlheim/Baden, Auditorium Netzwerk, 2007

102 Lämmle, Brigitte: Psycho-logisch. Zehn Grundfragen der Therapie und Lebenshilfe. Heidelberg,1999, S. 11

103 Vgl.: Schmidt, Gunter: Systemische und hypnotherapeutische Konzepte für Organisationsentwicklung, Coaching und Persönlichkeitsentwicklung a. a. O.

4. Leben

104 Vgl.: Hüther, Gerald: Starke Eltern, starke Kinder. Vortrag. https://www.youtube.com/watch?v=ROehyMHtKDY (aufgerufen am 20.01.2018)

105 Ebd.

106 Ebd.

107 Ebd.

108 Bollnow, O. F. in: Erfahrung und Erfahrungswissenschaft Die Frage des Zusammenhangs wissenschaftlicher und gesellschaftlicher Entwicklung. Hrsg.: Rolf E. Vente; Stuttgart 1974, S. 20

109 Ebd., S. 21

110 Längle, Alfried: Sinnvoll leben. Eine praktische Anleitung der Logotherapie, a. a. O., S. 74

111 Horx, Matthias im Interview mit Markus Lanz am 30.09.2020 im zdf

112 Vgl.: Bleisch, Barbara und Bühler, Andrea: Kinder wollen. Über Autonomie und Verantwortung. München 2020, S. 90 ff.

113 Vgl.: Carolin Emcke im Interview mit Barbara Bleisch im *Streitraum* zum Thema: Autonomie und Reproduktion, https://www.youtube.com/watch?v=pCfoGi2pVAw (aufgerufen am 28.06.2020)

114 Vgl. z. B. Hüther, Gerald: Starke Eltern, starke Kinder, a. a. O.

115 Weber, Andreas: Sein und Teilen. Eine Praxis schöpferischer Existenz. Bielefeld 2017, S. 19

116 Vgl.: Bspw. IQB-Bildungstrend 2016, Waxmann-Verlag.

117 Vgl.: Göhlich, M. und Zirfas, J.: Lernen. Ein pädagogischer Grundbegriff. Stuttgart 2007

118 Vgl.: Ebd., S. 180

119 Ebd., S. 187

120 Vgl.: Ebd.

121 Vgl.: Ebd., S. 188

122 Ebd.

123 Vgl.: Ebd.

124 Göhlich, M. und Zirfas, J.: Lernen. Ein pädagogischer Grundbegriff, a. a. O., S. 189 zitiert nach Waibel, Eva Maria: Erziehung zum Sinn. Sinn der Erziehung, a. a. O., S. 260

5. Werte, Normen, Moral

125 In Anlehnung an eine Übung aus: Handschuck, Sabine und Klawe, Willy: Interkulturelle Verständigung in der Sozialen Arbeit: Ein Erfahrungs-, Lern- und Übungsprogramm zum Erwerb interkultureller Kompetenz. Köln, 2010, S. 247

126 Waibel, Eva Maria: Erziehung zum Sinn. Sinn der Erziehung, a. a. O., S. 69/70

127 Vgl. hierzu auch: Gabriel, Markus: Moralischer Fortschritt in dunklen Zeiten. Universale Werte für das 21. Jahrhundert. Berlin 2020, 2. Auflg., S. 135 ff.

128 Vgl. im Folgenden: Köbel, Nils: Die Entwicklungstheorie des moralischen Denkens von Lawrence Kohlberg, Soziopod academics 001: https://soziopod.de/2018/07/kohlberg-moral-stufen-entwicklungstheorie/ (aufgerufen am 30.05.2020)

129 Vgl. im Folgenden: Zimmer, Siegfried: Die moralische Entwicklung bei Kindern. Vortrag. https://www.youtube.com/results?search_query=worthaus+7.4.2. (aufgerufen am 02.06.2020)

130 Kohlberg, Lawrence zitiert nach Zimmer, Siegfried: Ebd.

131 Vgl.: Köbel, Nils: Die Entwicklungstheorie des moralischen Denkens von Lawrence Kohlberg. Soziopod academics 001, a. a. O.

132 Zimmer, Siegfried: Die moralische Entwicklung bei Kindern, a. a. O.

133 Vgl.: Ebd.
134 Vgl.: Köbel, Nils: Die Entwicklungstheorie des moralischen Denkens von Lawrence Kohlberg. Soziopod academics 001, a. a. O.
135 Vgl.: Ebd.
136 Zimmer, Siegfried: Die moralische Entwicklung bei Kindern, a. a. O.
137 Vgl.: Ebd.
138 Ebd.
139 Vgl.: Ebd.
140 Vgl.: Köbel, Nils: Die Entwicklungstheorie des moralischen Denkens von Lawrence Kohlberg. Soziopod academics 001, a. a. O.
141 Vgl.: Zimmer, Siegfried: Die moralische Entwicklung bei Kindern, a. a. O.
142 Köbel, Nils: Die Entwicklungstheorie des moralischen Denkens von Lawrence Kohlberg. Soziopod academics 001, a. a. O.
143 Zimmer, Siegfried: Die moralische Entwicklung bei Kindern, a. a. O.
144 Köbel, Nils: Die Entwicklungstheorie des moralischen Denkens von Lawrence Kohlberg. Soziopod academics 001, a. a. O.
145 Ebd.
146 Vgl.: Ebd.
147 Vgl.: Zimmer, Siegfried: Die moralische Entwicklung bei Kindern, a. a. O.
148 Vgl.: Köbel, Nils: Die Entwicklungstheorie des moralischen Denkens von Lawrence Kohlberg. Soziopod academics 001, a. a. O.
149 Zimmer, Siegfried: Die moralische Entwicklung bei Kindern, a. a. O.
150 Vgl.: Köbel, Nils: Die Entwicklungstheorie des moralischen Denkens von Lawrence Kohlberg. Soziopod academics 001, a. a. O.
151 Von Schirach, Ferdinand: Gott. München, April 2020, Klappentext
152 https://books.google.de/books/about/Terror.html?id=xD3jjgEACAAJ&source=kp_book_description&redir_esc=y (aufgerufen am 14.06.2020)
153 Gabriel, Markus: Warum es zum Glück keine europäischen Werte gibt – Think Europe mit Prof. Dr. Markus Gabriel. https://www.youtube.com/watch?v=IMQq12ZWe7Q, (aufgerufen am 01.09.2020)
154 Vgl.: Gabriel, Markus: Moralischer Fortschritt in dunklen Zeiten. Universale Werte für das 21. Jahrhundert, a. a. O., S. 43
155 Ebd.: S. 33/34
156 Vgl.: Ebd., S. 38
157 Vgl.: Ebd., S. 74 ff.
158 Vgl.: Ebd., S. 39
159 Ebd., S. 81
160 Ebd., S. 82

161 Vgl.: Gabriel, Markus: Warum es zum Glück keine europäischen Werte gibt – Think Europe mit Prof. Dr. Markus Gabriel, a. a. O. und Gabriel, Markus: Moralischer Fortschritt in dunklen Zeiten. Universale Werte für das 21. Jahrhundert, a. a. O.

162 Vgl.: Gabriel, Markus: Moralischer Fortschritt in dunklen Zeiten. Universale Werte für das 21. Jahrhundert, a. a. O., S. 33

163 Ebd., S. 181

164 Ebd., S. 40

165 Gabriel, Markus: Warum es zum Glück keine europäischen Werte gibt – Think Europe mit Prof. Dr. Markus Gabriel, a. a. O.

166 Vgl.: Gabriel, Markus: Moralischer Fortschritt in dunklen Zeiten. Universale Werte für das 21. Jahrhundert, a. a. O., S. 173

167 Gabriel, Markus: Warum es zum Glück keine europäischen Werte gibt – Think Europe mit Prof. Dr. Markus Gabriel, a. a. O.

168 Gabriel, Markus: Moralischer Fortschritt in dunklen Zeiten. Universale Werte für das 21. Jahrhundert, a. a. O., S. 84

169 Vgl.: Ebd., S. 35

170 Vgl.: https://de.wikipedia.org/wiki/Hannah_Arendt#Eichmann-Prozess, (aufgerufen am 03.09.2020)

171 Hannah Arendt im Gespräch mit Günter Gaus in: Zur Person, https://www.youtube.com/results?search_query=hannah+arendt, (aufgerufen am 04.09.2020)

172 Vgl.: Pendorf, Robert: Mörder und Ermordete. Eichmann und die Judenpolitik des dritten Reiches. Hamburg 1961, S. 19 ff. Die entscheidende Rolle, die der jüdische Generalstaatsanwalt Fritz Bauer bei der Ergreifung Eichmanns gespielt hat wurde erst zehn Jahre nach dessen Tod, also 1978, bekannt, weshalb in den Aufzeichnungen meines Vaters nichts darüber zu finden ist.

173 Vgl.: Köbel, Nils: Hannah Arendt – Über das Böse. Soziopod: Folge 057 https://soziopod.de/2020/09/soziopod-057-hannah-arendt-ueber-das-boese (aufgerufen am 06.09.2020)

174 Hannah Arendt im Gespräch mit Günter Gaus in: Zur Person, a. a. O.

175 Ebd.

176 Vgl.: Ebd.

177 Vgl. im Folgenden: Köbel, Nils: Hannah Arendt – Über das Böse. Soziopod: Folge 057, a. a. O.

178 Pendorf, Robert: Mörder und Ermordete. Eichmann und die Judenpolitik des dritten Reiches, a. a. O., S. 5

179 Vgl. im Folgenden: Köbel, Nils: Hannah Arendt – Über das Böse. Soziopod: Folge 057, a. a. O.

180 Friedman Michel, Harald Welzer: Zeitenwende, Köln 2020,1. Auflg., S. 139

181 Ebd.

182 Vgl.: Arendt, Hannah: Über das Böse. Eine Vorlesung zu Fragen der Ethik. München 2019, 13. Auflg., S. 37

183 Kant, Immanuel zitiert nach: https://www.br.de/fernsehen/ard-alpha/sendungen/kant-fuer-anfaenger/der-kategorische-imperativ/index.html (aufgerufen am 12.09.2020)

184 Hannah Arendt im Gespräch mit Günter Gaus in: Zur Person, a. a. O.

185 Pendorf, Robert: Mörder und Ermordete. Eichmann und die Judenpolitik des dritten Reiches, a. a. O., S. 22

186 Hannah Arendt im Gespräch mit Günter Gaus in: Zur Person, a. a. O.

187 Friedman, Michel und Harald Welzer: Zeitenwende, a. a. O., S. 178

188 Arendt, Hannah zitiert nach Köbel, Nils: Hannah Arendt – Über das Böse. Soziopod: Folge 057, a. a. O.

189 Vgl.: Hannah Arendt im Gespräch mit Joachim Fest (1964), https://www.youtube.com/results?search_query=hannah+arendt+joachim+fest, (aufgerufen am 13.09.2020)

190 Hannah Arendt im Gespräch mit Günter Gaus in: Zur Person, a. a. O.

191 Vgl.: Köbel, Nils und Breitenbach, Patrick: Hannah Arendt – Über das Böse. Soziopod: Folge 057, a. a. O. und Gabriel, Markus: Moralischer Fortschritt in dunklen Zeiten. Universale Werte für das 21. Jahrhundert, a. a. O., S. 181/182

6. Welt

192 Vgl. dazu insgesamt: Breitenbach, Patrick und Köbel, Nils: Humanismus. Transhumnismus! Posthumanismus? Soziopod: Folge 037, https://soziopod.de/2015/02/soziopod-humanismus-transhumanismus-posthumanismus/ (aufgerufen am 29.10.2019)

193 Vgl.: Ebd.

194 Vgl.: Ebd.

195 Breitenbach, Patrick: Ebd.

196 Vgl.: Köbel, Nils: Ebd.

197 Vgl.: Ebd.

198 Vgl. im Folgenden: Ebd.

199 Ebd.

200 Vgl.: Köbel, Nils: Ebd.

201 Ebd.

202 Vgl.: Ebd.

203 Vgl.: Ebd.
204 Vgl.: Gabriel, Markus: Moralischer Fortschritt in dunklen Zeiten. Universale Werte für das 21. Jahrhundert, a. a. O., S. 86 ff.
205 Vgl.: Nietzsche, Friedrich zitiert nach Nils Köbel: Humanismus.Transhumnismus! Posthumanismus? Soziopod: Folge 037, a. a. O.
206 Vgl.: Ebd.
207 Vgl.: Ebd.
208 Vgl.: Breitenbach, Patrick: Ebd.
209 Vgl.: Huxley, Aldous: Schöne neue Welt. Frankfurt/M. 2002, 60. Auflg.
210 Breitenbach, Patrick: Humanismus. Transhumnismus! Posthumanismus? Soziopod: Folge 037, a. a. O.
211 Vgl.: https://de.wikipedia.org/wiki/Robert_Ettinger (aufgerufen am 30.10.2019)
212 Vgl.: https://de.wikipedia.org/wiki/Kryonik (aufgerufen am 30.10.2019)
213 Vgl.: https://www.sueddeutsche.de/wissen/bestaetigung-crispr-babys-china-1.4296824 (aufgerufen am 30.10.2019)
214 https://de.wikipedia.org/w/index.php?search=Timothey+Leary&title=Spezial%3ASuche&fulltext=Suchen&ns0=1 (aufgerufen am 30.10.2019)
215 Breitenbach, Patrick und Nils Köbel: Humanismus.Transhumnismus! Posthumanismus? Soziopod: Folge 037, a. a. O.
216 Vgl.: Ebd.
217 Harari, Yuval Noah: Homo Deus. Eine Geschichte von morgen. München 2017, 2. Auflg. S. 497
218 Vgl.: Ebd., S. 497
219 Ebd.
220 Vgl.: Ebd.
221 Ebd., S. 381
222 Gabriel, Markus: Warum es die Welt nicht gibt. 7. Auflg. Berlin 2013, S. 87
223 Vgl.: Gabriel, Markus: Ich ist nicht Gehirn. Berlin 2015
224 Vgl.: Gabriel, Markus: Der Sinn des Denkens. Berlin 2018
225 Welzer, Harald: Eine Gesellschaftsutopie für freie Menschen. Alles könnte anders sein. Frankfurt/M. 2019, 5. Auflg.
226 Vgl.: Ebd., S. 295
227 Arendt, Hannah zitiert nach Köbel, Niels: Hannah Arendt. Viva aktiva. Soziopod: Folge 056, https://soziopod.de/2020/08/soziopod-056-hanna-arendt-vita-activa-oder-vom-taetigen-leben/ (aufgerufen am 26.08.2020)
228 Vgl.: Welzer, Harald: Eine Gesellschaftsutopie für freie Menschen. Alles könnte anders sein, a. a. O., S. 9
229 Ebd.: S. 24

230 Ebd.: S. 26

231 Vgl.: Ebd.

232 Ebd.: S. 43 und Seidel, Claudius, Der Mann aus der Zukunft, in: Dana Giesecke et al. (Hrsg.), Welzers Welt. Störungen im Betriebsablauf. Frankfurt/M., 2018, S. 374

233 Vgl.: Welzer, Harald: Eine Gesellschaftsutopie für freie Menschen. Alles könnte anders sein, a. a. O., S. 47

234 Vgl.: Ebd., S. 58

235 Vgl.: Ebd., S. 147 ff.

236 Vgl.: Ebd., S. 75 ff.

7. Haltung, Stil, Autorität

237 Vgl.: Hobmair (Hrsg.): Pädagogik. Troisdorf, 2008, S. 213

238 Waibel, Eva Maria: Erziehung zum Sinn. Sinn der Erziehung, a. a. O., S. 361

239 Vgl.: Hobmair (Hrsg.): Pädagogik. Troisdorf, 2008, S. 214 ff. und https://de.wikipedia.org/wiki/Erziehungsstil (aufgerufen am 04.10.2020)

240 Waibel, Eva Maria: Erziehung zum Sinn. Sinn der Erziehung, a. a. O., S. 361

241 Ebd.

242 Vgl.: https://de.wikipedia.org/wiki/Erziehungsstil (aufgerufen am 04.10.2020)

243 Vgl.: Ebd.

244 Furman, Ben: Es ist nie zu spät eine glückliche Kindheit zu haben. Dortmund 2013

245 Vgl. im Folgenden: https://www.zdf.de/dokumentation/zdfzeit/us-wahl-2020-zdfzeit---trump-gegen-biden-100.html (aufgerufen am 4.11.2020)

246 Ebd.

247 Ebd.

248 Miller, Alice: Am Anfang war Erziehung. Frankfurt am Main 1980, 1. Auflg.

249 Vgl.: https://www.zdf.de/dokumentation/zdfzeit/us-wahl-2020-zdfzeit---trump-gegen-biden-100.html (aufgerufen am 4.11.2020)

250 Vgl.: Hobmair (Hrsg.): Pädagogik. Troisdorf, 2008, S. 218

251 https://www.bpb.de/nachschlagen/lexika/lexikon-der-wirtschaft/19635/homo-oeconomicus, (aufgerufen am 05.10.2020)

252 https://www.ihk nuernberg.de/de/Geschaeftsbereiche/Berufsbildung/Ausbildung/Projekte/kampagne-elternstolz-wirbt-fuer-berufliche-ausbildung (aufgerufen am 07.10.2020)

253 Vgl.: Waibel, Eva Maria: Erziehung zum Sinn. Sinn der Erziehung, a. a. O., S. 304

254 Vgl.: Köbel, Nils: : Live in Frankfurt – Erziehung: Helikopter oder Blindflug? Soziopod: Radio Edition #010, https://soziopod.de/2018/01/soziopod-radio-edition-010-live-in-frankfurt-erziehung-helikopter-oder-blindflug/ (aufgerufen am 06.10.2020)

255 Vgl.: Staatliche Abschlussprüfung 2019 an Berufsfachschulen für Kinderpflege und im Sozialpädagogischen Seminar. Aufgabe 2, S. 11/12

256 Vgl.: Gabriel, Markus: Moralischer Fortschritt in dunklen Zeiten. Universale Werte für das 21. Jahrhundert, a. a. O., S. 181

257 Köbel, Nils: Live in Frankfurt – Erziehung: Helikopter oder Blindflug? Soziopod: Radio Edition #010, https://soziopod.de/2018/01/soziopod-radio-edition-010-live-in-frankfurt-erziehung-helikopter-oder-blindflug/ (aufgerufen am 06.10.2020)

258 Vgl.: Ebd.

259 Vgl.: Ebd.

260 Buber, Martin: Reden über Erziehung, Gerlingen 1998, 9. Auflg., S. 40

Teil 2 Existenzielle Antworten – Konzepte einer Pädagogik des Vertrauens

1. Dialogische Erziehung und Bildung

261 Buber, Martin: Antwort. In Schlipp/Friedmann (Hrsg.): Martin Buber. Stuttgart 1963, S. 593

262 Krone, Wolfgang: Martin Buber – Erziehung unter dem Radikalanspruch mitmenschlicher Verantwortung. Überlegungen zur Verantwortungsproblematik im Spätwerk Martin Bubers aus pädagogischer Sicht. Frankfurt a. M.; Berlin, Bern, New York; Paris; Wien 1993, S. 30. Vgl. auch: Friedmann, M.: Die Grundlagen von Martin Bubers Ethik. In: Schlipp/Friedmann (Hrsg.): Martin Buber. Stuttgart 1963, S. 153–179

263 Biser, Eugen: Martin Buber zum Gedächtnis. Börsenblatt für den deutschen Buchhandel. Frankfurt, Ausgabe Nr. 87 vom 2. November 1965

264 Vgl.: Buber, Martin: Martin Buber erzählt aus seinem Leben. Audiovortrag. Hrsg.: Bernd Ulrich, Annelie Weiss, Auditorium Netzwerk, 1. Abschnitt.

265 Ebd.

266 Ebd.

267 Ebd.

268 Ebd.

269 Vgl.: Ebd.

270 Ebd.: 5. Abschnitt

271 Ebd.

272 Jacobi, Juliane: Politische Theologie und Pädagogik: Zum Verhältnis von Religion, Politik und Erziehung in Leben und Werk Martin Bubers (1878–1965). In: Wulf/Macha/Liebau (Hrsg.): Formen des Religiösen. Pädagogisch-anthropologische Annäherungen. Weinheim/Basel 2004, S. 243

273 Vgl.: Kirsch, Hans Christian: Martin Buber. Biographie eines deutschen Juden. Freiburg, i. Br. 2001, S. 46

274 Vgl.: Gordon, Haim: Der geborene Ästhet. In: Martin Buber, Bilanz seines Denkens. Freiburg i. Br. 1983, S. 50–52

275 Vgl.: Kirsch, Hans Christian: Martin Buber. Biographie eines deutschen Juden, a. a. O., S. 82/83

276 Gordon, Haim: Der geborene Ästhet. In: Martin Buber, Bilanz seines Denkens, a. a. O., S. 54

277 Kirsch, Hans Christian: Martin Buber. Biographie eines deutschen Juden a. a. O., S. 82

278 Eleonore Beck/Gabriele Miller (Hrsg.): Martin Buber im Gespräch mit Gott und den Menschen, Leipzig 2003, S. 123

279 Ursprünglich war der Titel: „Religion als Gegenwart" vorgesehen. Darin deutet sich bereits an, dass das dialogische Prinzip, als ein zutiefst religiöses aufzufassen ist.

280 Jacobi, Juliane: Politische Theologie und Pädagogik: Zum Verhältnis von Religion, Politik und Erziehung in Leben und Werk Martin Bubers (1878–1965), a. a. O., S. 244

281 Einen genaueren Einblick in dieses „Projekt" liefert u. a. Hans Christian Kirsch innerhalb seiner Buberbiographie in seinem 4. Exkurs „Die Verdeutschung der Schrift". Vgl.: Martin Buber. Biographie eines deutschen Juden, a. a. O., S. 113–140.

282 Eleonore Beck/Gabriele Miller (Hrsg.): Martin Buber im Gespräch mit Gott und den Menschen, a. a. O., S. 12

283 Ebd.

284 Kirsch, Hans Christian: Martin Buber. Biographie eines deutschen Juden, a. a. O., S. 177

285 Vgl.: hierzu auch Bubers Rede in der Frankfurter Paulskirche 1953 mit dem Titel: „Das echte Gespräch und die Möglichkeit des Friedens." Martin Buber: Rede zum Friedenspreis 1953, Börsenverein deutscher Verleger- und Buchhändler-Verbände, Frankfurt/Main, S. 41

286 Eleonore Beck/Gabriele Miller (Hrsg.): Martin Buber im Gespräch mit Gott und den Menschen, a. a. O., S. 15

287 Krone, Wolfgang: Zur Erziehung des Erziehers, a. a. O., S. 126

288 Buber, Martin: Ich und Du. In: Das dialogische Prinzip. Gerlingen 1997, 8. Auflg., S. 31

289 Krone, Wolfgang: Zur Erziehung des Erziehers, a. a. O., S. 122

290 Buber, Martin: Urdistanz und Beziehung. Beiträge zu einer philosophischen Anthropologie. Heidelberg 1978, 4. Auflg., S. 36.

291 Vgl.: Buber, Martin: Reden über Erziehung, a. a. O., S. 71

292 Buber, Martin: Ich und Du. In: Das dialogische Prinzip, a. a. O., S. 15

293 Vgl.: Ebd.

294 Krone, Wolfgang: Zur Erziehung des Erziehers, a. a. O., S. 128

295 Krone, Wolfgang: Martin Buber – Erziehung unter dem Radikalanspruch mitmenschlicher Verantwortung. Überlegungen zur Verantwortungsproblematik im Spätwerk Martin Bubers aus pädagogischer Sicht, a. a. O., S. 145

296 Buber, Martin: Reden über Erziehung, a. a. O., S. 42

297 Buber, Martin: Elemente des Zwischenmenschlichen. Audiovortrag erschienen bei Auditorium Netzwerk. Hrsg. Bernd Ulrich/Annelie Weiss.

298 Ebd.

299 Ebd.

300 Vgl.: Ebd.

301 Ebd.

302 Ebd.

303 Ebd.

304 Ebd.

305 Ebd.

306 Ebd.

307 Ebd.

308 Ebd.

309 Ebd.

310 Ebd.

311 Man könnte an dieser Stelle fragen, was passiert, wenn die/der Lehrer*in das Falsche für gut erkannt hat und diese Möglichkeit zu fördern sucht? Entscheidend ist hier, dass es vom Wesen aus als gut erkannt worden sein muss, und da das Wesen im Sinne Bubers nicht schlecht sein kann, wird es auch nicht etwas Schlechtes für gut befinden.

312 Buber, Martin: Elemente des Zwischenmenschlichen, a. a. O.

313 Ebd.

314 Ebd.
315 Ebd.
316 Ebd.
317 Ebd.
318 Ebd.
319 Buber, Martin: Reden über Erziehung, a. a. O., S. 16
320 Ebd.: S. 17/18
321 Ebd.: S. 20
322 Ebd.: S. 20/21
323 Ebd.: S. 40
324 Krone, Wolfgang: Martin Buber – Erziehung unter dem Radikalanspruch mitmenschlicher Verantwortung. Überlegungen zur Verantwortungsproblematik im Spätwerk Martin Bubers aus pädagogischer Sicht. Frankfurt a.M.; Berlin, Bern, New York; Paris; Wien 1993, S. 85
325 Steinert, H.: Begegnung und Erlösung. Der Mensch als soteriologisches Wesen – das Existenzproblem bei Martin Buber. Frankfurt a. M. Bern; New York; Paris 1989, S. 144/145
326 Buber stellt juridische Verantwortung damit nicht in Frage, jedoch rührt eine solchermaßen übernommene Verantwortung nicht an Menschsein an sich, sie macht ihn nicht zum Menschen. Vgl.: Ebd., S. 89/90.
Anmerkung: Eine strukturelle Differenz juridischer und existentieller Verantwortung hat Helmut Danner in seiner Arbeit: „Verantwortung und Pädagogik" herausgearbeitet. Vgl.: Danner, H.: Verantwortung und Pädagogik. Anthropologische und Ethische Untersuchungen zu einer sinnorientierten Pädagogik. Königstein/Ts 1985, 2. Auflg.)
327 Ebd.: S. 86
328 Buber, Martin: Ich und Du. In: Das dialogische Prinzip, a. a. O., S. 61
329 Buber, Martin: Das Judentum und die neue Weltfrage. In: Buber, M.: Kampf um Israel. Reden und Schriften. Berlin 1933, S. 25
330 Buber, Martin: Ich und Du. In: Das dialogische Prinzip, a. a. O., S. 62/63
331 Ebd., S. 62
332 Buber, Martin: Ich und Du. In: Das dialogische Prinzip, a. a. O., S. 135
333 Buber, Martin: Der heilige Weg. Ein Wort an die Juden und an die Völker. Frankfurt/M. 1920, S. 30
334 Ebd., S. 72
335 Buber, Martin: Reden über Erziehung, a. a. O., S. 43/44
336 Danner, Helmut in: Zum Menschen erziehen. Pestalozzi – Steiner – Buber. Frankfurt /M. 1991, 2. Auflg., S. 69

337 Buber, Martin: Reden über Erziehung, a. a. O., S. 44
338 Buber, Martin zitiert nach Danner, Helmut in: Zum Menschen erziehen. Pestalozzi – Steiner – Buber, a. a. O., S. 70
339 Buber, Martin: Urdistanz und Beziehung. Heidelberg 1978, 4. Auflg., S. 28
340 Krone, Wolfgang: Martin Buber – Erziehung unter dem Radikalanspruch mitmenschlicher Verantwortung, a. a. O., S. 148
341 Ebd., S. 71
342 Buber, Martin: Ich und Du. In: Das dialogische Prinzip, a. a. O., S. 97
343 Ebd., S. 18/19
344 Ebd.: S. 19
345 Friedenthal-Haase, Martha: Krise und Bewährung. Oldenburg 1991, S. 21
346 Duden. Das große Fremdwörterbuch. Zürich 2000, S. 767
347 Friedenthal-Haase, Martha: Krise und Bewährung, a. a. O., S. 21
348 Buber, Martin: Das Erste, in: Die Stunde und die Erkenntnis. Reden und Aufsätze 1933–1935. Berlin 1936, S. 14
349 Buber, Martin: Ich und Du. In: Das dialogische Prinzip, a. a. O., S. 58
350 Buber Martin, zitiert nach Friedenthal-Haase, Martha: Krise und Bewährung, a. a. O., S. 22
351 Buber, Martin: Das Problem des Menschen. In: Ders. Werke I, München 1962, S. 353
352 Buber, Martin: Elemente des Zwischenmenschlichen, a. a. O.
353 Friedenthal-Haase, Martha: Krise und Bewährung, a. a. O., S. 26
354 Buber, Martin. Nachlese. Heidelberg, 1966, S. 93
355 Ebd.
356 Vgl.: Ebd., S. 68
357 Vgl.: Krone, Wolfgang: Martin Buber – Erziehung unter dem Radikalanspruch mitmenschlicher Verantwortung, a. a. O., S. 155
358 Buber, Martin: Reden über Erziehung, a. a. O., S. 68
359 Vgl.: Ebd., S. 69
360 Buber, Martin: Reden über Erziehung, a. a. O., S. 24
361 Ebd.: S. 69
362 Buber, Martin zitiert nach Danner, Helmut in: Zum Menschen erziehen. Pestalozzi – Steiner – Buber, a. a. O., S. 71
363 Ebd.
364 Danner, Helmut in: Zum Menschen erziehen. Pestalozzi – Steiner – Buber, a. a. O., S. 71
365 Vgl. Buber, Martin: Zwiesprache. In: Das dialogische Prinzip, a. a. O., S. 188 ff.
366 Ebd., S. 190/191
367 Ebd., S. 191

368 Ebd., S. 192

369 https://buber-gesellschaft.eu (aufgerufen am 10.10.2020)

370 Waibel, Eva Maria: Erziehung zum Sinn. Sinn der Erziehung. Weinheim/Basel 2017

2. Existenzielle Erziehung und Bildung

371 Vgl.: Längle, Alfried: Viktor Frankl. Eine Begegnung. Wien 2013, S. 37

372 Frankl, V. zitiert nach Längle, Alfried: Viktor Frankl. Eine Begegnung, a. a. O., S. 16

373 Vgl.: Ebd., S. 16 ff.

374 Frankl, V. E. zitiert nach Längle, Alfried: Viktor Frankl. Eine Begegnung, a. a. O., S. 27

375 Buber, Martin: Reden über Erziehung, a. a. O., S. 40

376 Längle, Alfried: Viktor Frankl. Eine Begegnung, a. a. O., S. 40

377 Frankl, V. zitiert nach Längle, Alfried: Viktor Frankl. Eine Begegnung, a. a. O., S. 43

378 Vgl.: Zsok, O.(Hrsg.): Logotherapie in Aktion. Praxisfelder und Wirkungsweisen. München 2002, S. 7

379 Vgl.: Frankl, V. E.: Was nicht in meinen Büchern steht. Lebenserinnerungen. München 1995, S. 52

380 Vgl.: Längle, Alfried: Viktor Frankl. Eine Begegnung, a. a. O., S. 69

381 Vgl.: Ebd., S. 39/40

382 Vgl.: Frankl, V. E.: Was nicht in meinen Büchern steht. Lebenserinnerungen, a. a. O., S. 6

383 Frankl, V. E. zitiert nach Längle, Alfried: Viktor Frankl. Eine Begegnung, a. a. O., S. 21

384 Vgl.: Längle, Alfried: Viktor Frankl. Eine Begegnung, a. a. O., S. 78

385 Frankl, V. E.: Was nicht in meinen Büchern steht. Lebenserinnerungen, a. a. O., S. 92

386 Vgl.: Frankl, V. E.: Es kommt der Tag, da bist du frei. München 2015, S. 14

387 Vgl.: Längle, Alfried: Viktor Frankl. Eine Begegnung, a. a. O., S. 83

388 Vgl.: Ebd.

389 Vgl.: Ebd., S. 90

390 Ebd., S. 94

391 Vgl. hierzu insgesamt: Frankl, V. E.: Einführung in die Logotherapie und Existenzanalyse. Live-Mitschnitt der letzten Vorlesung im WS 1991/1992 in Wien. Vier-Türme-Verlag Münsterschwarzach. Auditorium Netzwerk.

392 Vgl.: Frankl, V. E.: Der leidende Mensch. Anthropologische Grundlagen der Psychotherapie. Bern, Göttingen, Toronto, Seattle 1996, 2. Auflg., S. 241

393 Frankl, V. E.: Einführung in die Logotherapie und Existenzanalyse. Live-Mitschnitt der letzten Vorlesung, a. a. O.

394 Frankl, V. E.: Der unbewußte Gott. Psychotherapie und Religion. München 2002, 6. Auflg., S. 21

395 Ebd.

396 Vgl.: Frankl, V. E.: Anthropologische Grundlagen der Psychotherapie. Bern/Stuttgart 1975, S. 309

397 Vgl.: Frankl, V. E.: Logotherapie und Existenzanalyse. Texte aus sechs Jahrzehnten. München 1994, S. 69

398 Frankl, V. E. zitiert nach Steiger-Ronner, Angela: Panta rhei – Alles fließt: Wege existentiellen Werdens. In: Zsok, O.(Hrsg.): Logotherapie in Aktion. Praxisfelder und Wirkungsweisen, a. a. O., S. 221

399 Ebd.

400 Vgl.: Frankl, V. E.: Einführung in die Logotherapie und Existenzanalyse. Live-Mitschnitt der letzten Vorlesung, a. a. O.

401 Ebd.

402 Ebd.

403 Vgl.: Ebd.

404 Frankl, V. E.: Sinn als anthropologische Kategorie. Meaning as an Anthropological Category. Heidelberg 1996, S. 55

405 Ebd., S. 57

406 Schlick, Christoph: Was meinem Leben echten Sinn gibt. München 2017, S. 46

407 Ebd., S. 43

408 Frankl, V. E.: Der unbewußte Gott. Psychotherapie und Religion, a. a. O., S. 41

409 Ebd.: S. 24

410 Waibel, Eva Maria: Erziehung zum Sinn. Sinn der Erziehung, a. a. O., S. 124

411 Vgl.: Ebd., S. 125

412 Ebd., S. 125/126

413 Vgl.: Frankl, V. E.: Einführung in die Logotherapie und Existenzanalyse. Live-Mitschnitt der letzten Vorlesung, a. a. O.

414 Ebd.

415 Ebd.

416 Rambauske, Thomas: Viktor Frankl. Zum Sinn klettern. https://www.bergnews.com/service/viktor-frankl/viktor-frankl.php (aufgerufen am 02.05.2018)

417 Frankl, V. E.: Einführung in die Logotherapie und Existenzanalyse. Live-Mitschnitt der letzten Vorlesung, a. a. O.

418 Ebd.

419 Zsok, Otto: Was sind Werte heute noch wert? Eine kleine Wertlehre für den Gebrauch in der Theorie und Praxis der Logotherapie und Existenzanalyse, der Pädagogik und der Psychologie, der Bildung und der Politik. Broschüre des Süddeut-

schen Instituts für Logotherapie in Fürstenfeldbruck (bei München), S. 15. Hervorhebung aufgehoben durch die Autorin.

420 Ebd.

421 Ebd., S. 16

422 Ebd.

423 Längle, Alfried zitiert nach Zsok, Otto: Ebd.

424 Otto Zsok ergänzt hier: „Man müsste genauer sagen: Es gibt Situationen, in denen die Werte zwar gelten, aber die Anerkennung ihrer Geltung wird durch die Menschen nicht bejaht", in: Zsok, Otto: Was sind Werte heute noch wert? Eine kleine Wertlehre für den Gebrauch in der Theorie und Praxis der Logotherapie und Existenzanalyse, der Pädagogik und der Psychologie, der Bildung und der Politik, a. a. O., S. 40

425 Frankl, V.E./Kreuzer: Am Anfang war der Sinn. München 1986, S. 28

426 Vgl.: Waibel, Eva Maria: Erziehung zum Sinn. Sinn der Erziehung, a. a. O., S. 76

427 Vgl.: Ebd., S. 77

428 Frankl, V. E.: Einführung in die Logotherapie und Existenzanalyse. Live-Mitschnitt der letzten Vorlesung, a. a. O.

429 Waibel, Eva Maria: Erziehung zum Sinn. Sinn der Erziehung, a. a. O., S. 79

430 Vgl.: Schlick, Christoph: Was meinem Leben echten Sinn gibt. München 2017, S. 59

431 Waibel, Eva Maria: Vortrag zur existenziellen Pädagogik an der evangelischen Hochschule Nürnberg, https://www.youtube.com/watch?v=EyIZ78lzWOs, (aufgerufen am 20.08.2019)

432 Waibel, Eva Maria: Erziehung zum Sinn. Sinn der Erziehung, a. a. O., S. 81

433 Frankl, V. E.: Der leidende Mensch. Anthropologische Grundlagen der Logotherapie. München 1990, S. 176

434 Vgl.: Rütter Susanne und Theodor: Zur Achtung und Würde des Menschen. In: Zsok, O.(Hrsg.): Logotherapie in Aktion. Praxisfelder und Wirkungsweisen, a. a. O., S. 274

435 Ebd., S. 279

436 Vgl.: Ebd., S. 280

437 Frankl, V. E.: Der unbewußte Gott. Psychotherapie und Religion, a. a. O., S. 17

438 Vgl.: Längle, Alfried: Viktor Frankl. Eine Begegnung, a. a. O., S. 210/211

439 Vgl.: Ebd., S. 211

440 Vgl.: https://de.wikipedia.org/wiki/Logotherapie_und_Existenzanalyse#Vertreter_und_Richtungen (aufgerufen am 22.08.2019)

441 Vgl.: Zsok, Otto: Logotherapie in Aktion. Praxisfelder und Wirkungsweisen, a. a. O., S. 46/47

442 Frankl, V. E. zitiert nach: Längle, Alfried: Viktor Frankl. Eine Begegnung, a. a. O., S. 7

443 https://de.wikipedia.org/wiki/Logotherapie_und_Existenzanalyse#Vertreter_und_Richtungen (aufgerufen am 22.08.2019)

444 Längle, Alfried: Viktor Frankl. Eine Begegnung, a. a. O., S. 213

445 Vgl.: Ebd., S. 213/214

446 Ebd., S. 7/8

447 Böschemeyer, Uwe zitiert nach Längle, Alfried: Viktor Frankl. Eine Begegnung, a. a. O., S. 212

448 Frankl,V. E.: Theorie und Therapie der Neurosen. München 1993, 7. Auflg., S. 174

449 Böschemeyer, Uwe: In der Tiefe ist es hell. München 2008, 2. Auflg., S. 41

450 Ebd.

451 Ebd.

452 Ebd., S. 42

453 Vgl.: Längle, Alfried: Viktor Frankl. Eine Begegnung, a. a. O., S. 215

454 Waibel, Eva Maria: Erziehung zum Sinn. Sinn der Erziehung. Weinheim/Basel 2017, S. 62

455 Vgl. hierzu insgesamt: Ebd., S. 62 ff.

456 Vgl.: Ebd., S. 62

457 Vgl.: Längle, Alfried zitiert nach Waibel, Eva Maria: Erziehung zum Sinn. Sinn der Erziehung, a. a. O., S. 63

458 Ebd., S. 64

459 Vgl.: Ebd. S. 65

460 Ebd., S. 65

461 Vgl.: Ebd.

462 Ebd., S. 67

463 Vgl.: Ebd., S. 66

464 Vgl.: Ebd.

465 Ebd.

466 Ebd.

467 Vgl.: Ebd., S. 68

468 Waibel, Eva Maria: Vortrag zur existenziellen Pädagogik, a. a. O.

469 Ebd.

470 Vgl. Hier und im Folgenden: Waibel, Eva Maria: Erziehung zum Sinn. Sinn der Erziehung, a. a. O., S. 27 ff.

471 Längle, Alfried zitiert nach Waibel, Eva Maria: Erziehung zum Sinn. Sinn der Erziehung, a. a. O., S. 27

472 Ebd.

473 Ebd.

474 Vgl.: Ebd.

475 Vgl.: Ebd.

476 Waibel, Eva Maria: Vortrag zur existentiellen Pädagogik, a. a. O.

477 Waibel, Eva Maria: Erziehung zum Sinn. Sinn der Erziehung, a. a. O., S. 27

478 Funke, Günter: Wert-volle Bildung/Personale Pädagogik, a. a. O.

479 Vgl.: Waibel, Eva Maria: Erziehung zum Sinn. Sinn der Erziehung, a. a. O., S. 56

480 Böhm, W.: Geschichte der Pädagogik von Platon bis zur Gegenwart. Gesammelte Aufsätze. Bad Heilbronn 2004, S. 90 ff., zitiert in: Waibel, Eva Maria: Erziehung zum Sinn. Sinn der Erziehung, a. a. O., S. 56

481 Zsok, Otto: Was sind Werte heute noch wert? Eine kleine Wertlehre für den Gebrauch in der Theorie und Praxis der Logotherapie und Existenzanalyse, der Pädagogik und der Psychologie, der Bildung und der Politik, a. a. O., S. 48/49

482 Waibel, Eva Maria: Vortrag zur existentiellen Pädagogik, a. a. O.

483 Vgl.: Waibel, Eva Maria: Erziehung zum Sinn. Sinn der Erziehung, a. a. O., S. 57

484 Vgl.: Ebd., S. 86/87

485 Vgl.: Längle, Alfried zitiert nach Waibel, Eva Maria: Erziehung zum Sinn. Sinn der Erziehung, a. a. O., S. 59

486 Vgl.: Ebd.

487 Ebd., S. 183

488 Ebd., S. 241 ff.

489 Vgl.: Ebd.

490 Ebd., S. 248

491 Längle, Alfried, zitiert nach: Waibel, Eva Maria: Erziehung zum Sinn. Sinn der Erziehung, a. a. O., S. 248

Teil 3 Persönlichkeitsbildung

492 Zum Teil in Anlehnung an Fragen aus einem Seminarzyklus zum Thema Lebens. Fragen., am Nürnberger Institut für Logogtherapie und Existenzanalyse

493 Vgl.: Waibel, Eva Maria: Erziehung zum Sinn. Sinn der Erziehung, a. a. O., S. 237

494 Vgl.: Ebd., S. 233

495 Vgl.: Diekhof, Mariele: Das 12-Punkte-Werte-Programm. Für ein professionelles und herzliches Miteinander im Kita-Team, Berlin 2020

496 Vgl.: https://www.logotherapie-tirol.at/ausbildung/logovision/, (aufgerufen am 27.10.2020)

497 Vgl.: http://www.aktionsrat-bildung.de/fileadmin/Dokumente/ARB_Gutachten_Burnout.pdf, (aufgerufen am 27.10.2020)

498 Vgl.: Böschemeyer, Uwe: Unsere Tiefe ist hell. Wertimagination – ein Schlüssel zur inneren Welt, a. a. O., S. 77

Teil 4 Das Ende

499 Keynes, John M. zitiert nach Wolfram Eilenberger: Philosophischer Stammtisch: Volk vs. Experten. Wer lenkt die Demokratie in der Krise? https://www.youtube.com/watch?v=1B-GjQLZSOo (aufgerufen am 31.10.2020)

500 Vgl.: Göhlich, M. und Zirfas, J.: Lernen. Ein pädagogischer Grundbegriff, a. a. O., S. 189

501 Han, Byung-Chul in ZDF: Aspekte. Veröffentlicht am 22.12.2012, https://www.youtube.com/watch?v=GJr-AIbnZEg (aufgerufen am 31.10.2020)

502 Weber, Andreas: Sein und Teilen. Eine Praxis schöpferischer Existenz. a. a. O., S. 68

503 Reich Wilhelm, zitiert und übersetzt von Andreas Weber: Ebd.